La familia

LAURA ROJAS-MARCOS

La familia

De relaciones tóxicas
a relaciones sanas

Grijalbo

El papel utilizado para la impresión de este libro ha sido fabricado a partir de madera procedente de bosques y plantaciones gestionadas con los más altos estándares ambientales, lo que garantiza una explotación de los recursos sostenible con el medio ambiente y beneficiosa para las personas.

Por este motivo, Greenpeace acredita que este libro cumple los requisitos ambientales y sociales necesarios para ser considerado un libro «amigo de los bosques». El proyecto «libros amigos de los bosques» promueve la conservación y el uso sostenible de los bosques, en especial de los bosques primarios, los últimos bosques vírgenes del planeta.

Primera edición: noviembre, 2014

© 2014, Laura Rojas-Marcos
© 2014, Penguin Random House Grupo Editorial, S. A. U.
    Travessera de Gràcia, 47-49. 08021 Barcelona

Printed in Spain – Impreso en España

ISBN: 978-84-253-5235-5
Depósito legal: B-17.406-2014

Compuesto en Anglofort, S. A.

Impreso en Romanyà Valls, S. A.
Capellades (Barcelona)

GR 5 2 3 5 5

A Paloma Candau Rojas-Marcos,
prima hermana por parte de padre,
amiga íntima de confianza y hermana de corazón

Índice

Notas al lector   13

1. La familia   17
   La familia: el primer escenario de nuestra vida   17
   ¿Qué es la familia?   19
   La familia como un sistema   22
   Érase una vez viví una primera vez...   29
   Vivir plenamente en familia durante las etapas
      vitales familiares   33

2. Inteligencia emocional familiar: conocerse
      para convivir saludablemente.   39
   La inteligencia emocional   39
   Identificar las emociones para comprendernos . . .   45
   La construcción de las emociones en la familia:
      la diferenciación   53
   Cultivar emociones positivas   62
   Estrategias de afrontamiento y mecanismos
      de defensa   68
   La influencia de los pensamientos en las
      emociones   77

Educar con inteligencia emocional 86
Aprender a desarrollar nuestras habilidades
    sociales: programados para socializar 97
Afrontar los miedos es un acto de valentía 102

3. Comunicación familiar: el poder de las
    palabras. 105
Para sentirnos conectados necesitamos
    comunicarnos. 105
El papel de la comunicación en las emociones. . . . 108
El papel de la comunicación en las relaciones
    familiares. 112
Ser sincero versus ser «sincericida». 118
La mentira: ¿engañamos para proteger,
    por hábito o por necesidad? 124
Los actos comunican hechos: ser o no ser
    coherente. 130
El diálogo interno: el arte de hablar con uno mismo 134
Cómo nos explicamos las cosas que nos pasan:
    la teoría de la atribución y la indefensión
    aprendida. 141
Trucos para una comunicación positiva:
    usar las palabras mágicas «por favor» y
    «gracias» y evitar dar por hecho. 147

4. Los conflictos familiares 157
Los conflictos familiares y la capacidad de
    adaptarse a los cambios 157
Las familias funcionales y disfuncionales 161
El papel del poder en las relaciones familiares 163

El poder como sustituto del amor 169
El sentimiento de rechazo: causas y efectos 172
Ruptura familiar: dolor y duelo. 177

5. Relaciones familiares tóxicas. 183
La toxicidad en las relaciones familiares:
   ¿qué es, quiénes son y qué hacen?. 183
Los vampiros emocionales 190
Tácticas y estrategias más comunes de los
   vampiros emocionales 192
El talón de Aquiles de los vampiros emocionales:
   la inseguridad 197
Vampiros emocionales explosivos 202
Vampiros emocionales culpabilizadores:
   los chantajistas emocionales. 207
¿Cómo protegerse de los vampiros emocionales?. . . 211
Cuando somos nuestros peores enemigos:
   soy mi propio vampiro emocional. 216
Dependencias razonables y tóxicas:
   ¿quiero o necesito? 223
Las relaciones excesivamente dependientes:
   te necesito para vivir 230
Claves para el buen desarrollo emocional:
   aprender sistemas de límites 235
¿Cómo dejar de ser una persona tóxica? 244

6. Compartir tiempo y espacio con la familia:
   ¿sufres o disfrutas? 247
El arte de convivir 247
Gestionar el tiempo con la familia 250

En la mesa sí se juega: desayunos, comidas
y cenas familiares. 254
La televisión: el miembro familiar que une
y separa 258
Las nuevas tecnologías y sus efectos en las
relaciones familiares. 267
Compartir espacios con la familia: respetar
los límites y el derecho de admisión 273
La clave de compartir está en el respeto 276

7. Los pilares de las relaciones familiares
positivas y saludables 279
Claves para construir y mantener buenas
relaciones familiares. 280
Un modelo ejemplar a seguir: el Modelo
Internacional de las Fortalezas de la Familia . . . 288
El truco del almendruco: desarrollar buenas
habilidades sociales 291
Más confianza, menos barreras. 295
Las virtudes humanas como pilar de los
valores familiares y sociales 297
Los amigos: la familia elegida 305

BIBLIOGRAFÍA 309
AGRADECIMIENTOS 315

Notas al lector

A diario trabajo como psicóloga con hombres y mujeres que quieren cambiar algún aspecto de su vida, mejorar sus circunstancias y comprenderse a sí mismos y a las personas de su entorno. Uno de los temas que aparece a menudo durante las sesiones trata los conflictos, las afiliaciones y complicidades y los efectos emocionales que han tenido y tienen las relaciones con padres, hermanos, abuelos, tíos y primos, así como con la pareja, los hijos y la familia política: la familia.

Todos los días observo cómo las relaciones familiares pueden ser desde motivo de estrés, dolor, sufrimiento y amargura hasta una fuente de fortaleza y de sentimientos de seguridad, serenidad, amor y felicidad. Por mi profesión, soy testigo del más puro deseo de diferentes hombres y mujeres de sentirse conectados a otras personas y de su continua búsqueda de afectividad y felicidad. He podido ver el efecto que tiene emocionalmente en lo más profundo de su ser cuando lo consiguen y también cuando no lo logran. He observado de primera mano las consecuencias emocionales y relacionales tan destructivas que pueden llegar a tener el rechazo, el desprecio y la traición en la autoestima, la autoconfianza y la capacidad de sentir esperanza. Pero también he visto el efecto tan enriquecedor y reparador que tiene el recibir y dar cariño, apoyo sincero, seguridad y protección, así como formar parte de la vida de otras personas. Por esta razón decidí escribir sobre las relaciones familiares, ya que la familia es el lugar donde comenzamos a hacernos y donde recibimos las primeras lecciones de la vida; donde aprendemos a dar los primeros pasos en el área del autoconocimiento y de las habilidades sociales.

El objetivo de este escrito es ofrecer información que ayude a las personas a conocerse mejor a sí mismas y hacer un recorrido por el mundo de las relaciones familiares. En este ensayo analizaré los efectos que tienen determinadas experiencias durante el desarrollo y trataré las adversidades más habituales de la convivencia en el contexto del hogar familiar. A partir de la idea de que la familia es el grupo social primario en el cual la mayoría de las personas nos hemos criado y desarrollado, es evidente que las experiencias vividas en el entorno familiar contribuyen a la percepción que se tiene de la vida y de las personas, porque es el primer escenario en el cual aprendemos a relacionarnos, a valorarnos y a desarrollar nuestras habilidades e inteligencia emocional y social. Es en la familia donde encontramos los primeros retos, donde aprendemos a querer y a compartir, así como a competir, luchar y a defendernos. Es el lugar donde descubrimos los primeros obstáculos que dificultan nuestros sentimientos de bienestar y donde también obtenemos los primeros mensajes de amor y de cariño. Conocer cómo funcionan nuestras familias y descubrir sus fortalezas y debilidades nos abre las puertas a la posibilidad de conocernos a nosotros mismos un poco más y mejor, a saber por qué somos como somos y por qué sentimos lo que sentimos.

Para escribir este ensayo me he centrado en mi experiencia basándome en casos reales que he tratado a lo largo de mi carrera profesional, e igualmente he incluido algunos temas ya mencionados en trabajos anteriores. Naturalmente, he alterado los datos personales para proteger la identidad de las personas.

Esta obra tiene su base en escritos de diversa índole que incluyen publicaciones, datos empíricos y estudios de divulgación científica. Con motivo de facilitar la lectura he estructurado el libro en capítulos con sus apartados correspondientes para que el lector pueda leer los temas que más le interesen sin perder el hilo de la narración. Por lo tanto, si hubiera algún tema que no interesara se lo podría saltar y pasar al siguiente. De igual modo, he utilizado el género masculino a la hora de hablar de «hijos/niños» al referirme a ambos géneros, así como el término «padres» cuando me refiero a ambos progenitores. No obstante, cuando he necesitado especificar características diferenciales con relación al sexo he distinguido entre niño o niña, madre o padre (él/ella). Finalmente, quisiera alertar al lector que también he usado como sinónimos los términos «emociones» y «sentimientos». Mientras que en el campo de la psicología existen claras diferencias entre ambos conceptos, en el día a día cuando hablamos de emociones y sentimientos no existen diferencias, por lo tanto he considerado que debían utilizarse como sinónimos para facilitar la lectura.

1

La familia

La familia es un sistema en la medida en que el cambio de una parte del sistema va seguido de un cambio compensatorio de otras partes de ese sistema. Prefiero pensar en la familia como en una variedad de sistemas y subsistemas. Los sistemas funcionan en todos los niveles de eficacia, que van desde un nivel óptimo hasta el mal funcionamiento o el fallo total.

MURRAY BOWEN,
De la familia al individuo

LA FAMILIA: EL PRIMER ESCENARIO DE NUESTRA VIDA

La familia es la primera puesta en escena de nuestra vida. Es el lugar donde nacemos, donde descubrimos nuestros sentimientos, donde aprendemos a convivir y donde ejercemos nuestros primeros papeles como actores de una obra de teatro que se titula *Mi vida*. La familia es el lugar donde se asientan los primeros pilares de nuestra vida, donde tenemos nuestras primeras experiencias, positivas y negativas, y donde nos formamos. Por lo tanto, antes de adentrarnos en el asombroso y extraordinario mundo de la familia y hablar sobre este lugar tan versátil y mágico repleto de escenarios cambiantes y coloridos necesitamos comprender primero qué es y su función en la sociedad. Aprender sobre este mundo de tonos oscuros y claros, con héroes y villanos que viven historias de misterio y suspense, de amor y de desamor, de amistad y traición, de humor y de tragedia nos ayudará a entender a nuestro personaje principal: nosotros mismos.

Para comprender a nuestro personaje, para saber quiénes somos, los porqués y los cómos, necesitamos comprender igualmente a los otros protagonistas: los miembros de nuestra familia, tanto nuclear como extensa. Ellos también tienen un papel esencial, único e insustituible en la obra de nuestra vida. Gran parte de lo que ellos son y hacen influye directamente en la esencia de nuestro personaje, en nuestros sentimientos y comportamientos. Por lo tanto, comprender los entresijos de las relaciones familiares nos ayudará a descubrir por qué somos como somos, por qué reaccionamos como lo hacemos y, sobre todo, por qué la familia afecta tanto a nuestras emociones, pensamientos, decisiones, relaciones y moldea nuestra vida en general.

La familia es el escenario principal donde encarnamos nuestro primer personaje: «nosotros mismos». Sin embargo, a diferencia de las obras tradicionales, en esta obra las reglas son distintas y cambian a menudo, ya que además de tener el papel de actor principal, también tenemos en ocasiones el de actor secundario, o incluso somos un extra al que ni se ve ni se aprecia, pero realizamos desde el anonimato un papel igualmente importante. No obstante, nuestro rol no termina aquí. A lo largo de la obra de nuestra vida también seremos el director, el guionista, el coreógrafo, el maquillador, el escenógrafo, el músico, el diseñador, el limpiador, el que trabaja en taquilla, el inversor, el productor, el crítico y finalmente el público. Cada uno tiene funciones y tareas imprescindibles para el buen funcionamiento y el éxito de la obra *Mi vida*. Por lo tanto, si hacemos nuestra labor con cariño, confianza e interés, así como con ganas de aprender, con sentido de la responsabilidad y con una actitud positiva, la probabilidad de que disfrutemos formando parte de nuestra obra y tengamos éxito será mayor que si la realizamos con descuido, apatía y negatividad. No olvidemos que la energía y el esfuerzo que pongamos en nuestra obra de la vida influirán en nuestra forma de sentir, de pensar, de comportarnos y relacionarnos con nosotros mismos y con nuestra familia. Así que ¿por qué no explorar este escenario tan curioso e influyente? Quién sabe, quizás al comprender los tejemanejes que hay tras los personajes de la obra de nuestra vida, descubramos algo que nos ayude a conocernos mejor, a cambiar de personaje cuando cambian las circunstancias familiares, a entender a las personas con las que convivimos y a saber cómo vivir más tranquilos y felices.

Señoras y señores, se levanta el telón...

¿QUÉ ES LA FAMILIA?

El primer paso para entender quiénes somos es saber de dónde venimos, tener claro cuál es nuestro origen. Nuestra vida comienza en un entorno generalmente reducido de personas con las que desarrollamos un vínculo muy especial y estrecho de emociones positivas y negativas, cuidados y afectos: nuestra familia. Sin saberlo y sin ser conscientes de ello, nacemos formando parte de un grupo de personas, un sistema o un equipo, con sus normas, formas y expectativas. Y todo lo que pase en ese grupo nos afectará para bien o para mal, nos influirá consciente o inconscientemente, y dejará una huella imborrable en nuestra esencia y memoria emocional.

Si nos preguntamos qué es exactamente la familia se podría decir que es el pilar básico y la estructura central de la sociedad. Es un sistema compuesto por diferentes miembros de diferentes edades, generaciones y sexos, que tienen como vínculo de unión la consanguinidad y el sentido de pertenencia al grupo. Estas personas están identificadas y protegidas por legislaciones civiles, pero también les une el parentesco, la intimidad y el afecto. Considerada el organismo más antiguo y universal de la humanidad, es el agente social más importante y con mayor responsabilidad a la hora de transmitir las normas de convivencia, así como los principios y valores de la sociedad.

La familia es la institución humana más adaptable al tener la capacidad de amoldarse, como un bambú frente a un huracán, a los cambios externos e internos. Sin embargo, dependiendo de su estructura interna y de su capacidad para transmitir los valores familiares y sociales, se desarrollará más o menos socialización, el proceso por el cual las personas aprenden e integran los elementos socioculturales de su entorno a su personalidad con el fin de adaptarse a la sociedad en la que viven. Por lo tanto, tomar conciencia de la estructura familiar en la que nacemos e integrar los valores, expectativas y comportamientos determinará cómo nos relacionaremos con otras personas y cómo percibiremos el mundo en el que vivimos. Una familia con valores sólidos y consistencia emocional se convierte en un agente social muy poderoso a la hora de desarrollar hábitos, actitudes e incluso formas de pensar y de sentir en las personas.

En general, independientemente de la cultura, se considera que el núcleo familiar tradicional se compone principalmente por la madre, el padre y los hijos. Sin embargo, a partir del siglo xx la familia tradicional cambió drásticamente a raíz de la utilización de los anticonceptivos, la integración de la mujer en el ámbito laboral y la legalización del divorcio. Antes, la estructura familiar era jerárquica y rígida, en la que el hombre prevalecía en su totalidad sobre la mujer. En la actualidad, en el mundo occidental, la estructura familiar es más flexible y existe una mayor igualdad entre los sexos. La sociedad moderna ha ido integrando poco a poco modelos de familia que difieren del modelo tradicional e incluyen las familias monoparentales, aquellas en las que la pareja está unida por la legislación civil, las que no han contraído matrimonio, las que se han separado o divorciado, las que después de separarse construyen un nuevo sistema familiar y traen hijos de un matrimonio anterior y las familias con parejas del mismo sexo. Esto nos lleva a concluir que a pesar de que las bases conceptuales del sistema familiar permanecen, en la actualidad encontramos una gran variedad de modelos de familia. A continuación se presenta un esquema de los diferentes tipos de sistemas familiares en base al parentesco para después explorar en el siguiente apartado las bases en las que se apoya el concepto del sistema familiar.

Parentesco	Características
NUCLEAR	Pareja sin hijos
NUCLEAR SIMPLE	Pareja con entre 1 y 3 hijos
NUCLEAR NUMEROSA	Pareja con 4 hijos o más
RECONSTRUIDA (Binuclear)	Pareja en la que uno de los miembros o ambos han sido divorciados/viudos y tienen hijos de parejas anteriores
MONOPARENTAL	Padre o madre con hijos
MONOPARENTAL EXTENDIDA	Padre o madre con hijos más otras personas con parentesco (por ejemplo, abuelos)
MONOPARENTAL EXTENDIDA COMPUESTA	Padre o madre con hijos, más otras personas con o sin parentesco (abuelos y amigos)
EXTENSA	Pareja con hijos, más otras personas con parentesco (abuelos, hermanos...)
EXTENSA COMPUESTA	Pareja con hijos, más otras personas con y sin parentesco
NO PARENTAL	Familiares con vínculos de parentesco que realizan funciones o roles de familia sin la presencia de los padres (por ejemplo: tíos, sobrinos, abuelos, nietos, primos...)

LA FAMILIA COMO UN SISTEMA

La familia es un sistema de relaciones compuesto por distintos subsistemas que comparten una historia de interacciones, emociones y expectativas. Como sistema se entiende a un grupo de personas que forman una unidad interactiva en la que sus miembros comparten parentesco tanto legal como consanguíneo, y se relacionan entre sí al estar vinculados por afecto, alianzas, valores y normas de comportamiento. Cada miembro del sistema es único y diferente a los demás, es como una figura geométrica única que define su edad, sexo, forma de ser, ilusiones, deseos y demás características personales. Por ejemplo, un hijo forma parte del sistema familiar, pero es único, no hay dos iguales, aunque tenga un gemelo. Más allá de los genes, cada uno somos originales y exclusivos, tenemos nuestros propios gustos, manías, estados de ánimo, reacciones y decisiones, así como un papel determinado en nuestro sistema familiar. Por lo tanto nuestra presencia influye en los demás miembros de nuestra familia.

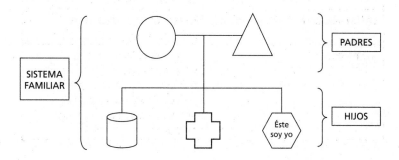

En el sistema familiar hay subsistemas, como, por ejemplo, el conyugal y el fraternal. El conyugal está formado tradicionalmente por los padres o la pareja. En el sistema familiar tradicional, cuando la pareja decide tener hijos los padres se asignan unas funciones determinadas con el objetivo de que el sistema familiar funcione, por lo que deben complementarse e incluso ceder una parte de su propia individualidad para que exista un sentido de unidad, ya que se pasa de un sistema de dos miembros a uno de tres o más personas. Cuando nace un hijo es importante que el subsistema conyugal (los padres) también sepa poner límites respecto al sistema construido con el hijo. Es decir, que la pareja también sepa relacionarse entre ellos sin incluir al hijo; ser padres no significa no tener tiempo para ellos solos como pareja ni poder disfrutar uno del otro sin los hijos. De hecho, muchas parejas tienen serias tensiones y crisis en su relación a raíz de la incorporación de hijos porque se sienten incapaces o culpables de pasar tiempo a solas como pareja. La falta de tiempo e intimidad puede llegar a repercutir seriamente en la relación, pero este tema se abordará más adelante en el libro.

A partir del momento en el que los padres tienen más de un hijo surge el subsistema fraternal. Este subsistema formado por los hermanos juega un papel muy importante en la dinámica familiar, ya que es el lugar en el que se aprende a compartir, a colaborar y a negociar. Sin embargo, también es el sistema donde surgen rivalidades, se compite por atención, afecto y espacio, y donde se ponen límites y se aprende a respetarlos. El subsistema fraternal es el lugar donde los hermanos aprenden a relacionarse entre sí, a crear alianzas y a trabajar en equipo. Sin embargo, es también el lugar donde surgen las envidias y los celos, y donde a veces se muestran comportamientos crueles y violentos. Como veremos más adelante, es aquí donde a menudo se experimentan los primeros sentimientos de rechazo y celos en su máximo esplendor, donde se llevan a cabo los actos más agresivos. Aunque la mayoría de los niños crecen escuchando mensajes que transmiten la importancia de llevarse bien entre hermanos, que «los hermanos deben quererse y ayudarse», sorprende la cantidad de familias en las que los hermanos no tienen una buena relación, tanto de niños como de adultos. A pesar de tener los mismos padres, hay hermanos que no tienen nada en común, son opuestos o muy diferentes en su manera de ser. Hay hermanos que no congenian, que no se entienden o sencillamente no se gustan. Y esta realidad, que a menudo se vive de manera intensa y desagradable en el entorno familiar, influye profundamente en la manera en la que los miembros de la familia coexisten y se relacionan entre sí.

Cada sistema familiar funciona de forma diferente, pero todas tienen en común cuatro puntos fundamentales: 1) son abiertas al interaccionar con otros sistemas, 2) están en continuo proceso de cambio, 3) a lo largo de su ciclo vital pasan por múltiples etapas marcadas por vicisitudes y crisis que les obliga a modificar su estructura, y 4) ante los cambios el sistema familiar se ve obligado a adaptarse a ellos, y como resultado cambian las normas y las formas de hacer las cosas (su conducta). No obstante, adaptarse a los cambios no significa necesariamente perder la identidad como unidad, pero sí significa tener que incorporar nuevos hábitos y comportamientos, lo que hace posible su continuidad y desarrollo. Por ejemplo, cuando aparece un nuevo miembro de la familia, sea por el nacimiento de un hijo o cuando un hijo incorpora a su pareja, el sistema familiar cambia algunas formas de actuar y de relacionarse. Al incluir a un nuevo miembro, la estructura familiar se transforma; esto no quiere decir que pierda su identidad o su esencia como unidad.

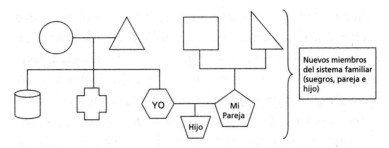

El sistema familiar es un sistema activo que determina sus propias normas y tiene la capacidad de autorregularse y el poder de decisión como unidad. El sistema global (todos los miembros de la familia) o algunos de los subsistemas pueden tomar sus propias decisiones y decidir cómo actuar frente a un reto, un cambio o una crisis. Es decir, la unidad familiar y los subsistemas conyugal y fraternal pueden tomar decisiones, como mudarse de casa, irse de vacaciones juntos o no, pasar las fiestas en un sitio u otro, o si va a ser amable o tirano con un nuevo miembro de la familia. Por ejemplo, a veces me he encontrado con familias que han puesto fuertes impedimentos a la nueva pareja de alguno de sus miembros. Incluso han llevado a cabo actos de sabotaje con el fin de excluir o destruir la relación para mantener la homogeneidad, para que no cambie la dinámica familiar o sencillamente porque el grupo siente que la nueva pareja no está a la altura o no posee las características esperadas. Independientemente de la capacidad para adaptarse a los cambios, el sistema familiar y los miembros que la componen también tienen la capacidad para dirigir sus acciones, actitudes y comportamientos de una forma constructiva o destructiva.

Los sistemas familiares como unidad se construyen, piensan, sienten y se transforman. Aun así, por lo general las formas de ser de cada uno de sus miembros se mantienen más o menos constantes en el tiempo, es decir, el cuñado malhumorado puede tener mejores o peores días, pero de cara al resto del grupo puede caracterizarse por tener una forma de ser generalmente malhumorada. Y uno puede preguntarse: «¿Yo cómo me caracterizo en mi familia?». Quizás una de las claves es pensar en los mensajes más habituales que uno recibe de los demás. Es decir, ¿hacen comentarios positivos o negativos sobre uno? Como por ejemplo: «Qué bien haces las cosas», «Qué desastre eres», «Vas a llegar muy lejos», «Siempre estás enfadado» o «Siempre estás sonriendo y de buen humor», «Qué simpático eres» o «Qué gruñón eres». Pero también es importante preguntarse si uno se encuentra cómodo y a gusto en la propia familia, ya que estas sensaciones también influirán en el propio comportamiento. Por ejemplo, si uno está incómodo o se siente inseguro cuando está en una reunión familiar, puede que se muestre más callado, tímido o distante. Esto no quiere decir que uno se caracterice por ser así siempre en los demás ámbitos de la vida, sino que ese entorno en concreto le afecta de tal modo que le lleva a tener una actitud vigilante y distante. Quizás esta persona tuvo una mala experiencia con otro miembro del grupo, o quizás la forma de ser del grupo le incomoda y siente que no puede ser él mismo. Lo cierto es que nuestro comportamiento está en gran parte influido por el entorno en el que nos encontremos y la percepción que tengamos del mismo. Si sentimos que el entorno es amenazante, estaremos tensos, vigilantes y a la defensiva; si sentimos que es seguro y amigable, nos relajaremos y actuaremos desde la tranquilidad y con más naturalidad.

Al ser la familia un sistema activo que está en continuo

cambio, es frecuente que surjan tensiones y continuos ajustes y desajustes que afrontar o nuevas normas que adoptar. Por ejemplo, cuando un miembro de la familia tiene una nueva pareja, este hecho afecta automáticamente al resto del grupo. En estos casos el sistema familiar se modifica, ya que las actividades y la gestión del tiempo de la persona a quien le ha cambiado el estado civil también se transforma, y por consiguiente surgen cambios en las relaciones. Así, si el familiar en cuestión asistía cada fin de semana a las reuniones familiares, es posible que este hábito cambie al tener que compartir el tiempo con su pareja o la familia de la misma. Cuando se incluye a una nueva persona en la vida, uno se encuentra teniendo que distribuir su tiempo y sus prioridades de forma diferente. De manera que al compartir con otro y crear un nuevo subsistema el resto del grupo también necesitará adoptar nuevos hábitos y dinámicas. Sin embargo, como veremos más adelante, este proceso no siempre es fácil ni fluido. Es muy común encontrar problemas de adaptación y ajustes cuando se incorpora un nuevo miembro a la familia, sea una pareja, un cuñado, los padres de la pareja, un hijo o cualquier otra persona.

Dado que cada familia se compone de personajes con su propia personalidad, gustos y manías, cuando formamos parte de un nuevo sistema familiar aprendemos poco a poco a identificar las expectativas del nuevo grupo, es decir, las cosas que se esperan o no de nosotros para ser aceptados por los demás o las normas de convivencia del nuevo sistema familiar. Algunas pueden ser similares a las nuestras, pero en la mayoría de las ocasiones podemos encontrar diferencias. Esas diferencias pueden ocasionar conflictos y tensiones, por lo que aprender a gestionar los cambios con inteligencia emocional y social es esencial para mantener una buena relación familiar. No olvidemos que cada uno de los diferentes y múltiples sistemas familiares que comprenden una comunidad vive y convive dentro de sistemas mayores. Los sistemas mayores, como es la comunidad en la que vivimos y la sociedad en general, tienen el poder de influir positiva o negativamente en las relaciones entre los miembros de nuestros sistemas familiares. Los sistemas y subsistemas de nuestro entorno, ya sean mayores o menores, ejercen, lo queramos o no, presiones a nivel individual y grupal al tener también sus propias normas, creencias y expectativas. En definitiva, con independencia de los límites que pueda haber entre los sistemas, existe un continuo intercambio de información entre ellos, de forma que todos los sistemas que comprenden la sociedad están sujetos a las influencias de unos y otros. Todos formamos parte de la vida de todos.

ÉRASE UNA VEZ VIVÍ UNA PRIMERA VEZ...

Como comentaba al principio de este capítulo, para la mayoría de las personas todo sucede y se experimenta por primera vez en la familia: las primeras emociones positivas y negativas, los primeros aprendizajes sobre cómo cubrir nuestras necesidades, así como las primeras relaciones afectivas. Es en el entorno familiar donde construimos el primer vínculo y apego emocional, donde nos conectamos con otros y desarrollamos una relación; es el lugar donde descubrimos por primera vez el amor. La familia es igualmente el lugar donde descubrimos por primera vez el desamor, donde surgen los primeros sentimientos de inseguridad y desprotección, así como los sentimientos relacionados con el rechazo (sea uno el rechazado o el que rechaza), los celos o la envidia. Por lo tanto, es en el entorno familiar donde recibimos las primeras lecciones sobre la parte oscura y brillante de la vida, sobre cómo sobrevivir y cubrir nuestras necesidades, y también donde desarrollamos las habilidades que nos ayudarán a conseguir nuestros objetivos, a relacionarnos con los demás y a valernos por nosotros mismos. Mientras unas personas aprenden a sobrevivir y a conseguir sus objetivos llorando, quejándose sin parar o a través de la pelea y el grito, otros los consiguen hablando, riendo o jugando.

Las familias y las relaciones familiares son diferentes unas de otras. Cambian según el momento, el día, las circunstancias y las personas que las componen. Tanto la familia como única entidad, como las personas que forman parte de ella, tienen altibajos. Hay momentos en los que se está de mejor humor y la vida resulta más fácil y ligera, pero también los hay en los que se está más desanimado y sentimos que la vida es un camino de piedras. Como les sucede a las personas a nivel individual, la familia como unidad grupal también tiene su propia manera de abordar los cambios, las dificultades, los retos y los traumas. Tiene su propia personalidad, que también va evolucionando con el paso del tiempo y las experiencias vividas. La familia, como las personas, pasa por etapas a lo largo de la vida, por lo tanto tiene sus propias expectativas y maneras de hacer las cosas, así como sus formas de tratarse internamente. No hay que olvidar que en las diferentes etapas del ciclo vital las familias evolucionan, reconstruyen su propia dinámica familiar y se convierten en algo único. Sin embargo, a pesar de la originalidad que caracteriza a cada familia y sus miembros, lo cierto es que también tienen muchas cosas en común con otros sistemas familiares, sea en la forma de reaccionar ante una situación, la manera en la que se tratan unos a otros o en la forma con la que se comunican entre sí y afrontan los conflictos.

Todos formamos parte de una familia. Unas familias son grandes y otras son pequeñas, algunas están lejos y otras, cerca. Hay familias con o sin hijos, con padres o sin ellos, con o sin hermanos, pareja, primos, sobrinos, tíos y abuelos, así como con o sin familia política, cuñados, yernos, nueras y suegros. Podemos tratar a los miembros de nuestra familia con más o menos frecuencia, convivir unos pocos o muchos, sentirnos más o menos unidos. Independientemente del tipo de relación y su cercanía podemos quererlos, odiarlos, añorarlos o sentir indiferencia. La realidad es que no podemos elegir. Nos guste o no, no podemos escoger en qué familia nacer. Sin embargo, sí podemos elegir el tipo de relación que queremos tener con cada uno de los miembros que la componen. Podemos optar por tener una relación agradable y cordial con nuestra familia o podemos focalizar nuestras frustraciones en ellos. Podemos elegir si vamos a ser comprensivos, pacientes y flexibles o si vamos a ser críticos, impacientes e inflexibles. Lo cierto es que la calidad de nuestras relaciones familiares depende en gran parte de nuestra actitud hacia ellos y el interés que tengamos en construir una buena relación. Independientemente de que seamos hijos, padres, hermanos o nietos, podemos elegir si aportar o no amabilidad, comprensión y apoyo a aquellas personas con las que compartimos una historia vital y diferentes etapas de nuestra vida.

Pero convivir y compartir con la familia no siempre es

fácil, ya que en ocasiones, aunque optemos por tener una buena relación con un familiar, es posible que este sentimiento no sea recíproco. Aun así, tenemos la capacidad para desarrollar habilidades que nos permitan tratar con aquellos familiares que son de trato difícil, con los que sentimos que no tenemos nada en común, nos estresan, nos irritan o sencillamente no nos gusta su manera de ser. Incluso podemos aprender habilidades que nos ayuden a protegernos de aquellos familiares tóxicos, incluyendo a los más cercanos, como pueden ser algunos padres, hermanos o miembros de la familia política. Como veremos a lo largo de los capítulos del libro, al ser seres inteligentes y sensibles, en los casos en los que las relaciones familiares no sean positivas podemos aprender a navegar en aguas turbulentas, gestionar nuestras emociones y frustraciones y no entrar en el juego del chantaje emocional. Frente a familiares difíciles e incluso tóxicos podemos llevar a cabo estrategias asertivas y saludables y evitar convertirnos en víctimas de manipulaciones emocionales perversas.

Para llevar una vida emocionalmente sana y estable necesitamos relacionarnos con personas, sean familiares o no, que no tengan como objetivo controlarnos y manipularnos, o convertirnos en seres sumisos y esclavos de sus necesidades y caprichos, sino todo lo contrario. Aunque en ocasiones nos podemos encontrar con alguna persona difícil y negativa para nosotros, podemos desarrollar herramientas que nos ayuden a mantener nuestra estabilidad emocional y a la vez mantenernos cerca de personas que saquen lo mejor de nosotros, que nos respeten y nos quieran tal y como somos. Por lo tanto, necesitamos saber identificar a las personas que nos llenan de energía y nos enriquecen, aquellas que nos aportan seguridad y bienestar, ya que ellas jugarán un papel esencial en mantener el equilibrio mental y emocional y poder vivir en armonía con uno mismo y los demás.

El buen trato o el mal trato se aprende en el entorno familiar. Vivir en un entorno de afectos positivos recíprocos, donde prima el respeto mutuo y donde la comunicación es siempre activa y abierta es lo ideal para cualquier persona. Sin embargo, toda convivencia tiene sus tensiones y factores estresantes. Aun así, aprender a fomentar la cultura del buen trato independientemente de los desacuerdos y las tensiones es un valor que se experimenta, se aprende y se practica a través del ejemplo y la imitación. Si los familiares se tratan bien y con respeto entre ellos, lo más probable es que los más pequeños aprendan a incorporar este valor en su actitud y comportamiento. Cabe destacar que el buen trato está ligado al mundo interior de cada individuo, a la personalidad y la forma de ser de cada uno, pero el escenario en el que se descubren sus efectos y consecuencias es a partir de la inteligencia emocional y social aplicada a la hora de relacionarse con los demás.

VIVIR PLENAMENTE EN FAMILIA DURANTE LAS ETAPAS VITALES FAMILIARES

La unidad familiar está en continuo movimiento y cambio. Por lo tanto el estrés es parte intrínseca del desarrollo y la evolución de la familia. La familia es una entidad viva, como un árbol que se asienta en un terreno que puede ser más o menos sólido, se nutre de lo que le ofrece su entorno y se adapta a las circunstancias que se le presentan. La familia evoluciona con el tiempo, con los retos que le plantea la vida y las experiencias vividas. Pasa por diferentes etapas vitales que afectan a su dinámica y a las relaciones entre sus miembros. Existen numerosas clasificaciones para definir las etapas del ciclo vital familiar, así que para facilitar la lectura me apoyaré en las seis etapas evolutivas definidas por la Organización Mundial de la Salud:

Etapa	Período	Característica
1. Formación	Unión hasta nacimiento del 1.er hijo.	Constitución de la pareja y vínculo afectivo.
2. Extensión	Nacimiento del 1.er hijo hasta el del último hijo.	Cambios en la dinámica de pareja. Con la llegada de los hijos se redefine la relación y la atención de cuidados. Las tensiones y los conflictos son habituales.
3. Extensión completa	Nacimiento del último hijo hasta que el 1.er hijo abandona el hogar.	Nuevas experiencias en la estructura familiar con la adolescencia y la emancipación del 1.er hijo. La familia se ajusta a los cambios.
4. Contracción	Desde que el 1.er hijo abandona hogar hasta que el último hijo abandona el hogar.	Dependiendo del número de hijos este proceso durará más o menos. Son habituales los sentimientos de pérdida. Surgen los cambios de roles y funciones de todos los miembros familiares.
5. Contracción completa	Desde que el último hijo abandona el hogar hasta la muerte del primer miembro de la pareja.	Reconocer a nuevos miembros de la familia (parejas, nietos, sobrinos). Surge el síndrome del nido vacío. Envejecimiento y fin de la vida laboral (jubilación). Necesidad de cuidados físicos y problemas de salud.
6. Disolución	Desde la muerte del 1.er cónyuge hasta la muerte del 2.º cónyuge.	Fallecimiento y sentimiento de pérdida. Tras la muerte de la pareja surgen sentimientos de soledad. Pueden acentuarse las enfermedades.

Las diferentes etapas vitales familiares afectan la dinámica del grupo familiar de manera positiva o negativa. Por ejemplo, no es lo mismo cuando hay una pérdida de un miembro familiar por fallecimiento que por divorcio, y no tiene el mismo efecto en el grupo cuando se integra al núcleo familiar un nuevo miembro por nacimiento que por un nuevo matrimonio. Dependiendo de las circunstancias y el tipo de acontecimiento, cada familia reacciona y afronta la situación de forma distinta y maneja el estrés de forma diferente. No todos se entristecen o sufren de la misma forma la ruptura de una pareja o el fallecimiento de una persona. La respuesta emocional y la actitud de cada uno difieren según su forma de expresar y de sentir el acontecimiento en cuestión, por lo que pueden influir tanto positiva como negativamente en la dinámica del grupo familiar.

El estrés en la familia

El estrés es el sentimiento que surge ante una situación determinada de tensión. Cada persona posee diferentes mecanismos para manejar el estrés dentro del entorno familiar. Las familias pasan por diferentes momentos y experimentan cambios que pueden producir más o menos estrés y tensiones a nivel individual y del grupo. En el entorno familiar se pueden observar dos tipos de factores estresantes: agudos y crónicos. Los factores estresantes agudos están generalmente asociados a la muerte de algún ser querido, a la ruptura de pareja o familiar, a las enfermedades graves de sus miembros y a los cambios de residencia familiar. De igual modo, se consideran factores agudos los momentos relacionados con la incorporación de un nuevo miembro familiar (hijo, pareja, familia política...), la jubilación, pérdida del trabajo durante un largo período de tiempo, los apuros económicos, el comienzo o final de la escolaridad de los hijos y los embarazos. Por otro lado, los factores estresantes crónicos están atribuidos especialmente a los acontecimientos diarios, como pueden ser los conflictos y disputas sobre el papel y las responsabilidades que tiene cada miembro en la familia. Los factores crónicos dependen en gran parte de la manera de tratarse los unos a los otros, de si existe o no respeto entre ellos, o de la forma de comunicarse.

Tener o no tener una buena relación con la familia produce un gran impacto en el nivel de estrés, tanto en cada persona como en el grupo. Por ejemplo, las discusiones o peleas constantes entre los hermanos o los padres originan un alto nivel de estrés, tanto en los que experimentan el conflicto como en los que lo presencian. Es decir, los testigos de las disputas y peleas familiares también son víctimas de estrés, aunque éste sea producido por otros. A pesar de no formar parte del conflicto de una forma directa, se contagian igualmente de la negatividad de los que sí están en conflicto. A menudo me comentan algunas personas que sufren de este tipo de estrés cosas como «No soporto escuchar a mi madre discutir con mi hermano mayor cada día. Cada mañana es un infierno para mí. El momento del desayuno es insoportable, estoy deseando marcharme a la escuela» o «Cada día a la hora de cenar, cuando estamos todos sentados mi hijo y mi marido empiezan a discutir, convirtiendo ese momento del día en un tormento. Creo que voy a cambiar las reglas y vamos a dejar de cenar todos juntos, porque es tan desagradable que no compensa. Al final ninguno lo pasamos bien ni disfrutamos estando juntos. Nada es agradable» o «Mis hermanos y yo estamos hartos de escuchar a nuestros padres pelear y discutir por todo. Si no es por una cosa es por otra. El día en que me vaya de casa y me emancipe sólo vendré a las reuniones familiares el día de Año Nuevo... Estoy deseando perderlos a todos de vista».

Los familiares que discuten cada día provocan un ambiente tenso y desagradable para todos. El resultado es que con el tiempo los miembros de la familia evitarán pasar tiempo juntos, ya que asocian la familia con peleas, negatividad y con sentirse mal emocionalmente. De manera que es importante prestar atención a la frecuencia con la que se tienen peleas familiares, así como al efecto que éstas causan en el grupo. Las discusiones y los conflictos diarios pueden tener consecuencias devastadoras en las relaciones personales.

En conclusión, saber vivir plenamente en familia es un proceso de aprendizaje que lleva toda la vida. Desde que nacemos formamos parte de este proceso en el que participamos activamente influyendo al resto de la familia con nuestra forma de ser, de pensar, de tratar a los demás y con la manera de comunicarnos. A veces vivir en familia es un camino gratificante en el que construimos relaciones afectivas muy enriquecedoras y solidarias. Pero en otras ocasiones la vida en familia se convierte en un camino sin salida, estresante y doloroso en el que no podemos evitar tener que enfrentarnos a situaciones cargadas de tensiones y conflictos ni tratar con familiares tóxicos. Por todo esto necesitamos conocernos, saber cuáles son nuestras capacidades y limitaciones y aprender a desarrollar nuestra inteligencia emocional y nuestras

habilidades sociales para poder comprender y saber tratar a
las personas que nos rodean.

Entender a nuestra familia y la dinámica entre los miembros que la componen es indispensable para conseguir que
las relaciones afectivas familiares se conviertan en una fuente
de comprensión, apoyo, seguridad y solidaridad. En definitiva, es en nuestro entorno familiar donde aprendemos a conocernos y a afrontar constructivamente los retos que inevitablemente nos depara la vida.

Recordatorio: una gran parte de quiénes somos, cómo somos,
qué pensamos, qué sentimos y cómo nos comportamos está
influida por el entorno donde hemos aprendido a relacionarnos: nuestra familia.

2

Inteligencia emocional familiar: conocerse para convivir saludablemente

> Cuanto mayor es el vínculo emocional que nos une a alguien, mayor es también el efecto de su impacto. Por este motivo los intercambios más intensos son los que tienen que ver con las personas con las que pasamos día tras día y año tras año; es decir, las personas que más nos interesan. Pero el vínculo con las personas de nuestro entorno es un arma de doble filo porque, si bien las relaciones positivas tienen un impacto positivo sobre nuestra salud, las tóxicas pueden, no obstante, acabar envenenando lentamente nuestro cuerpo.
>
> DANIEL GOLEMAN,
> *Inteligencia emocional*

LA INTELIGENCIA EMOCIONAL

El ser humano es inteligente y emocional. A partir de la idea de que las emociones están presentes en todos los aspectos de nuestra vida y que surgen y desaparecen desde el momento en el que nacemos hasta que morimos, aprendemos a gestionarlas con la ayuda de nuestras capacidades y nuestra inteligencia. Para facilitar la lectura utilizaré la definición de inteligencia emocional del escritor Daniel Goleman. Según el autor, la inteligencia emocional es «la capacidad de reconocer nuestros propios sentimientos y los ajenos, de motivarnos y de manejar bien las emociones, en nosotros mismos y en nuestras relaciones».

Ser inteligente emocionalmente implica no sólo ser consciente de los sentimientos que tenemos y saber identificarlos, sino también tener la capacidad para regularlos y decidir proactivamente cómo se quieren gestionar. Es decir, primero necesitamos saber qué sentimos, qué significa el sentimiento, cómo se llama, y después decidiremos cómo queremos manejar el sentimiento.

Preguntarnos a nosotros mismos «¿Qué siento, por qué y qué voy a hacer ante esta emoción?» nos ayudará a saber dirigir nuestros sentimientos de tristeza, alegría, rabia, serenidad, envidia, pena, satisfacción...

Las personas que no son conscientes de lo que sienten y no tienen una idea clara de lo que esto supone para ellos, tienen una gran dificultad para gestionar tanto la intensidad del sentimiento y la reacción que les provoca, como la capacidad para tomar una decisión. Esto les puede producir una sensación de indefensión y descontrol emocional. Por lo tanto tener la capacidad para dominar los procesos emocionales nos ayuda a sentir control sobre nuestras circunstancias y los retos que se nos presentan.

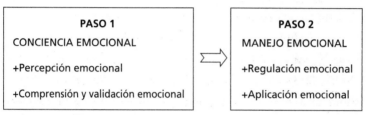

Barrutia, A., *Inteligencia emocional en la familia*, El Toro Mítico, 2009, p. 28.

Como señala Aitziber Barrutia en su obra *Inteligencia emocional en la familia*, para gestionar las emociones de forma inteligente ayuda ante todo tener una conciencia emocional. Ser consciente de un sentimiento es reconocerlo y detectar su presencia (véase figura). Por ejemplo, cuando uno percibe que un hermano recibe un trato mejor que el que uno está recibiendo se produce un sentimiento. Este sentimiento interno puede ser identificado como «tener celos». Una vez detectada la emoción (celos) uno necesita pensar en el origen de la emoción («¿Por qué me siento celoso? ¿Puede ser por inseguridad, inferioridad, ira, porque existe una historia previa de infidelidad, engaños y mentiras...?»). Una vez que identificamos el origen de la emoción necesitamos decidir cómo vamos a regular la intensidad de la misma, así como qué vamos a hacer para gestionarla («¿Me enfado, grito, lloro, me mantengo en silencio...?»). Una vez que tomamos una decisión al respecto debemos actuar coherentemente con ella. En el caso de que sintamos celos podemos optar por hablar de ello con algún familiar o con un amigo, podemos provocar una discusión y atacar a nuestro hermano o sencillamente podemos decidir no hacer nada e intentar gestionarlo internamente regulando nuestros sentimientos.

En ocasiones sucede que al intentar identificar una emoción podemos equivocarnos y confundir una emoción con otra. Por ejemplo, muchas personas creen sentir hambre cuando en realidad lo que sienten es ansiedad. Cuando confundimos un sentimiento con otro se hace más difícil encontrar una solución para superar el malestar provocado. De forma que si uno cree que la presión en el estómago ante los celos significa tener hambre y responde buscando algo para comer, es posible que coma en exceso, ya que realmente lo que está buscando es apaciguar su sentimiento de ansiedad provocado por los celos. De manera que a menudo sucede que después de un atracón uno descubre que el sentimiento de ansiedad al final no desaparece, lo que produce sentimientos de frustración, inseguridad y culpabilidad, aumentando el nivel de ansiedad por sentirse incapaz de no poder superar el sentimiento original (la ansiedad producida por los celos).

Pero ¿cómo aprendemos a identificar nuestras emociones? Todo empieza con las enseñanzas de los padres y cuidadores. Son ellos los que nos enseñan desde niños a identificar nuestras emociones, como cuando nos dicen: «Lloras porque estás cansado y es hora de dormir» o «Lloras porque es tu hora de comer y tienes hambre..., porque estás triste cuando se han marchado tus padres a trabajar...». Cuando nos transmiten estos mensajes aprendemos a asociar un sentimiento con una respuesta emocional. De forma que cuando un padre riñe a su hijo por sentir tristeza, es muy posible que éste automáticamente desarrolle sentimientos de ansiedad al no recibir consuelo, pero además aprenda que estar triste es algo «malo». Al observar la reacción del padre, el hijo puede pensar que está actuando mal o que es un niño malo cuando llora. Como resultado al final concluye: «Soy un niño malo cuando estoy triste». Esta asociación tiene consecuencias negativas a largo plazo. Es decir, la probabilidad de que con el tiempo este niño tenga dificultades para identificar la tristeza será mayor, así como aumentará su incapacidad para hablar sobre aquello que se la produce, lo que le impedirá desahogarse. De igual modo, le aumentará el sentimiento de confusión y desconcierto a la hora de identificar un sentimiento y le será difícil encontrar un remedio o solución para apaciguarlo.

Hasta no hace mucho tiempo a los niños, especialmente a los varones, se les transmitía que llorar era una respuesta emocional negativa, una muestra de debilidad inaceptable que sólo se le permitía a las mujeres. «Soy un hombre que no puede llorar —me comentaba un hombre que tenía dificultad para identificar sus sentimientos y entender sus reacciones ante la tristeza, la rabia o el dolor emocional—. De hecho hace más de veinte años que no lloro, ni suelto una lágrima. Ni siquiera lloré cuando se murió mi madre. Sólo lloré un poco y a solas cuando falleció mi hijo en un accidente de coche.» Cuando le pregunté si sabía por qué tenía dificultad para llorar, identificar y expresar sus emociones me comentó: «Creo que está relacionado a mi infancia. Recuerdo que cuando era niño tendía a caerme mucho, por alguna razón no tenía buen equilibrio y a menudo me encontraba en el suelo con las rodillas peladas. Los niños en el colegio a veces se reían de mí, incluso mis amigos. Me llamaban "el torpe". No podían comprender cómo actividades tan sencillas como correr o trepar no las hacía con facilidad. A menudo acababa en el suelo. Era algo que no podía remediar. Era un hecho, yo era torpe, tenía poco equilibrio y me caía a menudo. Me hacía daño con frecuencia. Algunas heridas eran más serias que otras, pero en ocasiones las más graves se infectaban y me tenían que hacer curas que eran muy dolorosas. A veces el dolor era tan fuerte que lloraba sin consuelo. Mis llantos ponían nervioso a mi padre y se enfadaba. Me solía gritar: "Pero ¡qué niño más débil tengo, deberías ser un hombre hecho y derecho y aguantar el dolor! ¡Los hombres de verdad no lloran y menos en esta familia! Si eres un hombre de verdad, fuerte y valiente, aguantarás esas lágrimas como debe ser. Las lágrimas son sólo para las mujeres, así que ¡límpiate esa cara y sé un hombre digno!". Los gritos y la mirada de decepción de mi padre me intimidaban tanto y me producían tanta angustia que a veces conseguía dejar de llorar, aunque ahora creo que era más por miedo que por dolor, no le quería decepcionar. Pero a pesar de que conseguía dejar de llorar no me sentía mejor. No me sentía ni más querido ni más admirado por mi padre. La verdad es que me producía tanto miedo que mi padre pudiera dejar de quererme si no me percibía como uno de los suyos, que hoy día pienso que este sentimiento era más intenso que el propio dolor de la herida. Fue así como aprendí a no llorar e incluso a dejar de sentir algunos sentimientos en general, sobre todo aquellos relacionados con la tristeza, la pérdida o el fracaso. Siento que he pagado un precio muy alto, hay una parte de mí que desconozco, que sufre, pero no sé qué hacer con ello. Hay muchas cosas que no entiendo, me confunden y no sé qué hacer o cómo reaccionar». Este hombre fue bombardeado durante años con mensajes muy duros e insensibles por parte de su padre. Y después de tantos años se encontraba con un gran reto: aprender a identificar determinados sentimientos y aprender a aceptarse. Poco a poco, durante las sesiones de terapia trabajamos en identificar cada una de las emociones dándoles un significado. El hombre definió poco a poco su entender de cada una de ellas y asoció diferentes situaciones con las diversas emociones y sus propias reacciones. Con el tiempo fue comprendiendo muchas cosas sobre sí mismo y el efecto que tuvieron las diferentes situaciones familiares en su comportamiento y estado de ánimo. Lo cierto es que no es de extrañar que los niños que hayan sufrido mensajes tan inhibidores y emocionalmente castrantes como este hombre tengan, una vez adultos, un concepto de sí mismos negativo cuando sienten tristeza o lloran. Es muy probable que muchos se sientan abrumados, avergonzados o débiles siempre que están tristes o tienen ganas de llorar, incluso en circunstancias extremas ante la pérdida de un ser querido. Por lo tanto, aprender y enseñar a identificar las emociones, las reacciones asociadas a éstas y a saber manejarlas es muy necesario para crecer emocionalmente sanos y estables.

IDENTIFICAR LAS EMOCIONES PARA COMPRENDERNOS

El ser humano ha expresado sus emociones de todas las formas posibles que su imaginación le ha permitido. Sea a través de la escritura, la música, el baile o cualquier forma artística, las personas tenemos la capacidad de transmitir nuestras emociones más allá de la palabra hablada. Pero independientemente de cómo las expresemos, las emociones tienen un origen, un detonante que hace que aparezcan o desaparezcan cuando menos nos lo esperamos. Una misma situación puede provocar sentimientos diferentes, lo que se denomina «subjetividad emocional». La subjetividad emocional está constantemente presente en las relaciones familiares. Por ejemplo, cuando surge un conflicto familiar y uno de los padres pierde la paciencia y eleva la voz la reacción emocional de los hijos puede variar entre unos y otros. Los gritos a menudo provocan reacciones intensas en las personas, pero los sentimientos de cada una pueden ser muy distintos entre ellos.

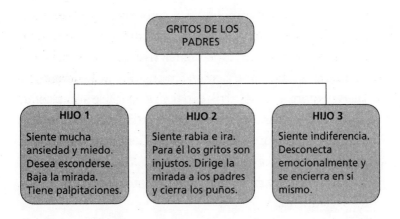

Lo que a unos les hace llorar a otros les provoca risa, lo que a unos les puede indignar a otros les produce indiferencia. Por lo tanto, a la hora de analizar las emociones no podemos apoyarnos en una fórmula concreta y rígida. Lo cierto es que en el campo de las emociones 1+1 no equivale siempre a 2, en ocasiones también puede ser 3, 4 o 5. Así que debemos prestar atención, sobre todo, a la forma de ser y a la personalidad de cada uno, ya que ello determinará en gran parte las posibles reacciones emocionales. Por ejemplo, una persona asustadiza y temerosa reaccionará de forma muy diferente ante un conflicto a una persona que no lo es y puede incluso adoptar una postura defensiva ante una disputa. A la hora de analizar e intentar identificar las emociones propias y de los demás debemos estar mentalmente abiertos; este terreno es tan subjetivo que detectarlos y comprenderlos puede ser un verdadero reto.

Las emociones son de dos tipos: positivas o negativas y pueden sacar lo mejor o lo peor de nosotros. Si nos sentimos amenazados y agredidos podemos responder con ira y agresividad, y si nos sentimos valorados y queridos es probable que reaccionemos positivamente y con amabilidad. Nuestras emociones están determinadas por diferentes factores: la personalidad, las experiencias, el estado de ánimo, el entorno, las relaciones personales (amistosa, laboral, de pareja y familiar) y finalmente por la percepción que tengamos de nosotros mismos y de los demás. Por lo tanto, conocerse y comprender el mundo que nos rodea nos ayuda no sólo a navegar entre la multitud de emociones posibles, sino a saber identificar qué estamos sintiendo y por qué.

Algunas personas comparten sus sentimientos con facilidad y otras se los guardan para ellas mismas o sólo los comparten con unos pocos. Hay quienes utilizan las emociones para manipular a otros, hacen chantaje emocional o se comportan de una forma determinada para provocar o controlar las emociones de los demás. De manera que no es siempre fácil identificar lo que sentimos y lo que sienten las personas de nuestro entorno, aunque sean tan cercanas como nuestros familiares. Las emociones, sean positivas o negativas, pueden surgir en un instante y ser pasajeras o pueden ser constantes y permanecer durante años. A veces incluso tenemos emociones contradictorias o sentimos varias cosas simultáneamente. Por ejemplo, hay personas que tienen relaciones de amor y odio a la vez. Por un lado sienten atracción, ternura y lealtad mientras que al mismo tiempo sienten inseguridad, resentimiento y frustración. «Quiero a mis padres, pero no los soporto» —me comentaba una mujer durante una conversación sobre la relación que tenía con sus padres y el resto de su familia—. Por un lado agradezco todo lo que han hecho por mí y por mis hermanos. Han luchado muchísimo para que tuviéramos una educación académica y un futuro. Pero, por otro lado, han sido tan duros, estrictos y rígidos que también siento rechazo y un profundo resentimiento hacia ellos. Ambos me preocupan, quiero que estén bien y sean felices, pero también siento la necesidad de hacerles desaparecer de mi vida ya que tengo algunos recuerdos terribles. Eran muy duros cuando nos castigaban, a veces nos pegaban o nos encerraban en una habitación a oscuras. A mi hermano en alguna ocasión le llegaron a pegar con un cinturón. A veces los gritos eran tan agudos que temía quedarme sorda. Pero, por otro lado, pienso que tener seis hijos y no tener medios económicos suficientes debía de ser difícil para ellos. Me pongo en su lugar y me pregunto qué hubiera hecho yo... y me surgen tantas dudas. Pero también pienso que si uno siente que tener más hijos supone vivir al límite, quizás hubiera sido mejor haberlo evitado. Recuerdo pensar siendo niña que a veces me hubiera gustado no haber nacido. Pero en otras ocasiones me sentía feliz de estar viva, tener una familia y haber conseguido llegar a donde he llegado. Ahora soy un abogado de una de las empresas más influyentes de Estados Unidos, tengo una buena vida, mi propia familia y unos hijos que me llenan de satisfacciones. Pienso que mucho de lo que soy y he logrado se debe al esfuerzo de mis padres, pero me pregunto si era necesario ser tan estrictos y duros conmigo y mis hermanos. De lo que no me cabe duda es de que nunca trataría a mis hijos como ellos nos trataron en ocasiones a nosotros. Tengo muchos sentimientos contradictorios hacia ellos, como si sintiera amor y odio a la vez.»

Identificar las emociones no es una labor fácil, sobre todo cuando hablamos de sentimientos encontrados que surgen en relaciones donde existe una cercanía, una intimidad y un trato constante durante años, como sucede con la familia. A veces necesitamos aceptar que podemos tener sentimientos diferentes o contradictorios hacia otra persona. Es posible sentir simpatía con una cierta dosis de rechazo. Puede que nos guste un aspecto de la personalidad de alguien mientras que otro aspecto nos produzca aversión. Y estos sentimientos no tienen por qué ser incompatibles necesariamente. La clave es aceptar que las personas, sean nuestros familiares o no, tienen varias dimensiones. Es decir, las personas que nos rodean se caracterizan no sólo por su forma de comportarse, sino también por su manera de pensar, sus intereses, sus experiencias, su manera de tratar a los demás y su forma de sentir. Algunos nos pueden gustar y otros no.

Las emociones contradictorias

Cada uno tenemos nuestros propios mecanismos para saber qué y por qué estamos sintiendo una emoción concreta. Algunas personas pueden identificar un sentimiento en milésimas de segundo y otras pueden tardar días. A veces, algunas experimentan una sensación agridulce sin saber el porqué, cómo o quién le ha provocado ese sentimiento. «No sé qué me pasa, pero cada vez que me reúno con la familia de mi marido me siento extraña —me comentaba una mujer sobre los sentimientos que se originaban cada vez que iba a una reunión familiar con su familia política—. A veces, me marcho de las reuniones familiares sintiendo desasosiego. Es un malestar que me dura unos días, pero no entiendo las razones. Si me pregunto si alguien me ha dicho algo que me haya producido malestar, lo cierto es que no lo creo. Por lo menos de forma directa nadie me ha dicho nada. Sin embargo, a veces siento que la manera de hablar de los demás me afecta. Mis cuñadas son bastante cotillas y a veces un tanto retorcidas. Comentan sobre la vida de los demás con un desprecio e incluso despotismo que me afecta. Aunque siento que me tratan bien, a veces pienso que cuando no estoy presente me ponen como un trapo, y eso me desconcierta e incluso me angustia. Es como si tuvieran dos caras y yo no supiera identificar con claridad la que muestran en mi presencia. Siento que después de las reuniones familiares me encuentro bien y mal a la vez. No tengo claro cuál es el sentimiento concreto, necesito pensarlo bien.» Esta mujer con el tiempo descubrió que lo que sentía era una mezcla de desasosiego, ansiedad y un poco de miedo respecto a su familia política. Por un lado, quería tener una buena relación con sus cuñadas, pero, por otro lado, sentía que eran falsas y un tanto perversas. Una vez que identificó qué sentía por ellas con claridad pudo determinar el tipo de relación que quería mantener. Primero evaluó la situación y después pensó en cómo podría manejarla de una forma que no le perjudicara pero que tampoco afectara negativamente a su relación de pareja. Después de analizar las diferentes posibilidades decidió disminuir las visitas familiares y mantener una cierta distancia emocional. Para ello optó por asistir a las reuniones familiares importantes como los cumpleaños, celebraciones y fiestas y dejó de asistir a los encuentros semanales ya que se dio cuenta que en su caso no eran necesarios. Esta decisión le ayudó a sentirse mejor, más tranquila y sobre todo a tener más control sobre sus emociones y el tipo de relación que quería mantener con sus cuñadas.

Emociones universales

Existen muchos tipos de emociones diferentes y cada uno los asociamos a momentos y experiencias diferentes de nuestra vida, por lo tanto cada emoción puede despertar diferentes recuerdos. Como un ejercicio de autoconocimiento propongo al lector pensar en diferentes momentos en los que ha experimentado cada sentimiento de la siguiente lista y con qué acontecimiento vital los relaciona.

Alegre Triste Sereno Tranquilo Confiado Culpable Aliviado
Animado Abierto Afortunado Absorto Nervioso Enfadado
Apasionado Asombrado Cautivado Cómodo Compasivo Frustrado
Irritado Incomprendido Eufórico Exaltado Fortalecido Inspirado
Libre Ligero Lúcido Confundido Aprensivo Miedoso Aterrorizado
Asqueado Inseguro Ansioso Motivado Realizado Seguro
Descansado Relajado Conmovido Equilibrado Generoso Ilusionado
Contento Apacible Enfurecido Satisfecho Rechazado Fuerte
Interesado Envidioso Celoso Valiente Acobardado Radiante
Orgulloso Fascinado Atormentado Airoso Disgustado Traicionado
Amado Seducido Indignado Deseoso Acongojado Espantado
Intrigado Nostálgico Odioso Hastiado Perezoso Desamparado
Curioso Desesperado Excitado Apático Apegado Indiferente
Humillado Protegido Ausente Valorado Asustado Mimado
Bondadoso Sosegado

Numerosas investigaciones señalan que pueden identificarse una multitud de emociones diferentes, algunos dicen que existen unas doscientas. Sin embargo, una vez estudiadas en profundidad todas ellas parten de unas emociones primarias. De acuerdo con los estudiosos más reconocidos como Darwin, Ekman o Plutchik, existen básicamente entre seis y siete emociones elementales y universales independientemente de la cultura, la religión, la raza y la personalidad. Con el objetivo de conocernos a nosotros mismos y a las personas con las que tratamos más a menudo, como nuestros familiares o amigos, a continuación expongo en términos generales las emociones universales y los sentimientos que derivan de cada una de ellas:

Emociones universales	Sentimientos que derivan de las emociones universales
Ira	Enojo, indignación, irritabilidad, acritud, hostilidad, rabia, resentimiento, furia, odio
Tristeza	Pena, melancolía, nostalgia, desconsuelo, desesperación, desaliento, soledad, decaimiento, desmoralización, depresión
Miedo	Ansiedad, aprensión, preocupación, inquietud, desasosiego, angustia, susto, nerviosismo, temor, fobia, pánico
Alegría	Felicidad, deleite, gozo, despreocupación, placer, bienestar, placidez, gratificación, satisfacción, euforia, éxtasis
Sorpresa	Asombro, sobresalto, desconcierto, extrañeza, fascinación, confusión, embebecimiento, aturdimiento
Aversión	Asco, desdén, repugnancia, desprecio, rechazo, repulsión, aborrecimiento
Vergüenza	Humillación, pesar, desazón, retraimiento, timidez, degradación, encogimiento, deshonra

La construcción de las emociones en la familia: la diferenciación

El lugar en el que se experimentan las primeras emociones, tanto las universales (alegría, miedo, asco, sorpresa...) como las que derivan de éstas (ansiedad, confianza, serenidad...) es en el entorno familiar. Como he señalado previamente, la familia es el primer escenario de nuestra vida, donde percibimos nuestros primeros sentimientos de amor y desamor, donde nos sentimos seguros o inseguros, protegidos o desprotegidos. Se podría decir que gran parte de quienes somos emerge a partir de los sentimientos que experimentamos en nuestro entorno familiar. Crecer en un entorno seguro y con cariño favorecerá sentimientos positivos hacia otros y hacia nosotros mismos, mientras que lo contrario nos afectará negativamente, nos convertirá en seres desconfiados e inseguros.

Nacemos y nos hacemos generalmente en un contexto familiar, por lo tanto éste es el pilar donde aprendemos a sentir, a comportarnos de una determinada manera y a ser conscientes de nuestra persona, donde aprendemos a diferenciarnos de los demás. De forma que a pesar de formar parte de un sistema familiar también somos seres independientes y autónomos con capacidad para pensar y sentir de manera diferenciada. Las personas que han aprendido a diferenciarse de los padres y del sistema familiar establecen un equilibrio saludable y emocionalmente estable entre formar parte de un sistema, con el que comparte sentimientos, pensamientos y tiempo y su sentido como un individuo independiente del resto. Saben quiénes son a pesar de estar con el resto del grupo, se adaptan al entorno sin perder su identidad. Saben protegerse de manipulaciones ajenas. No son sumisos ni tienen la necesidad de complacer constantemente, ni se anulan a sí mismos cuando están con el grupo; saben mantener el equilibrio entre las fuerzas aplicadas por los demás miembros del grupo y la individual.

A las personas que saben diferenciarse como individuo no les estresa ni les produce inseguridad formar parte de una familia o un grupo, saben mantener su autonomía e independencia como individuo y pueden tolerar los posibles sentimientos encontrados o contradictorios producidos por las presiones de otros miembros del sistema grupal. Pueden interactuar, negociar e intercambiar opiniones sin necesidad de desdoblarse a sí mismos y sin sentir miedo a ser rechazado. Son conscientes de que las expectativas de los demás no pueden ser siempre cubiertas y no se sienten responsables o culpables por ello. Sin embargo, las personas que tienen dificultad para diferenciarse de su familia se sienten muy incómodas, inseguras y confusas con cualquier sentimiento que les diferencia del resto. A menudo se sienten culpables o incluso desleales cuando surgen sus necesidades personales y como individuos y éstas son diferentes a las del resto.

«Me siento culpable cuando siento rechazo hacia mi familia por no ser como ellos —me comentaba un joven que tenía dificultad para diferenciarse y ser emocionalmente autónomo—. Siento que hay unas expectativas familiares que no cumplo, que debo desear ser como mis padres y que debo ser como ellos quieren que sea. Siempre me han transmitido que nuestra familia es lo más importante, estamos nosotros y después los demás. Me han repetido una y otra vez que somos una unidad infalible e inseparable y que por encima de todo están ellos y mis hermanos y que nadie será, ni debe ser, tan importante como ellos. De hecho, recuerdo a mi madre repetirme una y otra vez que todo lo que yo siento lo siente ella también, y que siempre estaríamos unidos porque éramos uno solo. Esto por un lado me gustaba, me hacía sentirme cercano a ella, pero con el tiempo y a medida que me iba haciendo mayor me asustaba, lo encontraba intimidatorio e incluso invasivo. Sentía como si fuéramos siameses emocionales. Tengo cuarenta y siete años y tengo una pareja con la que quiero construir una familia, pero siento que estoy traicionando a mi madre y a mi familia por no querer pasar cada fin de semana con ellos, por querer ser un poco más independiente, por dedicar el tiempo a otras cosas que no sean ellos. A veces pienso que desear cosas diferentes a ellos o incluso tener valores diferentes a los suyos significa que soy raro, que algo tengo mal, que soy un traidor. No tengo claro cuáles son mis derechos y responsabilidades respecto a ellos, ni tengo claro dónde está el límite entre nosotros como sistema familiar y yo como individuo. No me siento cómodo como un hombre independiente con mis propios objetivos, valores y deseos. Siento que los límites son difusos, que casi no existen.» Las personas que tienen dificultad para diferenciarse a menudo sufren mucho y están constantemente comparándose con los demás. Sus referentes son lo que piensan y hacen los demás, no los suyos propios. Exploremos a continuación cómo funciona el proceso de diferenciación, un proceso sano y necesario para todo ser humano.

Proceso de diferenciación: del grupo al individuo

De acuerdo con Murray Bowen, experto en el concepto de diferenciación del individuo, cuando nacemos no somos conscientes de que somos un ser independiente de nuestros padres, sentimos que somos una sola unidad con ellos, no hay diferenciación entre uno y ellos, es como si estuviéramos fusionados. Pero a medida que nos vamos desarrollando empezamos a ser más conscientes del mundo que nos rodea, de nuestras habilidades y necesidades, y también de la diferencia que existe entre nosotros como individuos y los demás (padres, hermanos, cuidadores...). Poco a poco, con el paso del tiempo y la experiencia nos vamos haciendo más autónomos y dejamos de ser tan dependientes, de estar fusionados. Una vez adultos nos percibimos a nosotros mismos como seres completamente independientes y nos emancipamos tanto física como intelectual y emocionalmente de los padres. Y aunque compartamos tiempo, intereses y una vida con ellos, sentimos que somos individuos, con nuestros propios pensamientos, opiniones, necesidades y deseos; nos diferenciamos.

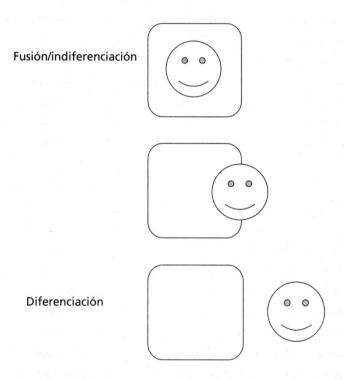

Fusión/indiferenciación

Diferenciación

El proceso de diferenciación del individuo es un proceso natural, sano y necesario. Y dependiendo del tipo de relación familiar y la dinámica de la misma puede haber una influencia positiva o negativa en este proceso. Por ejemplo, unos padres que enseñan a los hijos a confiar en sí mismos, a saber prote-

gerse y afrontar las dificultades sin ser sobreprotectores favo-
recerán un proceso de diferenciación positivo. Sin embargo
unos padres sobreprotectores, inseguros o que castigan al
hijo por querer diferenciarse del resto del grupo fomentarán
en el niño sentimientos de sumisión, dependencia y un profundo sentimiento de culpa.

Las personas que tienen dificultad para diferenciarse de los
demás también la tienen para sentirse cómodos consigo mismos, con su independencia, y tienden a ser reactivos emocionalmente cuando se encuentran en situaciones estresantes
asociadas a las relaciones personales. Sus decisiones están excesivamente determinadas por las expectativas de los demás y por
sus propios miedos, ansiedades o frustraciones. A menudo se
encuentran atrapadas en tormentas y vaivenes emocionales incontrolables. A veces describen estas sensaciones como que
«sienten demasiado» o que sus sentimientos son los que les
controlan y no lo contrario. En ocasiones, incluso comentan
que sienten con demasiada intensidad las emociones de los demás, como si no hubiera una diferencia entre las propias y las de
otros. Es frecuente que aquellos que han tenido dificultad para
diferenciarse durante su desarrollo sientan que una vez adultos
tienen muchos conflictos internos y emocionales cuando les
surge el deseo o la necesidad de tener su propio espacio, cuando piensan diferente al resto del grupo o incluso cuando ponen
límites razonables a otros. Temen ser rechazados, no queridos
o abandonados si no cumplen las expectativas de los demás,
experimentan una profunda inseguridad y viven a menudo en
un mar de culpa y de miedo a quedarse solos en la vida.

La razón por la que sienten esta intensidad de emociones
de inseguridad a menudo es causada por la excesiva fusión

entre los sentimientos y necesidades propias y las de otras personas. En estos casos los límites son prácticamente inexistentes; la persona se pierde en sus emociones y en las de otros. Al no haber barreras no se sabe con exactitud dónde empieza uno y dónde el otro, porque ambos están fusionados. Como resultado surgen intensos sentimientos de ansiedad por separación al no tener integrado el concepto de individualidad. Cuando no hay sitio para la individualidad es difícil ser independiente, ya que prácticamente no existe la percepción de uno mismo como un individuo separado de los demás y no puede cubrir sus propias necesidades emocionales por sí mismo, como por ejemplo autocalmarse o controlar los impulsos o pensamientos. Estas personas dependen de otras para poder regular sus propios sentimientos. «No sé tranquilizarme solo», suelen comentar. De manera que las familias que no fomentan ni favorecen la diferenciación se encuentran en conflictos internos constantes, sus miembros intentan controlar en exceso a los demás y tienen relaciones muy condicionales y tóxicas. Son familias que se caracterizan por ser muy críticas, quejicas, dominantes, poco flexibles y generalmente experimentan como grupo y a nivel individual una insatisfacción permanente.

Sin embargo, también existen personas que se encuentran en el lado opuesto a la indiferenciación o fusión. Son aquellas que tienen una desconexión emocional extrema con los demás. Éstas se caracterizan por ser en ocasiones excesivamente individualistas e incluso suelen percibirse como seres egoístas que sólo actúan en base a sus propias necesidades. A veces se consideran seres que empatizan poco con el resto. Estas personas a menudo suelen evitar el contacto y la

conexión emocional con otros, mantienen mucho las distancias, sus límites están muy marcados y las barreras son muy
claras y palpables.

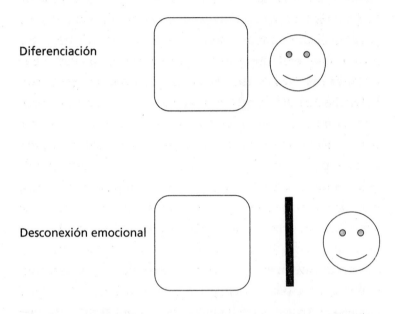

Cabe destacar que en algunos casos se puede observar que
las personas que se mantienen excesivamente distantes y des-
conectadas emocionalmente de otras a veces lo hacen para
protegerse de aquellas que son excesivamente exigentes y dependientes. Dado que estos últimos son muy demandantes y
no tienen límites ni respetan el espacio personal, a menudo las
que se consideran distantes necesitan poner barreras altas y
anchas para no ser invadidas; la distancia y las fronteras son un
mecanismo de protección y de defensa. Estas últimas a menudo sienten que para poder mantener una relación con su familia o personas desmedidamente demandantes e invasivas se

ven obligados a desconectar emocionalmente para no ser absorbidas por las emociones incontrolables de los otros.

«Me marché de mi casa a una edad temprana, nada más cumplir los diecisiete años, para poder poner distancia con mi familia. Me fui a vivir a Europa para buscar una vida mejor y poder realizarme como persona. Mis padres, mis abuelos, mis tíos y primos eran tan absorbentes y exigentes que sentía que no podía casi vivir ni respirar. Así que en cuanto tuve oportunidad me marché de mi país hace ocho años —me comentaba una mujer que se había marchado de su país de origen y que se encontraba con el dilema de decidir si visitar a su familia después de no verles en cinco años—. Lo cierto es que quiero mucho a mi familia y siento que ellos a mí también, pero si no pongo ciertos límites siento que me absorben y me intentan controlar al máximo. Cuando hablo con ellos por teléfono a menudo me echan en cara que les abandoné y me acusan de no tener sentimientos hacia ellos. Mi madre con frecuencia me dice que lo dio todo por mí, su vida entera, y que yo no muestro el afecto que se merece. Me dice que soy un ser sin sentimientos y que no me preocupo por ellos. Pero la verdad es que sí me preocupo y les quiero, pero no de la manera en la que ella necesita que sea. Parece que no siento nada, pero sí siento. Lo que sucede es que tengo un muro entre ellos y yo para protegerme. Desconecto emocionalmente para poder vivir tranquila y en paz.» Cubrir las expectativas de otros no siempre es posible ya que la percepción que podemos tener de una situación determinada puede diferir de la de otros. Cómo expresamos nuestro afecto e intereses puede variar entre las personas, por lo tanto debemos aceptar que no somos iguales ni esperamos las mismas cosas. La clave es aceptar en la medida de lo posible a las personas como son y no tener como objetivo cambiarlas para que cubran nuestras necesidades. Nos gusten más o menos, las personas tienen su forma de ser y de reaccionar frente a las expectativas no cumplidas, por lo tanto no podemos esperar que nuestros familiares, por muy cercanos que sean, se comporten como deseamos o incluso necesitamos. Cada uno necesitamos valorar qué estamos dispuestos a dar de nosotros y qué estamos dispuestos a aceptar de los demás. Al final, responsabilizar a los demás de nuestras propias frustraciones sólo empeorará las relaciones. Por lo tanto, tomar responsabilidad por uno mismo es quizás la mejor manera de plantearse las expectativas.

Por consiguiente, el papel que tienen nuestros padres y cuidadores durante el proceso de diferenciación es crucial. La actitud con la que manejen las muestras de búsqueda de autonomía e independencia de los hijos influirá directamente en la capacidad de los mismos para desarrollar una autoestima sana, así como en su desarrollo de habilidades sociales y en su capacidad para tomar decisiones de una forma autónoma, segura y asertiva. Es esencial tener la posibilidad de aprender a conocerse, a comprometerse consigo mismo y con los demás como seres emocionalmente independientes y sanos.

CULTIVAR EMOCIONES POSITIVAS

Las personas sentimos muchos tipos de emociones. Independientemente de que sean positivas o negativas, las emociones aparecen de repente y depende de nosotros decidir qué queremos hacer con ellas, cómo manejarlas. Por lo tanto podemos disfrutarlas, ignorarlas, rechazarlas o aplastarlas. Uno pensaría que la tendencia natural sería reforzar las positivas y disminuir o eliminar las negativas, pero no siempre es así. A menudo me encuentro con personas que viven centradas en las emociones negativas e ignoran las positivas. Es más, muchas personas se sienten culpables o incluso irresponsables cuando se sienten bien. Quizás fueron criticados o atacados en el momento en que estaban contentos o puede que fueran castigados emocionalmente cuando mostraban alegría. Puede haber muchas razones por las que una persona se siente mal por sentirse bien. Esto ocurre si piensa que no merece ser feliz, que lo bueno dura poco, que es un engaño sentir emociones positivas, o incluso que las emociones positivas le hace vulnerable. Algunos llegan a pensar que para defenderse o protegerse de las posibles agresiones necesitan estar siempre alerta, por lo tanto sentirse bien es una distracción.

«Me da miedo sentirme bien —me comentaba una mujer—. Según mi experiencia, cuando me siento bien me relajo demasiado, y eso al final acaba perjudicándome porque dejo de estar en alerta. Cuando dejo de vigilar pasan cosas muy malas, como, por ejemplo, mi marido empieza a beber más de la cuenta o mis padres comienzan a discutir, ya que de por sí se llevan mal y yo actúo para evitar los conflictos. Si me despisto y dejo de intervenir vuelven las peleas. Pienso que si me relajo y me dejo llevar por los buenos sentimientos nadie se ocupa de los niños. Siempre soy yo la que tiene que hacerlo todo. No tengo ayuda y la verdad es que no puedo más. Y cuando dedico un poco de tiempo a mí misma, como puede ser ir a la peluquería o a dar un paseo para desconectar, me siento culpable e irresponsable. Como si estuviera haciendo algo malo, como si no tuviera derecho a disfrutar. Me da la sensación de que mi vida es como una cárcel y de que lo que me ha tocado vivir está entre lo malo y lo peor.» Esta mujer, que sufría de estrés, ansiedad y agotamiento emocional, es un ejemplo de persona que no se permite emociones positivas. Relaciona las emociones positivas con un resultado negativo, por lo que difícilmente podrá relajarse y vivir una vida tranquila, ya que siente que cuando lo hace sucede algo negativo y ella es la culpable, aunque no sea quien lo ha provocado. Estas personas sufren profundamente, ya que su vida es un sin vivir. Estas personas necesitan aprender a cuidarse, a permitirse los descansos, a no hacerse responsables de los comportamientos y conflictos de los demás. Uno puede ayudar a los demás, pero no puede controlar al cien por cien su bienestar. Cada persona debe hacerse responsable de sus propias decisiones y su felicidad. Compartir y aportar a los demás favorece la felicidad, pero lo cierto es que la capacidad para sentir alegría, serenidad y bienestar depende en gran parte de uno mismo y no responsabilizarnos continuamente de los comportamientos ajenos.

Cultivar emociones positivas es una decisión personal, incluyendo la energía que dedicamos a la labor. Cultivar emociones positivas significa fomentarlas, sin necesariamente ignorar las negativas; es poner el foco de atención en los aspectos positivos de la vida. Centrarnos en lo positivo no elimina lo negativo, no hace que desaparezcan los problemas, pero sí nos ayuda a no hundirnos en un pozo oscuro de negatividad y pesimismo. Las personas que deciden fomentar sus emociones positivas deciden también acrecentar la salud y el bienestar de los demás. Como resultado fortalecen su autoestima, su confianza en sí mismas, y también mejoran su capacidad para resolver los conflictos y mantener relaciones personales gratificantes. Cuando las personas se centran más en lo positivo que en lo negativo de sus vidas se sienten más libres para decidir, hacer y deshacer, se defienden mejor de los miedos y fobias, son más creativas e imaginativas y afrontan los riesgos con más energía y espíritu aventurero.

Cuando estamos alegres y contentos nos sentimos más ligeros, flexibles en nuestras decisiones y movimientos, la energía fluye con facilidad, tanto mentalmente como por nuestro cuerpo, los esfuerzos cuestan menos trabajo. Pensamos mejor y con más rapidez cuando nos sentimos bien. Somos más capaces de encontrar alternativas y soluciones a los problemas. Somos más valientes, afrontamos la incertidumbre con una actitud positiva, con una sensación de que podemos hacer y conseguir aquello que nos proponemos. Los pensamientos fluyen con facilidad y energía. Cuando nos sentimos bien nuestras relaciones con los demás, familiares o no, son más constructivas y enriquecedoras, somos más adaptables y nos centramos menos en los defectos del otro.

Curiosamente, los estudios del especialista en terapia de pareja John Gottman señalan que las relaciones de pareja que están pasando por alguna crisis o son infelices se caracterizan por ser rígidas, inflexibles y excesivamente predecibles, mientras que las que son alegres son más espontáneas y flexibles. Las personas, cuando se encuentran bien consigo mismas y sus circunstancias, son más cariñosas y menos tóxicas. Se caracterizan por ser más amables, genuinas, menos demandantes y de trato agradable. Son personas que disfrutan compartiendo con otras, sin exigir excesivamente y sin la necesidad de controlar; son buena compañía. Sin embargo, las personas tóxicas son todo lo contrario. Como veremos en el capítulo sobre relaciones tóxicas, éstas intentan incesantemente controlar a los demás, manipulan y transmiten negatividad y pesimismo. A menudo los tóxicos culpabilizan y hacen responsables a los demás de su malestar o infortunios. Son críticos, absorbentes, intolerantes y conflictivos, y generalmente viven en una insatisfacción permanente. Resienten a los demás, envidian el bienestar de los otros y son rencorosos. No perdonan con facilidad y echan en cara con frecuencia cualquier error, fallo o carencia ajena.

Uno puede preguntarse: «¿Por qué y cómo se convierte una persona en un ser tóxico?». Lo cierto es que no hay una sola razón por la cual una persona se vuelve tóxica. Existen muchas razones, pero generalmente son personas que han vivido experiencias muy nocivas y dañinas. Una cosa no lleva necesariamente a la otra, es decir, que no todas las personas que tienen experiencias dolorosas o traumáticas se convierten en personas tóxicas, pero hay experiencias tan dolorosas, traumáticas e insoportablemente dañinas, que afectan a las personas de tal modo que las transforman eliminando por completo su capacidad para ser felices. Sin embargo, a pesar de todo cabe señalar que se puede volver a aprender y a reconquistar el bienestar y la serenidad. En ocasiones es cuestión de tiempo y reflexión, darse la oportunidad para hablar, expresar y compartir con amigos y seres queridos el dolor, pero en otras ocasiones, cuando esto no es suficiente, es cuestión de reaprender a crear el bienestar a través del tratamiento psicológico y la ayuda de un profesional. La realidad es que todos tenemos la capacidad para mejorar nuestras circunstancias. Está en nuestra naturaleza buscar y luchar, de manera consciente o inconsciente, la forma de sentirnos bien. La clave está en el método que utilizamos para conseguirlo.

Uno puede cultivar el bienestar a través de actitudes, comportamientos y actividades positivas o negativas. Algunos se sienten bien ayudando, colaborando y aportando a los demás y a sí mismos sin hacer daño, pero otros lo hacen a través de manipulaciones, mentiras y engaños, controlando a los demás. Es importante cuestionarse dónde y de quién aprendimos nuestra forma de buscar el bienestar y qué hacemos para conseguirlo. Conocer nuestras motivaciones y la manera de lograr nuestros objetivos es algo que sólo nosotros podemos conseguir.

Ante los retos, la adversidad, los problemas, las situaciones desagradables o las traumáticas, buscamos formas de protegernos emocionalmente. Utilizamos lo que se denomina «estrategias de afrontamiento y mecanismos de defensa». Ambos nos ayudan a soportar, aguantar, sobrellevar y superar una experiencia dolorosa. Cada uno tenemos los nuestros y utilizamos los que nos funcionan. Muchos de nuestros mecanismos de defensa y estrategias de afrontamiento se aprenden en el entorno familiar. Podemos aprenderlos de nuestros padres o hermanos, de abuelos o primos, incluso hay familias que ante una situación determinada de dolor utilizan la misma técnica para superar el sufrimiento. Así como los miedos se aprenden o se contagian, uno también puede hacerlo con las formas y estrategias para manejar el dolor y el sufrimiento y mantener una cierta estabilidad emocional.

Estrategias de afrontamiento y mecanismos de defensa

Cada día nos encontramos en algún momento frente a situaciones que nos producen un cierto grado de estrés. Es habitual encontrarnos con retos y problemas que nos desestabilizan emocionalmente. La clave para sobrellevarlos es poder controlar el zarandeo emocional sin que nos altere negativamente demasiado. Cuando nos encontramos ante un conflicto o problema recurrimos a nuestras estrategias de afrontamiento y mecanismos de defensa. Ambos son procedimientos que utilizamos para reducir las respuestas emocionales ante la adversidad, es decir, nos ayudan a disminuir la ansiedad, el miedo o sentimiento de incertidumbre. Ambos los aprendemos en el entorno familiar, pero existe una gran diferencia entre ellos. Por un lado, las estrategias de afrontamiento comprenden los comportamientos y las acciones que llevamos a cabo de manera voluntaria y conscientemente ante las dificultades, mientras que por otro lado los mecanismos de defensa son respuestas inconscientes e involuntarias.

Las estrategias de afrontamiento se pueden clasificar en dos tipos básicos. En primer lugar están las que van dirigidas a regular las emociones con el fin de minimizar y controlar la respuesta emocional, por ejemplo, transmitiendo mensajes alentadores como «lo voy a conseguir» o «puedo hacerlo». Como resultado, disminuimos la ansiedad y el estrés que nos provocan los conflictos. El segundo tipo consiste en estrategias dirigidas a buscar soluciones o alternativas para afrontar y resolver los problemas que se nos presentan y que nos permitan reducir la ansiedad y el estrés que nos provocan. Las estrategias de afrontamiento se pueden definir como los esfuerzos que empleamos (pensamiento y comportamiento) proactivamente para reducir y tolerar las presiones y demandas internas o externas que se nos presentan.

Las personas nacemos con el potencial para desarrollar ciertos rasgos de la personalidad que van a determinar nuestras actitudes y comportamientos frente a los retos, pero las estrategias de afrontamiento por lo general se aprenden de las personas que nos rodean. Por consiguiente nuestros familiares tienen un papel muy importante en el desarrollo de las mismas. «Nací y crecí en una familia donde había dos bandos, los optimistas y los pesimistas —me comentaba una mujer sobre el efecto que tuvieron en su vida los mensajes transmitidos por diferentes familiares—. Por un lado tenía la familia de mi madre, que eran casi todas personas alegres. En general tenían una actitud muy positiva y optimista cuando surgían problemas o enfrentamientos entre ellos. Aunque no eran habituales, lo cierto es que se solucionaban. Siempre sentí que esta parte de mi familia me transmitió fuerza, la idea de que yo podía conseguir lo que me propusiera. Por ejemplo, cuando terminé la escuela y pensé en ir a la universidad, sólo recibí apoyo y ánimos de mis tíos, abuelos y primos. A pesar de que era un gran cambio para mí que me producía ansiedad y miedo, también sentía ilusión, pues ellos realmente alimentaban en mí el entusiasmo y la motivación pese al gran esfuerzo económico que la universidad suponía. Sin embargo la familia de mi padre era todo lo contrario. Eran pesimistas y conflictivos en general. De cualquier problema se hacía una montaña. Se centraban más en lo negativo que en lo positivo. A menudo decían que había que estar preparados para las cosas malas de la vida ya que después de lo bueno siempre pasaba algo malo. De manera que ni siquiera conseguían disfrutar al cien por cien de los momentos positivos. Cuando les planteé mi idea de ir a la universidad muchos de ellos me dijeron que no sabían si era una buena idea ya que el coste económico para la familia era demasiado alto. A pesar de haber tenido un historial académico excelente comentaban que al fin y al cabo no era algo que fuese a necesitar para el futuro. Alimentaban en mí miedo y ansiedad de tener que cambiar de ciudad e irme a la capital. Nosotros éramos de un pequeño pueblo en el que no había universidades, por lo tanto tenía que mudarme. Lo curioso es que ninguno de los miembros de mi familia paterna habían salido nunca del pueblo. "Para qué nos vamos a ir si en realidad no hay nada fuera que vaya a mejorar nuestra situación", decían con frecuencia. En cambio, en la familia de mi madre muchos se habían marchado y habían logrado mejorar su vida. Eran más decididos y en general afrontaban los retos con ganas y espíritu aventurero. Los miembros de la familia de mi padre eran completamente opuestos, muchos permanecían estancados en la queja y el victimismo. Lo cierto es que ambas familias tuvieron un efecto en mí y en la forma en la que hoy percibo el mundo, mis relaciones y a mí misma. La verdad es que al final opté por guiarme por las recomendaciones de mi familia materna. Me hacían sentirme mejor, más valiente y alimentaban mis ganas de vivir.»

No es lo mismo que nuestros familiares nos transmitan confianza, esperanza y positividad a que nos digan que hagamos lo que hagamos no podremos conseguir nuestros objetivos, o que no somos lo suficientemente inteligentes o competentes, o que el problema al que nos tenemos que enfrentar no tiene solución y que somos meras víctimas de la vida. Como hemos visto en el caso anterior, la mujer recibió mensajes positivos y negativos simultáneamente. Experimentó dos polos opuestos ante una misma situación. Pudo observar cómo cada familiar abordaba los retos y sobre todo aprendió que la clave de las estrategias de afrontamiento eficaces reside sobre todo en la actitud. Determinó que las actitudes positivas y proactivas le ayudaban más a conseguir sus objetivos, mientras que las negativas y pasivas equivalían a permanecer en el victimismo y la negatividad. De todo esto podemos deducir que dependiendo de los pensamientos y de las actitudes que tengamos ante los retos y las adversidades actuaremos de una forma o de otras y tendremos más o menos probabilidades de conseguir las metas que nos propongamos.

Así como las estrategias de afrontamiento juegan un papel muy relevante en el manejo de las emociones a la hora de afrontar los retos que nos plantea la vida, los mecanismos de defensa también surgen durante los momentos difíciles y los conflictos con otros. La diferencia es que los mecanismos de defensa se accionan sin darnos cuenta. Se ponen en funcionamiento de manera automática cuando nos encontramos ante una situación incómoda. A menudo distorsionan nuestra realidad con el fin de poder asimilar una información que nos produce angustia o ansiedad. Es decir, su papel es intentar facilitar el procesamiento de una noticia desagradable, como puede ser el fallecimiento de un ser querido. «Ayer me dijeron que mi hijo había fallecido —me comentaba una mujer—, pero la verdad es que no me lo creo, no lo puedo aceptar. Siento como si se hubiera ido de viaje y que está a punto de entrar por la puerta de casa en cualquier momento. No puedo creer que sea cierto, que no volveré a verle, que mi hijo ha muerto. No puedo ni quiero creerlo.» En este caso el mecanismo de defensa de esta madre que había perdido a su hijo era negar la realidad. El dolor y el sufrimiento eran tan intensos que no podía asimilar la información, así que negaba el suceso. Su cerebro no aceptaba esta nueva información, por lo tanto los mecanismos de defensa la ayudaban inconscientemente a aceptar poco a poco esta trágica noticia.

Uno puede pensar que los mecanismos de defensa se ponen en acción sólo cuando recibimos una mala noticia, pero también se ponen en marcha cuando las noticias son positivas. Cuando esto ocurre es porque la nueva información produce incomodidad o ansiedad. Por ejemplo, hay personas que cuando les sucede algo bueno, como es ser felicitados por una acción que llevaron a cabo con esfuerzo o por tener unas cualidades personales positivas, emplean mecanismos de defensa que les llevan a infravalorar la respuesta positiva, es decir, pueden negar o quitarle importancia a sus logros porque les incomoda la sensación de haber sido exitosos. Quizás tienen una baja autoestima o no tienen confianza en sí mismas, pero sea cual sea la razón niegan sus capacidades o sus esfuerzos porque no se creen merecedores de afectos o éxitos.

«Después de desearlo tanto tiempo, finalmente he encontrado una pareja estupenda, una persona que dice que me quiere y que quiere pasar su vida conmigo. Pero no puedo creer que alguien tan maravilloso quiera estar conmigo. Siento que no me lo merezco. Incluso pienso que esta sensación me incomoda demasiado y me produce mucha ansiedad y no me gusta —me comentaba una mujer sobre su relación de pareja—. Esta relación me produce, por un lado, mucha alegría y felicidad, pero, por otro lado, mucha inseguridad y miedo. La verdad es que pienso que esto no es real, ni posible. No me puede estar pasando a mí, no puede ser cierto. Cuando pienso en ello me asusto porque no estoy acostumbrada a tener pareja, a sentir que le necesito. Me produce muchísima ansiedad. Así que para poder soportar este sentimiento prefiero pensar que no es real y que probablemente mi felicidad tiene una fecha de caducidad. De esta forma me tranquilizo.» En este caso la mujer está negando su situación. No se puede ni se quiere creer que sea posible haber conseguido algo que tanto deseaba; su mecanismo de defensa le negaba la posibilidad de ser feliz.

Los mecanismos de defensa fueron estudiados y descritos por primera vez por el padre de la psicología psicoanalítica, Sigmund Freud, y su hija, Anna Freud. Y, aunque la psicología ha evolucionado mucho desde sus estudios, a lo largo de los años se han realizado numerosas investigaciones para poder identificarlos y entenderlos en profundidad. Para facilitar la lectura, a continuación describiré de forma breve los mecanismos de defensa más habituales con sus ejemplos correspondientes:

Mecanismo de defensa	Definición	Ejemplo
Negación	Se trata la información como si no hubiera ocurrido. Se niega la verdad. A menudo surge cuando nos dan una noticia inesperada.	Ante la muerte de un ser querido se niega el suceso: «Mi marido no ha podido morir. No es posible, no es cierto, no lo creo».
Racionalización	Sustituir una realidad inaceptable por otra aceptable. A veces racionalizamos cuando sentimos ansiedad al no poder aceptar una realidad.	«Sé que mi marido estaba enfermo, pero me cuesta aceptar que ha muerto. Entiendo que este final era lo esperado, aunque no pensé que iba a ser tan rápido. Quizás podíamos haber hecho algo más.
Compensación	Ocultar o tapar una deficiencia y poner la atención en otra cualidad más aceptable y deseable. En ocasiones, surge cuando nos resulta difícil aceptar una realidad sobre nosotros mismos u otras personas.	«Quizás no soy la mejor cocinera, pero sí soy una buena madre y cuidadora.» «Mi padre no era cariñoso ni cercano, pero sí se podía contar con él cuando había un problema serio.»
Formación reactiva	Proceso por el cual se previene o evita que surja un pensamiento doloroso o controvertido. Se sustituye un pensamiento o comportamiento negativo por uno positivo. A menudo surge cuando aparecen sentimientos de celos o envidia.	Ante los sentimientos de antipatía hacia una persona, uno controla la conducta hostil y muestra una cara amable.

Regresión	Volver a un momento de la vida anterior. A veces las personas toman una postura inmadura o infantil, retroceden a situaciones de la infancia que ya se superaron en su momento. A veces surge ante sentimientos de inseguridad e inferioridad, baja autoestima o celos.	Frente a sentimientos de celos hacia un hermano la persona responde con llantos y conductas infantiles (gritos, pataleos).
Sublimación	Cubrir o satisfacer una necesidad a través de la sustitución.	Cuando me siento triste o solo y con falta de afecto, dedico más tiempo al trabajo.
Proyección	La atribución de sentimientos o cualidades propias a otras personas.	«Mi jefe está enfadado conmigo» cuando en realidad el enfado es del individuo al jefe.
Introyección	Lo opuesto a la proyección. Incorporación de sentimientos de otros a uno mismo.	«Siento tu tristeza/ira/ ansiedad... con la misma intensidad.»
Represión	Excluir los pensamientos y sentimientos conscientes que resultan amenazantes o peligrosos. Ante una experiencia traumática, tendemos a olvidarla para protegernos del dolor.	«No puedo recordar en absoluto el momento en que fallecieron mis padres en el accidente de tráfico. Lo tengo borrado de mi mente. Debió de ser tan duro y difícil que lo he reprimido.»

| Desplazamiento | Ante la incapacidad de canalizar un sentimiento determinado a la fuente de dicha emoción, se traslada a otra persona o situación. A menudo surge en relaciones en las que hay un cierto grado real o imaginario de jerarquía/autoridad. Se pone en acción con sentimientos de frustración o indefensión ante una situación en la que uno siente que no puede dirigir dichos sentimientos hacia la fuente que los provoca. | Cuando un jefe llama la atención a su empleado y éste no reacciona, pero cuando llega a casa les grita a sus familiares. |

Tanto las estrategias de afrontamiento como los mecanismos de defensa nos ayudan a sobrellevar y a paliar sentimientos de angustia, inadecuación, miedo o preocupación. La clave es entender qué es lo que se pone en acción cuando sentimos que la armonía emocional o nuestros pensamientos se desestabilizan. De forma que debemos prestar mucha atención a cómo nuestros familiares tienden a explicarse a sí mismos los acontecimientos vitales, ya que influirán en cómo nos explicamos a nosotros mismos lo que nos está pasando, cuáles son los porqués y qué mensajes nos decimos a nosotros mismos ante determinadas situaciones incómodas o desagradables.

LA INFLUENCIA DE LOS PENSAMIENTOS EN LAS EMOCIONES

Una de las preguntas más habituales entre los estudiosos de la condición humana es qué surge primero, si el pensamiento o la emoción. Como sucede con la gran pregunta «¿Qué vino primero, el huevo o la gallina?», la respuesta dependerá del contexto. Es posible que dependiendo de la vivencia a veces surja una y después otra o viceversa, pero con motivo de hacer más comprensible este apartado y no entrar en un laberinto de posibilidades nos vamos a centrar en entender cómo nuestros pensamientos afectan a nuestras emociones, y por ende a nuestro comportamiento.

Dependiendo del entorno en el que nos desarrollamos y de la actitud que tienen nuestros familiares frente a la vida, tendremos más o menos pensamientos positivos o negativos. Como hemos visto previamente, los positivos generalmente nos animan y enriquecen y los negativos nos desaniman y nos obstaculizan la posibilidad de ser felices. El escritor y psiquiatra estadounidense David Burns escribió sobre este tema en profundidad y señaló que los diferentes tipos de pensamientos negativos resultan en diferentes emociones negativas. Por ejemplo, la tristeza y la depresión se originan a partir de los pensamientos de pérdida; la frustración surge a partir de los pensamientos de que las expectativas no se han cumplido; el sentimiento de ansiedad aparece a partir del pensamiento de que hay un peligro, y la culpa surge a partir de la idea de ser incompetente o no estar a la altura de las circunstancias. De acuerdo con Burns hay diez modalidades de pensamientos negativos que suelen distorsionar la realidad y afectar negativamente las emociones:

PENSAMIENTOS NEGATIVOS QUE DISTORSIONAN LA REALIDAD

1. **Pensamientos «todo o nada»:** se fundan en ideas perfeccionistas. Se juzga en términos de blanco o negro, el término medio no existe. Ej.: «Si la presentación no sale perfecta, todo habrá sido una pérdida de tiempo».

2. **Sobregeneralización:** la explicación que se da a una situación determinada es negativa y generalizada. Se abusa de los términos indefinidos «nunca» y «siempre». Ej: pensar tras una ruptura: «Nunca podré encontrar a una pareja estable porque siempre acaba mal».

3. **Filtro mental:** se analiza y se evalúa una situación centrándose sólo en la parte negativa e ignorando lo positivo. Ej: «El proyecto ha sido un fracaso porque las fotocopias no estaban a tiempo. Lo demás (el éxito, otros resultados...) no importa».

4. **Descartar lo positivo:** los aspectos positivos no tienen ningún valor y se descartan automáticamente produciéndose un sentimiento constante de frustración. Ej: «A pesar de que vinieron todos mis amigos al cumpleaños, no lo pasé tan bien ni me siento satisfecho con la fiesta porque no pudo venir mi primo».

5. **Precipitarse en las conclusiones:** se anticipa y se predice de forma precipitada y negativa sin tener pruebas ni fundamentos. Ej: habiendo recibido una invitación a un evento se piensa: «¿Para qué voy a ir a la fiesta cuando en realidad no les gusto como soy?».

6. **Amplificación:** se exagera las cualidades negativas y se infravalora las positivas. Ej: «Siento que soy un desastre por no haber sacado la máxima nota (10) en el examen. Un 9 no es suficiente».

7. **Razonamiento emocional:** se da por hecho y se supone que los sentimientos negativos reflejan la realidad. Ej: «Como me siento culpable, debo de haber hecho algo malo seguro. No sé qué, pero seguro que soy el culpable».

8. **Afirmaciones hipotéticas:** pensamientos imperativos de lo que «debería ser o haber sido» suscitando sentimientos de frustración, incapacidad o culpa. Ej: «Debería haber sido más inteligente... Debería ser más guapo... Debería haber hecho una presentación mejor, todo el trabajo no ha servido para nada».

9. **Etiquetaje:** pensamientos negativos e irracionales sin fundamento y que utilizan etiquetas despectivas e infravaloran a la persona. Ej: «El tonto del grupo», «El torpe».

10. **Personalización y vergüenza:** ideas que responsabilizan a la persona de hechos que no están bajo su control y que objetivamente no son su responsabilidad. Ej: cuando un niño se siente avergonzado y responsable de la separación de sus padres: «Es por mi culpa que mis padres se han separado y han dejado de quererse. Soy una mala persona y un mal hijo».

Burns, David, *Feeling Good: The new mood therapy,* Nueva York, Harper Collins, 1999.

Como señala Burns, a veces interpretamos las cosas que nos suceden con tanta negatividad que perdemos la capacidad de análisis y de ser objetivos. Esto sucede sobre todo cuando tenemos pensamientos asociados a sentimientos de cólera, rabia o ira, o a sentimientos de que nos están tratando injustamente. A continuación se puede observar algunos ejemplos de pensamientos y reacciones frecuentes que suelen tener algunas personas:

Creencia	Origen de la reacción emocional: ira, rabia y cólera
«Soy un ser más importante que los demás. Por lo tanto me deben atender de forma especial.»	«No me dan la atención que merezco.» «No me tratan especial, sino como a todos los demás, como si fuera cualquiera.» «Sensación de que se me ha faltado al respeto.»
«Debo estar muy pendiente y vigilante para que otras personas no me utilicen o abusen de mí.»	«Percibir los comentarios de otras personas como un ataque personal.» «Sentir que los demás tienen malas intenciones hacia mí.» «Sentirme atacado, agredido o humillado.»

| «Debo ser perfecto y tener éxito en todo lo que hago y me propongo. No puedo equivocarme. El error es inaceptable.» | «Cometer errores.» «No poder controlar todo lo que me rodea.» «Cambios de planes o interrupciones en la actividad que estoy llevando a cabo.» «Recibir comentarios sarcásticos, irónicos o burlas sobre mí o la actividad que estoy realizando.» |
| «Necesito cuidarme y cubrir mis propias necesidades. Debo hacer las cosas por mí mismo.» | «Sentir que otros quieren controlarme.» «Sentir que he sido abandonado.» «Sentir que no tengo la capacidad de ser autosuficiente.» |

La forma en la que nos explicamos los acontecimientos negativos influye drásticamente en nuestro estado de ánimo, en la forma de comportarnos y en la manera en la que analizamos la situación y nuestra participación. Si identificamos los pensamientos y creencias que provocan los sentimientos negativos nos será más fácil controlarlos y cambiarlos al entender su origen. Cada uno tenemos una forma diferente de evaluar nuestros actos o nuestra forma de ser, pero de lo que no cabe duda es de que las personas que son extremadamente autoexigentes, perfeccionistas e inflexibles tienden a fustigarse con frecuencia o castigan a otros con facilidad, y las personas razonablemente exigentes y flexibles aprenden de las experiencias con menos temores y más positividad.

Como hemos visto previamente, estar familiarizado con nuestras emociones y con las cosas que nos afectan positiva y negativamente a nivel emocional nos ayuda a conocernos y a tener una idea clara y objetiva de nuestras fortalezas y limitaciones. Cuando conocemos nuestra manera de pensar también conoceremos nuestra manera de reaccionar. De manera que mientras más conscientes seamos de nuestras emociones, más conscientes seremos de nuestros pensamientos y de cómo gestionamos nuestro comportamiento; podemos cambiar los pensamientos negativos a pensamientos positivos.

⇒	⇒	⇒	⇒	⇒	⇒
Pensamiento negativo	**Emoción negativa**	**Cuestionar pensamiento**	**Cambiar pensamiento**	**Cambiar emoción**	**Resultado**
Siempre lo hago todo mal. Nunca voy a llegar a nada. Ya me decían mis padres que no tenía remedio.	Siento que no valgo para nada, soy un desastre. Siento que me gustaría ser otra persona, no me gusto.	¿No estaré exagerando? ¿Estoy siendo objetivo? Puede que mis padres y yo estemos equivocados...	Lo cierto es que todo el mundo se equivoca. No soy perfecto, lo importante es intentarlo. Definitivamente estaba exagerando.	Me siento mejor porque al fin y al cabo soy valiente por intentarlo. Soy trabajador y perseverante. Eso me hace sentir bien conmigo mismo.	CAMBIO POSITIVO Y MÁS OBJETIVIDAD

Como hemos visto, las vivencias influyen en nuestra percepción del mundo y de nosotros mismos. Aquello que pensamos sobre un hecho determinado provoca unas emociones y un estado de ánimo positivo o negativo. Algunas veces recordamos un suceso del pasado doloroso, como cuando fallece una persona querida, y se tienen pensamientos que nos entristecen, como: «Ya no podré ver y estar con esa persona», una conclusión objetiva y real. Pero en ocasiones los pensamientos que tenemos no corresponden con la situación real. Como se pudo observar en el cuadro anterior, pensamientos como «no sirvo para nada» o «siempre lo hago todo mal» no son creencias objetivas ni reales, ya que son catastróficas y exageradas. Por lo tanto debemos cuestionarlos y cambiarlos, ya que no aportan nada y son muy destructivos.

Técnicas para detener el pensamiento

En ocasiones, es en el entorno familiar donde se originan y se desarrollan los pensamientos recurrentes y obsesivos. Cuando nos abordan los pensamientos negativos y entramos en un bucle obsesivo de preocupaciones en el que no encontramos salida, nos estancamos mental y emocionalmente. Para salir de esta dinámica destructiva nos ayuda emplear técnicas para frenar el pensamiento, como por ejemplo darse la orden de callarse o decirse a sí mismo: «No voy a pensar en esto ahora, lo dejaré para esta tarde, cuando pueda dedicarle el tiempo, la concentración y la energía que se merece».

Al hacer un plan sobre cuándo vamos a afrontar el problema en cuestión para encontrar una solución estamos teniendo una actitud proactiva. Pero a veces hablar con uno mismo no es suficiente y necesitamos pedir ayuda. Hablar con otra persona también nos puede ayudar a analizar el problema y encontrar posibles soluciones. A veces comentar aquello que nos preocupa con otra persona de confianza o con un experto nos ayuda a identificar las posibilidades de cambio, a saber qué se puede o no hacer manteniendo la objetividad. Sin embargo, es muy importante que esa persona tenga una actitud positiva y optimista frente a los problemas, ya que si consultamos a alguien que tiende a ser negativo o temeroso difícilmente podremos encontrar soluciones. Es más, es muy probable que la lista de problemas y limitaciones aumente. Por lo tanto, a la hora de elegir a la persona a la que pedir ayuda, debemos evaluar previamente si es alguien que consideramos que nos va a aportar alternativas constructivas y objetividad.

Nos podemos preguntar: ¿cómo y dónde se originan esas dinámicas de pensamientos negativos recurrentes? ¿Dónde las aprendemos? Lo cierto es que independientemente de nuestra forma de ser, la mayoría de las personas aprendemos a afrontar los problemas y los retos en el entorno familiar. Es en la propia familia donde construimos nuestras primeras creencias sobre nosotros mismos y nuestras capacidades. Las personas que han recibido ánimos y comprensión de los que le rodean generalmente desarrollan una mayor confianza en sí mismas y tienen menos miedo a la hora de afrontar la adversidad que las personas que han recibido mensajes negativos. Aquellas que han crecido en un entorno excesivamente rígido y donde el castigo (emocional o físico) estaba muy presente desarrollan una forma de ser temerosa y obsesiva ante los retos.

«Durante mi infancia viví en un hogar donde la crítica era constante —me comentaba un hombre que sufría de angustia crónica y pensamientos obsesivos—. En mi entorno familiar siempre se resaltaban los defectos, los errores o las equivocaciones. Nunca se premiaba o se felicitaba a nadie. Es como si reforzar positivamente estuviera prohibido. Mis hermanos y yo crecimos con miedo a equivocarnos, ya que el precio que pagábamos era alto. Los castigos venían con facilidad y las humillaciones eran constantes. Esto provocó en mí una obsesión por hacerlo todo bien y perfecto. Es más, aprender se hacía difícil porque no podía equivocarme, y ¿quién aprende sin cometer algún error? Soy consciente de que no tiene sentido, pero mi realidad es la que es, o por lo menos fue así. Tanto mis hermanos como yo crecimos pensando que equivocarse era algo muy grave, por lo tanto vivir en un mundo donde hay tanto espacio para el error es a veces insoportable, me angustia de manera profunda. Curiosamente, mis padres fallecieron hace quince años, pero a veces tengo la sensación de que viven en mis pensamientos. Les puedo oír perfectamente. Cuando me angustio o tengo miedo a hacer algo, o cuando siento que las cosas no me salen bien, o como siento que deberían ser, son sus palabras las que escucho, son mi conciencia. Me vienen imágenes de cuando era niño y los sentimientos que les acompañaban. Éstos no eran nada buenos. Necesito aprender a relacionarme con mi entorno desde la serenidad. Necesito vivir más tranquilo y dejar de obsesionarme tanto. Necesito eliminar esos mensajes de mis padres que me atormentan cada día.»

Este hombre vivía angustiado por sus pensamientos e incluso por el trato que habían recibido él y sus hermanos durante su infancia. Pero con el tiempo y esfuerzo aprendió algunas técnicas que le ayudaban a desintensificar y disminuir los pensamientos obsesivos. El paso más importante fue querer cambiar y ser muy consciente de que los mensajes que se daba a sí mismo no eran sus palabras, sino las de sus padres. Durante el proceso de aprender a controlar sus pensamientos comentaba: «He encontrado que una de las formas de frenar los pensamientos asociados a mis padres es rebatirlos. Siento que discutir el sentido de dichos mensajes con ellos me ayuda. Lo que no pude hacer durante años, ahora sí puedo hacerlo. También me aporta decirme a mí mismo que no son mis palabras, sino las de mis padres. Esto me ayuda a dejar de apropiarme del mensaje "No es mío, yo no pienso así", me ayuda a separar y aclarar las ideas. Lo cierto es que no estoy de acuerdo con mis padres y con la idea de que equivocarse es grave. Es más, puedo observar en las personas de mi entorno que a menudo aprenden de sus errores, y que los errores que cometen tampoco son tan graves como para fustigarse como lo hago yo. Por lo tanto, al final llego a la conclusión de que pensar así es un error, y que cambiar esta idea es la clave. Quiero cambiar y pensar diferente». En ocasiones somos demasiado duros y rígidos con nosotros mismos o con los demás, incluso con nuestros familiares. Transmitimos ideas que son tan extremistas que se pierde el sentido común y la objetividad. Algunas ideas son tan exageradas que perdemos la capacidad para ser razonables, y como resultado tenemos pensamientos negativos recurrentes. Preguntarnos de dónde nos vienen estas ideas, dónde se originaron y dónde las aprendimos nos ayudará a comprender y a cambiar nuestra forma de pensar. Pero en el caso de estar metidos ya en el bucle obsesivo, a continuación se presentan algunas sugerencias comúnmente recomendadas por los expertos:

1. Ejercicio físico o de relajación y respiración.
2. Distraerse. Cambiar la actividad.
3. Cambiar el pensamiento negativo por pensamientos positivos. Es decir, sustituir mensajes como «No puedo» por «Lo voy a intentar».
4. Ante un problema, hacer una lista de posibles soluciones.
5. Esforzarse por ser realista. Diferenciar los miedos reales de los irreales.
6. Identificar las cosas que se pueden controlar y las que no: aceptar aquello que podemos cambiar y lo que no se puede cambiar.
7. Hablar con otra persona que pueda ayudar a tomar perspectiva.

Educar con inteligencia emocional

El afecto que unos padres pueden sentir por sus hijos puede llegar a ser, aunque no siempre, uno de los sentimientos más intensos y fuertes que una persona puede tener hacia otra. Formar a los niños instaurando vínculos afectivos les ayuda a desarrollarse emocional y socialmente. Sin embargo, no es lo único que necesitan. También necesitan aprender a desarrollar su inteligencia emocional, a tener una buena autoestima y una buena capacidad para saber relacionarse con los demás. Poseer las habilidades suficientes para saber resolver conflictos, valerse por sí mismos y desenvolverse en el mundo nos convierte en personas seguras e independientes. Como dice la psicóloga experta en educación en inteligencia emocional Neva Milicic: «Una de las mejores herencias que podemos dejarles a los hijos es un buen desarrollo de su inteligencia emocional... Un niño que desarrolla su inteligencia emocional tendrá una mirada optimista de la realidad y sabrá aprovechar las oportunidades que se le presentan; además, logrará conectarse con las emociones propias y las de los demás. Tener una buena alfabetización emocional es un regalo a los hijos que permanecerá y agradecerán toda su vida».

Educar es un gran desafío que requiere compromiso, energía, tiempo y disposición. No es una labor fácil y no siempre se acierta con las técnicas utilizadas. A menudo me encuentro a padres que dudan de sus enseñanzas o metodología. Se preguntan: «¿Lo estaré haciendo bien? ¿Habré acertado con el mensaje, castigo, al hacer...?». Lo cierto es que a veces uno se puede equivocar, pero al final no es un solo hecho o una sola palabra lo que forma al niño, sino el conjunto de todo ello. La clave de educar es tener claro lo que uno quiere enseñar, ser constante, coherente y estar dispuesto a repetir una y otra vez el mensaje que se quiere transmitir. Para educar en inteligencia emocional es preciso que el educador cuente con un buen nivel de ella y se centre especialmente en enseñar sobre la empatía, el desarrollo de la capacidad para pensar por uno mismo, el autoconocimiento y en instruir en las diferentes habilidades sociales.

Empatía

Para un buen desarrollo en inteligencia emocional es necesario poder sentir empatía, la piedra angular de la inteligencia emocional. La empatía es identificarse emocionalmente con otra persona. Cuando sentimos empatía hacia otra persona la comprendemos y conectamos con ella. Para educar en la empatía es necesario que los padres y cuidadores empiecen por mostrarse empáticos. La capacidad de escucha tiene un papel fundamental, ya que sin una comunicación abierta no puede haber conexión. Escuchar y hacer el esfuerzo por entender las emociones, pensamientos e intenciones del otro informa sobre sus necesidades. Pero hay muchas formas de comunicarse y muchos sentimientos que acompañan a distintas circunstancias, por lo tanto aprender a diferenciarlas también lleva tiempo.

Tomar conciencia de las propias emociones y de las ajenas requiere, además de tiempo y paciencia, poner interés en hablar y escuchar, e intercambiar y compartir información. Para enseñar a ser empáticos ayuda, por ejemplo, preguntar: «¿Qué crees que estará sintiendo esa persona?», o comentar, respecto a la situación de otro: «Me puedo imaginar que no debe de estar pasándolo bien. Parece que está triste... ¿Cómo te sentirías tú si estuvieras en su situación?». Mantener una conversación, permitir que ésta fluya haciendo preguntas, escuchando y fomentando la utilización de la imaginación para ponerse en el lugar de otro son algunas formas que se recomiendan para estimular y suscitar la empatía.

Pensar por uno mismo

Educar en las emociones incluye enseñar a pensar por uno mismo. Aprender a tomar las propias decisiones favorece el sentido de la responsabilidad y el sentimiento de que uno tiene el control sobre sus propios actos, de que es autónomo. Tener autonomía en los propios pensamientos y decisiones contribuye a la confianza en uno mismo y al buen desarrollo de la autoestima. ¿Y cómo se puede enseñar a tomar decisiones? Según los especialistas este es un proceso que se puede aprender en cualquier momento de la vida, pero sobre todo empiezan a construirse los pilares durante la infancia. La clave está en preguntar frente a un comportamiento o una situación determinada: «¿Qué crees que debes hacer? ¿Cómo piensas que puedes conseguir...? ¿Qué parte o participación has tenido en lo sucedido? ¿Qué harías diferente en el futuro?, ¿De qué te sientes responsable en... situación?». Ante preguntas como éstas es esencial dejar que la persona piense y reflexione sobre su respuesta, y evitar interrumpir para que responda por sí mismo.

Durante el proceso de aprender a tomar decisiones y a pensar por uno mismo es muy constructivo permitir que en el caso de los niños, al igual que los adultos, describan sus experiencias de su día a día. Es a través de estas narraciones como se construye su identidad y aprenden a conectar con ellos mismos y los demás. Es posible que algunas asociaciones de ideas o respuestas entren en conflicto con las de los padres u otras personas. No obstante, es esencial evitar tener una postura inquisidora o extremadamente juiciosa, ya que esto sólo conducirá a que la persona en cuestión deje de hablar y compartir sus inquietudes y reflexiones. Por lo tanto, en el caso de los padres es igualmente importante que éstos tengan un buen manejo de sus propias emociones e intenten no hacer sugerencias impulsivamente, pues cuando permitimos que el otro reflexione posibilitamos que pueda pensar y decidir.

«Mi madre no deja que tome mis propias decisiones. Siempre se ha precipitado en decirme lo que tengo o no tengo que hacer. Ha llegado un punto en que me siento incapaz de decidir por mí misma lo que quiero y no quiero, ya que siento que nunca me enseñó realmente a pensar en lo que yo quiero y es importante para mí. En cuanto decía algo que ella no aprobaba, rápidamente tendía a interrumpirme, a no dejarme terminar de explicar mis pensamientos, mis porqués... eso era muy frustrante. No fue hasta que me independicé con 23 años cuando me di cuenta de los acaparadora y controladora que era mi madre. Cómo su necesidad de controlar o incluso de proteger llegó incluso a perjudicarme, ya que siento que realmente yo no existía. Todo giraba en torno a lo que ella consideraba que era la forma correcta de hacer las cosas. Acabé harta y por eso me fui de casa. Ahora tenemos una relación más sana, ya que la distancia ha puesto unos límites que nunca habían existido. A ella le cuesta trabajo, pero a mí me ha salvado la vida. Ahora, a mis 25 años, me siento mucho mejor, más tranquila y tengo un poco más claro quién soy y qué necesito. Ahora tengo espacio y tiempo para pensar en mí, en qué es importante para mí y cómo quiero vivir. A pesar de que aún me cuesta a veces pensar por mí misma y no sé si lo que opino es realmente mío o son las palabras de mi madre, veo que poco a poco voy descubriendo mi personalidad, mi identidad... mi esencia.»

A veces los padres y cuidadores tienen la tendencia a dar órdenes porque sí, en cualquier momento y circunstancias sin pensar realmente si es necesario o no. Ofrecen sugerencias y recomendaciones como alternativas absolutas sin ofrecer la posibilidad de que el otro pueda pensar y decidir por sí mismo. Quizás en ocasiones sea con la intención de ayudar, pero la mayoría de las veces es por impaciencia. No dejar que el otro evalúe una situación y decida por sí mismo qué postura o dirección quiere tomar no es constructivo. Aquellas personas que siempre toman las decisiones por los demás están privando al otro de su libertad de decisión y de aprender a resolver conflictos. Cuando alguien se precipita en decirle al otro lo que debe hacer o le ofrece todas las soluciones a los problemas, le quita la oportunidad de ser resolutivo, y no pocas veces se encuentran dando soluciones fáciles y prefabricadas. En el caso de los hijos, esta actitud de los padres priva al hijo de la oportunidad de averiguar qué piensa, de usar sus propias experiencias para decidir qué opina o explicar su punto de vista. No obstante, debe quedar claro que esto no quiere decir que los padres deban tomar una postura distante y no intervenir, sino que permitan a los hijos que piensen por sí mismos para desarrollar su capacidad para aprender a ser autónomos y a tomar sus propias decisiones para también aprender a ser responsables y consecuentes con las mismas.

Autoconocimiento

Conocerse a sí mismo es conocer las propias fortalezas y limitaciones, es saber identificar las emociones, el estado de ánimo, las necesidades y la forma de ser en general. Conocerse es mirarse internamente y poder ver quiénes somos. Tener la capacidad para conectar con uno mismo y desarrollar el diálogo interno es sumamente enriquecedor. Así como aprender a conectar con los demás favorece las relaciones «interpersonales», el conectar con uno mismo favorece la relación «intrapersonal». Es decir, poder conectar con uno mismo y conocerse garantiza el crecimiento personal y la capacidad de introspección. Pero así como tener un diálogo interno es importante, no hay que olvidar que también tiene un papel esencial el silencio, saber estar con uno mismo desde la serenidad y aprender a calmarse a sí mismo en situaciones de estrés y conflicto. «¿Qué necesito para relajarme, disminuir el estrés, para desconectar y descansar?» Son algunas de las preguntas que uno puede hacerse para conocerse mejor y poder encontrar soluciones constructivas ante los retos. Identificar las necesidades nos ayuda a saber qué recursos tenemos, externos e internos, para mejorar una situación, tomar nuestras propias decisiones y para crecer en el camino que deseamos. A continuación se presenta un cuadro que puede facilitar el proceso de autoconocimiento:

Áreas de autoconocimiento	Autopercepción
Descripción como individuo.	Describir la percepción que uno tiene de sí mismo: por ejemplo, alegre, triste, arrogante, pedante, sereno, comprensivo, empático, sociable, tímido, hostil, inteligente, listo, torpe, disciplinado, trabajador, vago, perezoso, nervioso, dinámico, pasivo, activo...
Descripción de las cualidades que me caracterizan y me diferencian de los demás.	Simpático/ antipático, con sentido del humor, hablo rápido o despacio, gesticulo mucho o poco, soy reservado, abierto...
Mi autoestima	– Identificar si se tiene una autoestima alta, baja o intermedia. – Señalar las áreas vitales en las que uno siente que tiene una alta autoestima y las áreas en las que tiene una baja autoestima.
Mis fortalezas son:	Asertividad, seguridad, resolución, buenas habilidades sociales, capacidad comunicativa...
Mis debilidades son:	Miedo a decir no, inseguridad, sentimientos de inferioridad, dificultad para socializar...
Mi actitud frente a las dificultades y los problemas es:	– Positiva o negativa. – ¿Busco soluciones y alternativas o tomo una postura victimista? – ¿Los afronto con tesón y entereza o me paralizo y dudo de mí mismo y mis capacidades?
Logros y aprendizajes vitales más relevantes:	Incluir ejemplos de situaciones y experiencias que han sido enriquecedoras.
Traumas y pérdidas vitales más relevantes:	– Incluir ejemplos de vivencias que han sido dolorosas. – Diferenciar aquellas experiencias que se han superado y las que no.

Valores y principios.	– Identificar los valores y principios de la familia y el entorno durante la infancia. – Identificar los valores y principios propios que se tienen en el presente como un adulto (algunos pueden haber cambiado y otros pueden haber permanecido).
Gustos personales.	– Me gusta: personas, cosas, situaciones, actitudes, comportamientos, ideas, pensamientos... – No me gusta: personas, cosas, situaciones, actitudes, comportamientos, ideas, pensamientos...
Las personas más importantes de mi vida.	Incluir los nombres de las personas que siente que son importantes y relevantes para uno independientemente de que sean positivas o negativas.
Las personas positivas, amables, constructivas y que me aportan bienestar.	Identificar a las personas que son amables, generosas y gentiles con uno (familia nuclear y extensa, pareja, amigos, compañeros, vecinos...).
Las personas tóxicas, negativas, desagradables y destructivas que me producen malestar.	Identificar a las personas que son negativas, manipuladoras, que hacen chantaje emocional, ofenden, faltan el respeto, humillan, maltratan y hacen daño.
Identificar los miedos, vergüenza, culpa, rabia, ira...	Describir aquellas cosas, situaciones, pensamientos o seres que producen sentimientos de miedo, vergüenza, culpa, rabia, ira...
Identificar las fuentes de placer, serenidad y bienestar.	Describir aquellas cosas, situaciones, pensamientos o seres que producen sentimientos de bienestar.
Aspectos personales que uno siente que podría mejorar.	Identificar aspectos (comportamientos, conocimientos, habilidades...) que se podrían mejorar. Incluir aquellos que ya se hacen, se tienen y se conocen, pero que se podrían mejorar o perfeccionar.

Desarrollar habilidades sociales

Tener o no habilidades sociales determinará la calidad de las relaciones personales con la familia, los amigos y todas las personas del entorno. Las personas que tienen buenas habilidades sociales saben construir, mantener y cuidar sus relaciones, y además son capaces de sacarle el mayor provecho a las mismas. Son personas que reciben más afecto, cariño y atención de los demás, mientras que aquellas que tienen pocas habilidades sociales a menudo son rechazadas, ignoradas o apartadas. Aprender a tratar y a relacionarse depende en gran parte del conjunto de conductas y actitudes aprendidas durante la infancia y adolescencia. Aunque son capacidades que se aprenden durante toda la vida a través de la experiencia, los primeros veinte años de vida son quizás los más relevantes.

Desde el momento en que nacemos hasta pasada la adolescencia aprendemos a conectar e interactuar con los demás. Es generalmente en el entorno familiar donde aprendemos las primeras reglas de comportamiento. Es la etapa en la que aprendemos que compartir con otros nos beneficia y que nuestra actitud y comportamiento afecta directamente a los demás. Aprendemos que nuestras acciones tienen un impacto no sólo en los sentimientos ajenos, sino también en sus conductas. Las personas que tienen habilidades sociales generalmente tienen una buena capacidad para comunicarse con los demás, y también saben regular sus propias emociones e influir en las de los demás positivamente. Por ejemplo, una persona que tiene una actitud amable y es generosa y/o afectuosa tiende a generar sentimientos positivos en los demás, mientras que una persona hostil, excesivamente distante o agresiva provoca sentimientos totalmente opuestos.

Las personas con habilidades sociales tienen la capacidad de observar y percibir el estado emocional de otras. Saben adaptarse a cada situación social con cierta rapidez. Tienden a ser socialmente competentes y seguras. Identifican con bastante claridad cuándo un comportamiento es correcto o inapropiado. De acuerdo con los estudios, existe una correlación positiva entre tener o no habilidades sociales con el éxito de una persona; éstas suelen ser personas populares y exitosas socialmente. Al tener la capacidad para saber relacionarse controlan mejor el estrés y la ansiedad, ya que generalmente tienden a compartir sus sentimientos de manera constructiva sin necesariamente envenenar a otros con sus problemas.

Las habilidades sociales se aprenden a través de la observación, la imitación, la repetición y el reforzamiento positivo. Cuando somos niños observamos en los demás, sobre todo en nuestros familiares, cómo se tratan, se comunican y se comportan los unos con los otros en situaciones diferentes, sean o no positivas, y luego las repetimos. A partir de ello recibiremos respuestas de los demás sobre nuestra conducta y éstas pueden ser reforzadas o no. Son sobre todo nuestros padres, cuidadores, hermanos y amigos los que nos indican cómo comportarnos; sus expectativas y respuestas son indicadores de que nuestra actitud y comportamiento son o no aceptables. Existen diferentes tipos de habilidades sociales que dependen de las distintas áreas en las que se evalúen. A continuación se presentan brevemente para que cada uno pueda identificar las suyas o las que considere que necesita mejorar:

Tipos de habilidades sociales	Descripción
Básicas	– Saber escuchar: escucha activa. – Saber presentarse a otras personas y presentar a los demás. Conectar con otros. – Iniciar una conversación: tomar la iniciativa. – Mantener una conversación cordial y amena. – Saber preguntar: distinguir el momento en que hacer o no una pregunta. – Saber resaltar de forma apropiada una cualidad, un comportamiento o esfuerzo de otro: hacer cumplidos. – Ser respetuoso, amable y educado.
Desarrolladas y maduras	– Saber colaborar y participar en un grupo sin intimidar ni imponer. – Saber delegar, dar instrucciones sin ser agresivo, irrespetuoso ni abusivo. – Tener la capacidad de pedir ayuda y ofrecerla. – Tener la capacidad para poner límites y ser asertivo (saber decir «no»). – Saber pedir disculpas, perdón o reconocer un error.
Asociadas a los sentimientos	– Saber identificar los propios sentimientos, expresarlos y compartirlos adecuadamente. – Saber manejar las emociones negativas propias y ajenas. – No dejar que el miedo propio o ajeno controle las conductas y decisiones: no dejarse intimidar. – No dejar que otros manipulen los propios sentimientos de forma perversa. – Comprender las razones por las que uno u otros sienten algo determinado aunque no se comparta la misma opinión. – Saber cambiar un estado de ánimo. Pasar del pesimismo al optimismo realista.

Asociadas al estrés y la ansiedad provocada por una situación social	– Saber expresar un desacuerdo. – Saber formular o responder a una queja. – Saber regular el sentimiento de vergüenza, sensación de exclusión o ridículo con entereza. – Saber utilizar el humor en el momento adecuado. – Saber poner límites a otros sin violencia. – Saber reaccionar ante un ataque verbal, una falta de respeto o una acusación. – Saber hacer frente y manejar la presión de otras personas o de un grupo (evitar la sumisión). – Saber pedir permiso o autorización. – Saber compartir y aceptar que otros compartan con uno. – Saber defender los propios derechos con seguridad y respetar los de los demás. – Saber mantener una distancia emocional razonable con los demás (evitar ser posesivo y acaparador). – Tener la capacidad de resolver los desacuerdos, conflictos y disputas de una forma constructiva.

APRENDER A DESARROLLAR NUESTRAS HABILIDADES SOCIALES: PROGRAMADOS PARA SOCIALIZAR

Aprender habilidades sociales es un elemento esencial a la hora de relacionarnos con nuestra familia. De hecho, es con nuestros familiares con quienes aprendemos a dar nuestros primeros pasos sociales. Para la mayoría de las personas saber relacionarse ayuda a hacer amigos, encontrar y mantener un trabajo, vivir en pareja, conectar con la familia y resolver conflictos. Como comentaba anteriormente, saber relacionarse requiere numerosas aptitudes que incluyen saber conectar y crear vínculos, así como comunicarse con claridad con los demás a través de la escucha, la comprensión, la empatía y la resolución de conflictos.

Todos necesitamos desarrollar habilidades para construir y mantener relaciones sólidas, fuertes y positivas con las personas que nos rodean. A medida que las vamos desarrollando poco a poco vamos descubriendo sus beneficios y aprendemos a desenvolvernos en el mundo. Por ejemplo, cuando de niños descubrimos que compartir nuestros juguetes nos ayuda a hacer amigos y a disfrutar igualmente de los juguetes de los demás niños, descubrimos el beneficio de esta acción: la posibilidad de construir afiliaciones. Este ejercicio probablemente nos llevó tiempo aprenderlo. Pero es muy probable que fueran nuestros padres y cuidadores quienes nos enseñaron las primeras lecciones para desarrollar nuestra inteligencia social: para construir buenas relaciones y hacer amigos debemos compartir.

A medida que nos vamos haciendo adultos nuestras relaciones son más complejas. Por lo tanto aprender a manejarlas nos ayudará a compartir (algo más que juguetes), como proyectos de vida, nuestro tiempo, intereses y actividades y a convivir con otros en el hogar y en el trabajo. Asimismo, cuando socializamos conseguiremos no sólo los objetivos que nos benefician a nivel individual, sino también al grupo del que formamos parte. Durante este proceso aprendemos lo que somos y lo que es importante para nosotros, y así como a distinguir entre lo que queremos y no queremos compartir, cuáles son nuestras limitaciones y, sobre todo, cómo nos relacionamos con los demás y cuáles son nuestras estrategias y habilidades. Muchos pensarán que aprender a socializar es un reto muy difícil, otros incluso que es imposible. Pero lo cierto es que si uno tiene la información necesaria y las ganas de aprender, lo puede conseguir.

El primer paso para desarrollar y mejorar nuestras habilidades sociales es «desear aprender» y estar dispuesto a incorporar nuevos hábitos. Realizar conductas que supongan sentirse incómodo o vulnerable es necesario. Exponerse a lo desconocido y salir de la zona de confort o de comodidad es la primera lección de cualquier aprendizaje. Cuando salimos de nuestra zona de confort dejamos atrás la comodidad, lo familiar, lo predecible y lo conocido. Pero cuando tomamos esta decisión de salir y exponernos a lo desconocido y afrontar la incertidumbre debemos aceptar que todo lo que se encuentre fuera de la zona de confort producirá un cierto grado de estrés, ansiedad, inseguridad o incluso miedo, ya que implica hacer las cosas de una forma diferente. Por lo tanto, aprender a manejar estas emociones negativas es esencial. Y para ello ayudará que el diálogo interno sea constructivo y que nos repitamos una y otra vez que los sentimientos de ansiedad y miedo no tienen que indicar peligro, sino que tenemos estos sentimientos porque estamos delante de algo que desconocemos y nos resulta poco familiar. «Hacer las cosas de una forma diferente me produce angustia —me comentaba un joven estudiante que quería afrontar sus miedos a todo lo que le fuera poco familiar—. Tengo una forma de hacer las cosas y no me gusta cambiarlas, pero entiendo que si no hago el esfuerzo desarrollaré más manías y seré más rígido de lo que soy. Las cosas nuevas me asustan. Salir con los amigos de mis amigos que no conozco me incomoda. Empezar un nuevo trabajo me da pánico. Siento que no puedo seguir así y que tengo que aprender a salir de mi zona de confort.»

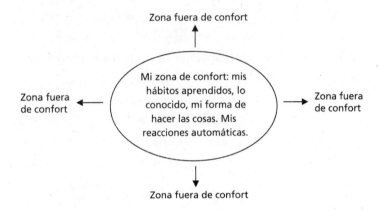

Una vez que tenemos el deseo de aprender y estamos dispuestos a incorporar nuevos hábitos, debemos adquirir nociones básicas para afrontar la nueva situación mientras estemos fuera de nuestra zona de confort. En otras palabras, debemos tener claro qué debemos hacer ante la nueva situación. Por ejemplo, cuando una persona tímida decide afrontar su miedo a situaciones sociales, primero debe estar dispuesta a exponerse a un entorno en el que haya un grupo de personas. Una vez tomada esta decisión se puede preguntar: «Y una vez que estoy frente a un grupo de personas, ¿qué hago?». La noción básica sería acercarse a alguna persona del grupo, presentarse e intentar mantener una conversación. «¿Y cómo mantengo una conversación?», también se puede cuestionar. En estos casos, quizás la mejor forma de afrontar la situación es, por un lado, practicar primero con alguien que ya conoce, o, por otro lado, formular alguna pregunta sencilla o hacer algún comentario sobre el evento en cuestión.

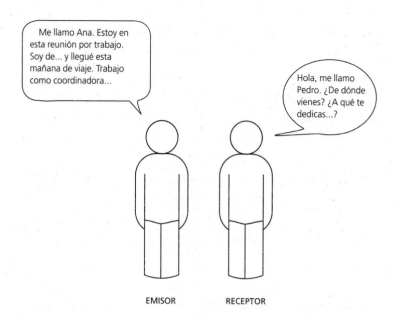

Hacer preguntas es una forma muy positiva de afrontar situaciones en las que uno está rodeado de personas desconocidas. Las preguntas pueden ayudar mucho a salir de una situación de ansiedad o estrés por timidez o inseguridad. Al fin y al cabo es hacer que el foco de atención se centre en el otro. Y una vez que empiece a fluir la conversación es muy probable que poco a poco la persona tímida o cohibida note que al ir familiarizándose con la situación se va relajando. A partir de este momento y de que la persona compruebe que a pesar de ser una situación incómoda no es peligrosa, puede iniciar otras conversaciones con otras personas. Este ejercicio es una práctica muy útil para afrontar la timidez o la ansiedad producida por situaciones sociales. Por lo tanto, debemos tener en mente que practicar un nuevo hábito nos ayuda a familiarizarnos con nuevas formas de hacer las cosas.

AFRONTAR LOS MIEDOS ES UN ACTO DE VALENTÍA

De acuerdo con Daniel Goleman, autor de *Inteligencia social*, los elementos más importantes de la inteligencia social se pueden clasificar en dos grandes bloques. Por un lado está la «conciencia social» o lo que uno siente por otras personas, y por otro se encuentra la «aptitud social» o aquello que hacemos con los sentimientos que tenemos por otros. Veamos a continuación las claves de ambos bloques:

CONCIENCIA SOCIAL

La capacidad para sentir y experimentar (empatizar) con otra persona y poder entender sus emociones y pensamientos. La conciencia social comprende los siguientes factores:

1. Empatía primordial: sentir lo que sienten los demás; interpretar adecuadamente las señales emocionales no verbales.

2. Sintonía: escuchar de manera totalmente receptiva y atenta; conectar con los demás. Va más allá de la empatía, es una atención sostenida y plena.

3. Exactitud empática: comprender los pensamientos, sentimientos e intenciones de los demás (una de las claves del éxito de las relaciones familiares y de pareja).

4. Cognición social: entender el funcionamiento del mundo social. Conocer y saber adaptarse a las normas sociales de etiqueta y comportamiento.

APTITUD SOCIAL

Una vez que existe una conciencia social, son necesarias unas aptitudes que favorezcan las interacciones sociales de una forma sencilla y eficaz. Esto incluye:

1. Sincronía: relacionarse fácilmente a un nivel no verbal. Saber leer e identificar los gestos y el lenguaje corporal de manera automática e instantánea. La falta de sincronía obstaculiza las competencias sociales y la comunicación. La falta de sincronía provoca situaciones incómodas. Las personas que carecen de esta capacidad padecen «disemia», no han aprendido a leer las señales no verbales ajenas. Como resultado no respetan las distancias físicas, tienen expresiones faciales discordantes con su estado emocional y son indiscretos e imprudentes, resultando en marginación y aislamiento social.

2. Presentación de uno mismo: saber presentarnos a los demás. Tener carisma y un cierto atractivo social que favorece la conexión con los demás manteniendo el autocontrol.

3. Influencia: dar forma adecuada a las interacciones sociales.

4. Interés por los demás: interesarse por las necesidades de los demás y actuar en consecuencia. Cuanto mayor es la empatía e interés por otra persona, mayor será la motivación y el deseo de ayudar. El interés por los demás determina igualmente la capacidad de compasión.

Goleman, D., *Inteligencia social. La nueva ciencia de las relaciones*, Kairós, 2006, pp. 120-121.

Para desarrollar la inteligencia social es fundamental saber dar y recibir, tener una actitud positiva y saber comunicarse con otros. Tener inteligencia social significa saber influir en los demás sin manipulaciones perversas. Es utilizar el poder de la sensibilidad y la percepción de los demás de una forma constructiva. Es saber establecer una conversación e intercambiar opiniones, y en caso de tener una posición de autoridad como tienen los padres y cuidadores en la familia, se requiere tener una sensibilidad especial para dar indicaciones u órdenes para evitar ciertas resistencias. En muchos casos, tener la capacidad de exponer una idea que resulte atractiva y saber motivar a los demás es la clave para conseguir que las personas realicen una actividad determinada. Evidentemente, en todas las relaciones sociales surgen tensiones, resistencias y conflictos, así que saber comunicar, negociar y hacer propuestas o sugerencias ayuda a resolver estos problemas de forma constructiva y productiva.

En conclusión, tener habilidades sociales es saber formar parte de un grupo (familia o no familia), es saber convivir y compartir independientemente de las diferencias individuales. Pertenecer a un grupo, como una familia, en ocasiones es divertido y estimulante, pero no siempre. Por lo tanto, saber controlar las propias emociones, las palabras y mantener las formas es un ingrediente básico. Tener la capacidad de ser adaptable y flexible también es fundamental a la hora de desarrollar nuestra inteligencia social. Esto nos ayudará a saber identificar cuándo debemos cambiar de estrategia, un comportamiento o una conversación; ayuda a mantener la fluidez y la armonía en el grupo. Por consiguiente, saber expresar y comunicar los pensamientos, sentimientos y expectativas de una forma clara es esencial en cualquier ámbito relacional, así como tener la capacidad para poner límites y ser asertivo.

3

Comunicación familiar: el poder de las palabras

> El don del lenguaje es universal y sorprendentemente similar en todas las culturas. Incluso en el caso de personas sordas a las que no se ha enseñado explícitamente un lenguaje por signos, a menudo de niños inventan su propio lenguaje manual y lo usan subrepticiamente. Vemos así que una inteligencia puede operar independientemente de una cierta modalidad de estímulo o de un determinado canal de salida.
>
> HOWARD GARDNER,
> *Inteligencias múltiples*

PARA SENTIRNOS CONECTADOS NECESITAMOS COMUNICARNOS

La comunicación es el proceso por el cual transmitimos información sobre nosotros mismos, nuestros pensamientos y sentimientos. Ésta requiere una atención especial ya que de ella dependerá, en gran parte, nuestra capacidad para sentirnos satisfechos con nuestras relaciones familiares y personales. Cuando interactuamos con otras personas nos comunicamos mediante signos (al hablar, escribir o a través de nuestro lenguaje corporal), por lo tanto se puede deducir que todas las formas de comunicación requieren un emisor (el que comunica), un mensaje y un receptor (el que recibe el mensaje).

Desde el momento en que nacemos buscamos comunicarnos para sentirnos conectados, seguros y protegidos. Al entrar en contacto con otro buscamos formar parte de él y de su vida, aunque sea momentáneamente, pero también abrimos las puertas para dejarle entrar en la nuestra. Es decir, la comunicación ayuda a conocer y profundizar en el conocimiento del otro. Cuando nos comunicamos salimos de nuestro mundo y entramos en contacto con el del otro, intercambiando ideas, emociones y expectativas, pero también le hacemos partícipe del nuestro. Comunicarse implica un cierto compromiso de escucha y atención, aunque sea durante un instante, pero aprender a hacerlo es complejo y difícil. No es fácil encontrar siempre las palabras adecuadas, por lo tanto es una habilidad que requiere tiempo y energía, así como mucha paciencia para llegar a saber qué funciona y qué no.

«Me frustro cuando mi marido no se comunica conmigo. Cuando se distancia emocionalmente y no me dice qué le pasa», me comentaba una mujer durante una sesión de terapia de pareja—. «Es que no encuentro las palabras, no sé cómo decirte lo que siento, no soy una persona que sabe poner en palabras todo lo que piensa y siente —respondió el marido—. En mi casa no se hablaba ni se compartía tanto con la familia cuando era niño. Sólo se hablaba lo necesario porque si no molestábamos a mi padre, por lo tanto realmente nunca aprendí a hablar de mis sentimientos. En cambio sí te puedo decir que estoy estresado por el trabajo, que tengo preocupaciones, pero no puedo decir mucho más al respecto», comentaba el hombre con frustración. A esto comentó su mujer: «Eso lo puedo entender y ya lo sabía cuando me casé contigo, no eras un hombre que hablase de sentimientos, pero tienes que comprender que si no compartes conmigo lo que te está pasando y lo que estás sintiendo, noto que tenemos una barrera entre nosotros, y esto me entristece. Quizás no puedo ayudar mucho, pero sí puedo escuchar, necesito sentirme conectada». Este es un ejemplo que sucede a menudo cuando hay problemas por falta de comunicación en las relaciones de pareja o familiares. Con la falta de comunicación surgen tensiones e incertidumbres. Y aunque algunas personas tienen más facilidad para comunicar sus sentimientos y reflexiones que otras, está muy demostrado que para mantener un mínimo de conexión y entendimiento con otra persona es necesario saber compartir y comunicar.

La capacidad para comunicarse bien es algo que vamos aprendiendo poco a poco. No nacemos sabiendo decir lo que sentimos o necesitamos a la primera, por lo tanto saber comunicarse también requiere practicar. Aprender a hacerlo conlleva realizar muchas pruebas y cometer muchos errores. Poder decir lo que se quiere con las palabras, los gestos y la emoción adecuada es prácticamente un arte. Y a pesar de la dificultad y la frustración que ello puede suponer, lo cierto es que al final merece la pena dedicarle todo ese tiempo y energía, ya que favorecerá nuestra capacidad para sentirnos conectados y apreciados por los demás y, por ende, satisfechos con la vida en general. Por lo tanto, invertir en aprender a comunicarse siempre tendrá buenos resultados en nuestras relaciones familiares y personales.

EL PAPEL DE LA COMUNICACIÓN EN LAS EMOCIONES

El medio más habitual que utilizamos para comunicarnos con los demás es a través de la palabra y nuestro cuerpo. Lo que transmitimos, sea de forma verbal o no verbal, tiene un impacto muy significativo en la manera de relacionarnos con otras personas. A la hora de conectar emocionalmente con otros nos apoyamos mucho en las palabras y los gestos que nos transmiten los demás, sobre todo en relaciones en las que existe un factor de convivencia, cercanía o un cierto grado de dependencia. De hecho, generalmente nos afecta y nos importa más lo que nos digan nuestros padres, hermanos, amigos o incluso los compañeros del trabajo que lo que nos diga un extraño por la calle. Las palabras halagadoras de un jefe o de unos padres suelen tener más peso a nivel emocional que las de alguien que no tiene un lugar muy relevante en nuestra vida. De manera que si analizamos la forma en la que nos comunicamos con nuestra familia es muy probable que encontremos una gran variedad de reacciones emocionales que van unidas a las formas, el tono y el mensaje.

Los mensajes, sean positivos o negativos, influyen no sólo en la relación con la persona con la que estamos manteniendo una conversación, sino que también afectan directamente, con mayor o menor intensidad, en nuestro estado de ánimo. A continuación se pueden observar algunos ejemplos de mensajes positivos y negativos y las posibles respuestas emocionales correspondientes:

Mensajes positivos	Posibles respuestas emocionales positivas
«Me gusta tu forma de ser.» «Estoy orgulloso de ti.» «Eres una persona muy simpática y divertida.» «Qué inteligente eres.» «Qué bien has hecho tu trabajo.»	Agradecimiento, simpatía, afecto, bienestar, reconocimiento, cariño, orgullo, responsabilidad, amor, apreciación, respeto, merecedor de afecto, alegría, serenidad, halago...
Mensajes negativos	**Posibles respuestas emocionales negativas**
«No me gustas.» «Me avergüenzas.» «Eres una persona insoportable y no sirves para nada.» «Qué torpe y estúpido eres.» «Lo haces todo mal. No sabes hacer nada.»	Tristeza, desconcierto, miedo, desprecio, rechazo, angustia, ansiedad, desesperanza, torpeza, ineptitud, incapacidad, ira, desánimo, rabia, furia, malestar, agresividad, violencia, hostilidad...

Los mensajes positivos generalmente están llenos de aprecio, ánimo o cariño. El emisor se dirige a nosotros con una sonrisa y con una actitud amable. El mensaje transmitido puede ser afectuoso, enriquecedor, esclarecedor y despertar nuestro buen sentido del humor. Sin embargo, hay personas que me han comentado con un tono triste y dolorido que han sido víctimas de mensajes cargados de desprecio, humillación y rechazo, así como de insultos y críticas perversas. Los mensajes negativos pueden ser directos, ofreciendo la posibilidad de poder defenderse abiertamente, pero a veces pueden ser indirectos. Un ejemplo de mensajes indirectos es el caso descrito por una mujer que comentó ser la diana de mensajes negativos indirectos por parte de algunos familiares. Describió estos mensajes como recibir una tarta con clavos y cristales ocultos bajo una capa de nata suave y fresca. Explicó: «Lo que parecía un pastel fresco y delicioso era en realidad una estrategia perversa para hacerme daño. Y lo cierto es que se consiguió. No pude ver con claridad que bajo esas palabras aparentemente cariñosas y esas sonrisas, en realidad había intenciones malévolas y agresivas. Aquella experiencia fue un tanto traumática en el momento, pero aprendí que no eran personas de confianza y que me relacionaría con ellas sólo en ocasiones excepcionales. Eran parte de mi familia y sentía que no podía eliminarlas de mi vida de forma drástica, pero me quedó claro que para mí eran tóxicas. Así que decidí establecer una relación cordial, pero manteniendo una distancia emocional. Como no quería victimizarme opté por tener una actitud asertiva y proactiva en la que puse unos límites claros en nuestra relación, e igualmente dejé de sentirme culpable si no podía cumplir sus expectativas. Decidí priorizar mi bienestar emocional en vez de los suyos, así sentí que tenía menos miedo y más control de mi propia vida».

A veces las palabras se presentan desde un aparente cariño, pero en realidad sólo tienen la intención de dañar y destruir. Como le sucedió a la mujer del caso anterior, a veces las personas se pueden sentir receptores de mensajes que están bañados en una capa de amabilidad, pero tienen un contenido cruel y perverso. A veces los mensajes recibidos son muy difíciles de detectar en el momento al ser muy sutiles e indirectos. Son mensajes que se caracterizan por esconderse detrás de un tono de falso cariño, una sonrisa o incluso una caricia. Son prácticamente imperceptibles y casi imposibles de identificar en el momento. No obstante, dejan una estela oscura y revuelta repleta de sensaciones de confusión, desconcierto y malestar. La realidad es que son como olas que esconden bajo la espuma restos de menosprecios, chantaje emocional, humillaciones y burlas.

Sin embargo, no todos los mensajes son siempre perversos e intencionados. A veces los mensajes sencillamente transmiten frustración o irritabilidad sin pretender atacar o destruir. De hecho, muchos de los conflictos vividos cada día en el entorno familiar están relacionados con temas organizativos y logísticos: quién hace qué, cuándo y cómo. Por ejemplo, a veces, cuando las familias discuten, alguno de sus miembros se centra más en criticar la forma de ser del otro en vez de la conducta. «Eres un desastre y no vamos a llegar a ningún lado si sigues siendo así.» Estos mensajes no aportan nada productivo ya que la crítica se dirige a la esencia de la persona y no deja claro qué se espera del otro. Sin embargo, cuando se especifica el comportamiento que no gusta, la atención se pone en algo concreto de una forma clara, ofreciendo la oportunidad al otro de cambiar su comportamiento: «No me gusta

cuando dejas tus cosas (ropa, libros...) por toda la casa y lo
dejas desordenado. Quiero que dejes tus cosas en tu habitación». Por consiguiente, es recomendable dirigirse a los demás de una forma clara, directa y constructiva, incluso cuando se va a transmitir una mala noticia o hacer una crítica.

EL PAPEL DE LA COMUNICACIÓN EN LAS RELACIONES FAMILIARES

Que exista un buen nivel de comunicación en el entorno familiar significa que el entendimiento y la comprensión entre
los miembros es aceptable, aunque existan desacuerdos. Todas las familias pasan por buenos y malos momentos, etapas
en las que la cohesión es positiva y otras en las que es casi
inexistente. Independientemente de las diferencias de personalidad, de las formas de actuar y de percibir la vida en general, a veces hay una buena armonía familiar y los niveles de
conflictos son bajos o irrelevantes; la comunicación fluye, las
expectativas se cumplen y el día a día es agradable. Pero en
otras ocasiones sucede todo lo contrario: los conflictos son
constantes, hay faltas de respeto y se utiliza un lenguaje agre-
sivo y perverso. Como es de esperar, en estos momentos el
estrés se eleva a los niveles más altos y todos los miembros de
la familia entran en un estado de alerta y vigilancia. En estos
casos el malestar general se puede palpar con gran precisión.
Como si de una guadaña se tratara, las actitudes y las palabras
pueden estar tan afiladas y preparadas como para cortar lo primero que se les ponga por delante. Y si no se tiene cuidado se
encontrará uno con alguna herida muy profunda y dolorosa.

Las riñas y los roces en el entorno familiar son muy habituales y es normal que sucedan. A menudo surgen por falta de entendimiento, desacuerdos, incompatibilidades, por resentimiento, rencor, expectativas no cumplidas o sencillamente por no utilizar las palabras adecuadas o las formas más apropiadas o constructivas. Convivir tiene sus más y sus menos. Requiere compartir espacio y tiempo incluso cuando no se quiere o cuando no es un buen momento. Por lo tanto, las palabras que utilicemos y nuestro lenguaje corporal influirán drásticamente en la respuesta y en la conducta de los demás, sobre todo cuando el receptor es algún miembro de la familia cercano. Pero la comunicación tiene limitaciones y a veces también falla. Cuando esto ocurre surge la incomunicación. La incomunicación se asocia a sentimientos de frustración y retraimiento, llegando a veces incluso al aislamiento. Cuando sentimos frustración a menudo usamos mensajes que transmiten ese sentimiento de impotencia e incomodidad, de falta de confianza y de esperanza. Cuando hay incomunicación utilizamos palabras que transmiten nuestro desánimo, desesperanza o desilusión: «Para qué decir nada si nadie me escucha/entiende...» o «Lo que comparto siempre cae en saco roto». No es extraño sentirse aislado y solo cuando hay incomunicación y falta de escucha activa. Como veremos más adelante en este capítulo, es imprescindible saber identificar las posibles barreras que dificultan la comunicación.

Uno de los aspectos esenciales para tener una buena comunicación es ser consciente de mantener las formas, es decir, hacer un esfuerzo por utilizar gestos y palabras adecuadas que faciliten la comunicación. Por ejemplo, muchas personas se dirigen a sus familiares de manera diferente que a sus ami-

gos o compañeros de trabajo. Quizás son un poco más formales con estos últimos, mientras que con la familia se preocupan menos de qué palabras o gestos utilizan a la hora de
transmitir un mensaje. «Cuando salimos mis hijos se portan
relativamente bien, son educados y mantienen las formas, sin
embargo cuando estamos en casa todo cambia —me comentaban unos padres sobre el comportamiento de sus hijos—.
No comprendemos por qué no se esfuerzan también por ser
educados con nosotros. Les hemos enseñado y dado todo lo
que está en nuestras manos, les hemos mandado a buenos
colegios, y, sin embargo, no pocas veces se comportan de
manera caprichosa, irrespetuosa e infantil cuando ya tienen
17 y 18 años. A menudo nos preguntamos como padres si
hemos hecho algo mal, si hemos cometido algún error...»
Cuando les pregunté a los hijos cómo percibían a sus padres,
comentaron: «Nuestros padres están todo el día trabajando y
realmente no están mucho en casa, y cuando están no hacen
más que reñirnos, darnos órdenes o criticarnos. La verdad es
que pasamos poco tiempo juntos, pero el tiempo que estamos
no es especialmente bueno». Se podía observar que había
una clara incomunicación y un problema de formas a la hora
de dirigirse unos a otros que se basaban en sentimientos de
resentimiento y frustración por parte de todos. Por lo tanto,
además de trabajar las herramientas de comunicación, también se dedicó tiempo a trabajar las emociones y los vínculos
de afecto.

   A veces me encuentro con personas que dejan de ser cui-
dadosas cuando se dirigen a sus padres, hermanos, pareja o
hijos. A menudo se olvidan de utilizar palabras como «por
favor» y «gracias». De igual modo, utilizan con frecuencia en

sus conversaciones verbos en imperativo, es decir, usan palabras que transmiten una orden directa: «Haz, pon, trae, tienes que hacer, dame...». Dejan a un lado mensajes más amables como: «Por favor, ¿podrías darme, traerme, hacer...?». En una ocasión trabajé con una familia compuesta por los padres y dos hijos con algunos problemas de conducta y de comunicación. Entre otras cosas, pude observar que en su dinámica diaria nunca utilizaban palabras como «por favor» y «gracias». A la hora de pedir algo o de dirigirse al resto sólo se daban órdenes o se usaban palabras de desprecio. Pocas veces se utilizaban palabras amables, aquellas que socialmente se consideran básicas a la hora de tratar a otros. Cuando les pregunté si tenían costumbre de utilizar «por favor» y «gracias», todos se rieron e hicieron muecas, como si de una broma se tratara. Les pregunté qué significaba para ellos pedir perdón y curiosamente algunos respondieron que era una pérdida de tiempo y que no servía para nada. Incluso en un momento dado, uno de los hijos comentó que pensaba que era un símbolo de debilidad: «Usar palabras de disculpa equivale a darle poder al otro. En esta familia somos todos duros y tenemos que pisar fuerte para que otros no te pisen. Somos muy sinceros los unos con los otros y no tenemos que ponerle nata a nuestras palabras. Palabras como "lo siento", "perdóname" o "lamento haberte herido" son una ventana a la propia vulnerabilidad, son sencillamente un adorno. Yo sólo las uso cuando estoy fuera de casa porque he visto que el resto de mis amigos sí las utilizan con normalidad. Incluso con sus hermanos y sus padres, algo que me cuesta entender. Pero entiendo que fuera de mi casa es algo que debo hacer, mientras que en esta familia si pides disculpas por algo cualquiera de ellos se reiría de mí y se burlaría». Lo que más me llamó la atención de este comentario fue que el resto de la familia asintió a sus palabras. Estaban todos de acuerdo con él, lo que me llevó a pensar que esta norma era impuesta y aprendida desde niños. Comprendí que los padres transmitieron a sus hijos desde muy pequeños que: 1) no se pueden mostrar las debilidades porque si no serás atacado y agredido de alguna forma; 2) la amabilidad entre los miembros de la familia no es importante; 3) es difícil confiar y compartir sentimientos y necesidades, y 4) compartían mecanismos de defensa similares. Sin embargo, a pesar de ello, cabe destacar que el hecho de haber buscado ayuda profesional significaba que reconocían que había un problema en la dinámica familiar que debía identificarse y cambiar. Todos estaban de acuerdo en que sentían malestar, que querían relacionarse entre ellos de forma diferente, pero reconocían que no sabían cómo hacerlo. En este caso, el paso de buscar ayuda fue fundamental y muy significativo, un paso que reforcé positivamente ya que representaba una concienciación de que existía un problema. A continuación cada uno de ellos escribió una lista de los aspectos positivos de cada uno de los miembros de la familia y como grupo, y por otro lado, los aspectos que consideraban que se debían mejorar con sus sugerencias. Para apoyar cada uno de los puntos y comprenderlos con claridad se pidió utilizar ejemplos muy concretos, por muy simples que les parecieran. De esta forma se reforzaba positivamente aquellas conductas y mensajes que tenían un impacto positivo y se corregían aquellos que afectaban negativamente. Así, todos los miembros de la familia podían expresar sus opiniones y sentimientos así como recibir de una forma constructiva cualquier sugerencia sobre cómo hacer las cosas de manera diferente y aprender a comunicarlos de una forma clara, directa y positiva. A continuación se puede ver un ejemplo del ejercicio que realizó uno de los hijos:

Mi visión sobre mi familia		ASPECTOS POSITIVOS	ASPECTOS A MEJORAR	SUGERENCIAS
GRUPO FAMILIAR		Me gusta cuando jugamos todos juntos al fútbol los domingos por la mañana (por ejemplo, hace dos semanas).	Me gustaría que cuando cenamos juntos no nos peleáramos tanto (por ejemplo, como pasó hace dos noches, cuando nos peleamos por dinero).	No hablar de temas como el dinero, que provocan discusiones constantes mientras estamos comiendo en familia.
INDIVIDUAL	Padre	Lo paso bien con mi padre cuando planeamos una excursión al campo.	Me gustaría que mi padre no llegara tan tarde a casa cada día.	Quizás podría venir uno o dos días más temprano a casa.
	Madre	Me gusta cuando mi madre me ayuda con los deberes.	Me gustaría que mi madre no me gritara tanto.	Quizás mi madre podría decirme las cosas sin gritarme.
	Hermano	Me gusta cuando tocamos música juntos en nuestra habitación.	Me gustaría que mi hermano no me excluyera cuando está con sus amigos en casa.	Quizás mi hermano podría dejarme estar con él y sus amigos de vez en cuando.

Ser sincero versus ser «sincericida»

La sinceridad es considerada por muchos una de las virtudes humanas más importantes. Se define como la manera de expresar un mensaje libre de mentiras, dobleces y ocultaciones. Cuando una persona es sincera dice la verdad sin fingir y el mensaje es coherente con lo que se piensa y se siente. Sin embargo, ser sincero en todo momento no es una labor fácil, ya que también puede implicar decir algo que a otro, el que escucha, le puede incomodar o herir. Probablemente nadie es sincero al cien por cien con todo el mundo, ya que en algunos casos quizás no sea ni útil, ni productivo, ni tenga un fin constructivo decir todo lo que se piensa. Cuando nos comunicamos generalmente esperamos que exista coherencia entre el mensaje y nuestra intención. Sin embargo, a veces esto no es así, sino todo lo contrario. Como resultado se puede percibir conscientemente o sin darnos cuenta que falta algo, ya sea sinceridad, franqueza o la verdad. La falta de sinceridad lleva a la confusión, el desconcierto y la frustración. Cuando notamos falta de sinceridad en los gestos o las palabras de otro nos volvemos vigilantes y defensivos.

Existen dos tipos de sinceridad. Como sucede con el estrés o el colesterol, podemos identificar una buena y otra mala. La buena sinceridad se apoya en los pilares de la nobleza, la sensibilidad y en muchos casos el afecto genuino. Surge a partir de las preguntas «¿Qué piensas sobre...», «Me gustaría saber tu opinión sobre...», «Podrías decirme tus impresiones sobre el trabajo que he hecho...». Generalmente existe una petición de una opinión, y el sincero lo ofrecerá de una forma constructiva; la intención no es hundir, humillar o destruir al otro, sino compartir una idea u opinión. Compartir lo que uno piensa no tiene por qué ser destructivo, aunque se vayan a dar malas noticias. La idea es decir una opinión o intentar ayudar a otro desde el respeto. Y en el caso de que se vaya a realizar una crítica es importante que sea lo más constructiva posible. Esto quiere decir explicar los porqués y los cómos, y hacer sugerencias desde la positividad.

Por el otro lado, se encuentran las personas que aplican la mala sinceridad, lo que personalmente denomino el «sincericida», un término que no existe en el diccionario, pero que escuché en una ocasión y me pareció muy oportuno y acertado para describir a la persona que hace mal uso de la sinceridad. El «sincericida» dice todo lo que piensa, sin poner ningún tipo de filtro ni sensibilidad a sus comentarios. Abusa y deforma, a veces de manera perversa, el acto de ser sincero. Utiliza palabras crudas y duras sin que le importe el daño que puedan producir. Para este tipo de persona está ante todo y por encima de todo la sinceridad, por muy dura y cruel que sea. Pero lo cierto es que es una sinceridad distorsionada. ¡Qué importa el impacto que pueda tener en las emociones, si hiere los sentimientos, si alimenta la inseguridad, si hay crueldad oculta! El «sincericida» no pregunta si uno desea escuchar lo que piensa, lo dice sin más abalanzándose sobre uno con el puñal en la mano y con el lema «En nombre de la sinceridad todo vale». Sus palabras son como un latigazo brutal, son frías y punzantes, pero las justifica diciendo que se guía por el cariño, el respeto o incluso por el propio bien del otro: «Por tu bien debo decirte desde la sinceridad que no vales para nada».

El «sincericida» tiende a enmascarar su necesidad de decir su opinión incluso aunque ésta sea hiriente: «Necesito decirte con toda sinceridad que ir contigo por la calle cuando vas vestido de esa manera es vergonzoso, qué mal gusto tienes». El «sincericida» convierte su opinión, una percepción subjetiva, en «la verdad», y por arte de magia su opinión se transforma en una verdad-sincera, justificando su determinación a decir lo que piensa, aunque haga daño. El «sincericida» a menudo empieza su juego de magia con palabras como «te aprecio tanto que tengo que decirte una cosa que no sabes, te voy a ser sincero...», «te considero una persona tan buena... inteligente... importante... que sinceramente...», «como te quiero ayudar a mejorar voy a ser sincero y te voy a decir qué necesitas hacer/cambiar...». El mensaje que viene a continuación a menudo se disfraza de generosidad y humildad, así como de cariño, pero en realidad no es así, sino todo lo contrario, está lleno de descalificaciones, ataques y ofensas. El «sincericida» se siente con el derecho a decir su opinión, e incluso a insultar o humillar con una sonrisa, pero esta intención es la que probablemente lleva cociendo en su interior desde hace tiempo hasta encontrar el momento perfecto para expresarlo, aparentemente de forma espontánea, aunque en realidad está planificado muy estratégicamente.

A veces algunas personas me hablan sobre situaciones incómodas y desagradables ocurridas durante alguna reunión familiar en la que alguno de los presentes, fuera uno de los padres, suegros, hermanos o cuñados, han hecho comentarios desagradables en nombre de una «supuesta sinceridad». A veces estas personas aprovechan que hay un público para cohibir a la persona que está atacando. Al haber testigos a menudo utiliza a éstos para conquistar cómplices y aliados con el fin de intimidar.

Un día una mujer me habló sobre una experiencia que había tenido durante una celebración familiar: «Nos reunimos toda la familia para celebrar el noventa cumpleaños de la abuela. Durante la comida mis primas empezaron a hablar sobre cómo muchas mujeres ganaban peso después de dar a luz. Para mi sorpresa me pusieron como ejemplo y empezaron a nombrar uno a uno mis defectos físicos. En ese momento me quedé paralizada. No supe cómo responder a esos comentarios tan desagradables. Se rieron de mis piernas llenas de varices, de mis brazos, de lo mal que me quedaba la ropa... Repetían una y otra vez que "estaban siendo muy sinceras conmigo cuando me decían que tenía que poner remedio al deterioro de mi imagen", comentaban que siempre habían considerado que era de las más atractivas físicamente de la familia y que ahora que había tenido gemelos probablemente me había quedado al final de la lista. Lo curioso es que animaron a otras personas de la reunión a hacer comentarios sobre lo empeorada que estaba. De pronto sentí que los ojos de todos estaban puestos en mí, evaluando cada ángulo y curva de mi cuerpo. Intenté defenderme y poner límites, pero respondían con palabras como: "No pasa nada, Sara, es normal que el cuerpo te haya cambiado, sólo que no esperábamos que te fueras a descuidar tanto y te hubieras quedado tan fea y deteriorada". Cuando reaccionaba diciendo que pararan de criticarme comentaban: "Vamos, no reacciones así, no seas exagerada que no te estamos insultando ni diciendo nada importante. Sólo estamos siendo sinceros y poniendo la verdad sobre la mesa"». En este caso uno puede observar que el objetivo de las primas de Sara era aprovechar el momento para descalificarla y humillarla en público. Su falta de consideración, sensibilidad y respeto por Sara demostraron su lado perverso y cruel. Esta experiencia tan desagradable llevó a Sara a romper la relación con ellas, ya que a pesar de ser familia demostraron ser tóxicas y dañinas.

Barreras de la comunicación

Según los expertos de la teoría de la comunicación, existen las siguientes barreras o limitaciones que la obstaculizan:

1. Ambientales: aquellas que se presentan en el entorno. Por ejemplo, el ruido, la luz o la temperatura del lugar donde se esté realizando la comunicación.
2. Verbales: aquellas que obstaculizan la comunicación. Por ejemplo, el volumen de la voz, el idioma o la dificultad para escuchar lo que se está diciendo, así como para explicar correctamente un mensaje para que el que escucha pueda entenderlo.
3. Percepción: la interpretación del mensaje. Por ejemplo, cuando las personas tienen un malentendido suele ser porque tanto el emisor como el receptor han interpretado el mensaje de una forma diferente.
4. Interpersonales: aquellas relacionadas con la capacidad de conectar entre el emisor y el receptor. Por ejemplo, a veces las personas no se gustan o no se entienden por tener una forma de actuar o de ser que impiden que exista comunicación.

5. La actitud o el comportamiento de una persona puede influir negativamente en el proceso de comunicación. A continuación se puede identificar algunas conductas que influyen en la incomunicación:

Burlas	Muecas (cara de asco, cara larga)	Humillaciones (poner en evidencia, resaltar un defecto)	Gritos
Insultos	Descalificaciones	Reproches	Acusaciones («Tú has hecho», «Por tu culpa»)
Ironía	Sarcasmo	Sermones y monólogos	Respuestas monosilábicas (Sí, no, vale, bueno, voy)
Susceptibilidades	Chantaje emocional	Amenazas	Ignorar (no mirar a los ojos, no mostrar interés, desconectar)
Dar portazos	Agresión física	Gestos físicos de desprecio	Encerrarse en sí mismo y no hablar

Todos podemos confundir en un momento dado el acto de ser sincero con ser «sincericida» y hacer daño con nuestras palabras sin tener esa intención. Todos podemos equivocarnos al expresar una opinión o una expectativa. Sin embargo, si antes de hablar pensamos en qué queremos decir y cómo podemos decirlo siendo empáticos y respetuosos, es posible que podamos evitar a otros y a nosotros mismos un disgusto o un momento de extrema incomodidad. Por ello es importante prestar atención a las posibles barreras de la comunicación.

LA MENTIRA: ¿ENGAÑAMOS PARA PROTEGER, POR HÁBITO O POR NECESIDAD?

Las mentiras y el engaño son una parte intrínseca del ser humano, forman parte de las relaciones personales, sea en el ámbito familiar, laboral o de amistad. A nivel social, en general se valora poner la verdad por delante y por encima de todo, pero la realidad es que las personas mienten. Mentir es decir lo contrario a lo que se piensa, se siente o se sabe. Cuando decimos que una información determinada es mentira, quiere decir que el contenido es falso, no es la correcta; es opuesto a la verdad. El acto de mentir se define como engañar. Mentir es utilizar información falsa y transmitirla como verdadera de forma intencionada. Sin embargo, a veces las personas dicen medias verdades, es decir, ocultan en su mensaje parte de la verdad, distorsionando el contenido del mismo, como sucede cuando una persona exagera. Aunque la exageración está socialmente aceptada, las personas exageradas por regla general cuentan su historia basándose en una verdad, pero la distorsionan para enfatizar alguna parte del mensaje. Por ejemplo, muchas veces escuchamos decir que en una reunión estaba «todo el mundo» o había «un millón de personas» para describir una multitud o que se encontraban muchas personas conocidas, aunque la intención no es engañar. Por lo tanto, la clave de la mentira y de engañar está en la intencionalidad, el objetivo y el propósito de engañar, el porqué se engaña.

Todos hemos mentido en alguna ocasión. Quizás cuando éramos niños ocultábamos un acto castigable con un «¡No he sido yo!», o cuando nos encontrábamos en una situación en la que nos sentíamos entre la espada y la pared; forma parte de la condición humana. Es posible que hayamos mentido a alguien que apreciamos para proteger sus sentimientos o para proteger los propios, pero de lo que no cabe duda es de que todo ser humano ha mentido en algún momento de su vida. Algunas personas mienten con más frecuencia que otras. Y aunque mentir tiene socialmente mala fama, lo cierto es que es un mecanismo de defensa o de afrontamiento que muchos utilizan, sobre todo para protegerse de personas invasivas y cotillas o para proteger a las personas que son importantes para ellos.

Mentir es una forma de conseguir un objetivo, sea del tipo que sea. Está directamente relacionado con obtener un beneficio. Algunos mienten para protegerse de unas consecuencias determinadas, por algo que se sabe o no, se vio o no, se escuchó o no, o se hizo o no. De igual modo los hay que mienten para trasladar la responsabilidad a otra persona, culpan a otros para no ser identificados o descubiertos; generalmente este acto suele asociarse a una mala acción. Muchos lo hacen para evitar sentir vergüenza o humillación, para proteger su imagen, dignidad o integridad, pero en muchos casos mienten porque temen ser rechazados por su familia y comunidad. «Siento que no tengo más remedio que mentir a mi familia sobre dónde voy y con quién. Si supieran que tengo una relación con una persona que tiene un historial, unas costumbres y una religión distinta a la nuestra, mis padres se avergonzarían tanto que sé con toda seguridad que me echarían de casa en un abrir y cerrar de ojos —me comentaba un joven sobre el conflicto interno que tenía al estar involucrado con una persona cultural y religiosamente distinta a él—. Si mi familia supiera que me he enamorado de alguien que no piensa como nosotros se disgustarían profundamente conmigo. No sólo sentirían una gran decepción, sino también que les he traicionado. Tengo miedo a que me descubran. Ya le ocurrió a un primo mío y fue literalmente desterrado de la familia. Por lo tanto, sé que no estoy exagerando. Es algo que puede ocurrir de verdad. Por un lado quiero seguir con mi relación, esta persona me hace muy feliz y me da lo que necesito. Pero por otro lado, también me siento culpable. Tengo un verdadero dilema y me siento muy confuso.» Este caso es un ejemplo habitual que sucede cuando algunas personas se relacionan con otras que tienen una religión, cultura o nivel socioeconómico distinto. No es poco habitual encontrar a hombres y mujeres que mienten sobre quiénes son sus parejas o sus amigos para evitar ser juzgados, criticados o incluso rechazados por su familia y su comunidad. Estas personas viven un conflicto interno muy intenso a menudo lleno de culpa, rabia y frustración, además de sufrir un alto nivel de estrés al dedicar una gran parte de su energía y esfuerzo mental en ocultar su realidad.

A veces las personas saben por qué mienten, pero otras no lo tienen tan claro. Hay personas que mienten porque les gustaría que su realidad fuera otra y desean hacer de su fantasía una realidad, aunque solo sea en su mente. Otros lo hacen sin razón aparente, mienten espontáneamente o por hábito. No tienen realmente una razón concreta por la que mentir, pero lo hacen, y mienten de forma compulsiva. «Miento constantemente —me comentaba una mujer que quería mejorar su autoestima y su capacidad para ser asertiva—. Miento porque no tengo más remedio. Porque siento que no puedo decir "no" a nada ni a nadie. La mentira me ayuda a poner límites respecto a otras personas, incluso a mi pareja y a mi familia. Pero a veces pienso que miento por costumbre y por hábito, aunque no necesite hacerlo. Creo que a veces lo hago sin pensarlo ni tener ninguna intención concreta. Pienso que ante una pregunta o propuesta a veces miento porque mi respuesta, aunque sea falsa, suena mejor. Es decir, transmito lo que creo que el otro quiere escuchar o espera de mí. Esto me pasa a menudo con mis familiares. Cuando mis padres, hermanos o primos me preguntan algo sobre mi vida, tiendo a contestar lo que esperan oír. Si esperan que yo haga deporte, digo que lo hago, aunque no sea cierto ni sea realmente un hecho importante. Si me preguntan si compré unos zapatos en una tienda determinada, asiento y doy a entender que el otro tiene razón, aunque tampoco sea cierto. Miento con cosas que son importantes y con las que no lo son. Siento que mi vida es toda una mentira y quiero cambiar.» Estas personas se caracterizan por mentir de forma patológica. Las personas que mienten patológicamente tienen el acto de mentir muy internalizado en su manera de relacionarse con los demás y consigo mismo. A menudo sienten una frustración e insatisfacción muy intensa, ya que llega un momento en que no saben distinguir la verdad de la mentira. Quieren controlar su entorno y su vida, y creen que lo consiguen a través de la mentira. Sin embargo, a su vez sufren mucho ya que no sólo necesitan dedicar una gran cantidad de energía para recordar la mentira, sino que sus sentimientos de baja autoestima e inseguridad se convierten en un fantasma que les atormenta, sobre todo cuando están solos con ellos mismos y sus pensamientos.

Algunas personas mienten para recibir atención o cuidados. Por ejemplo, a veces me encuentro con hombres y mujeres que se hacen los enfermos sin realmente estarlo, piensan que sólo así sienten que pueden recibir cariño y atenciones de los demás. De forma que engañar y hacerse pasar por enfermo es un medio para conseguir un objetivo: atención y afecto. «Mi familia no era cariñosa —me comentaba un hombre sobre las razones por las que se habituó a mentir—. Ni mis abuelos, ni mis padres, ni mis tíos, ni nadie era cariñoso. No lo eran entre ellos ni con sus propios hijos. Sin embargo, cuando alguien se ponía enfermo, aunque fuera de una simple gripe, el comportamiento cambiaba radicalmente. De pronto sacaban su mejor lado, eran dulces, sonrientes, acariciaban y mostraban gestos afectuosos. La verdad es que estar enfermo era algo muy positivo para mí, por lo tanto siempre sentía que había una parte de mí que deseaba estarlo, sobre todo cuando era niño. Pero ahora soy un hombre de 43 años, padre de dos hijos y felizmente casado. Ya no soy un niño y soy consciente de ello. Sin embargo, hay algo dentro de mí que sigue buscando esos cuidados y atenciones de mi familia. Como si hubiera algo que nunca se llenó. Por un lado, me siento vacío y con necesidad de cariño, pero por otro tampoco quiero seguir quejándome de que estoy enfermo o que me duele algo cuando no es cierto. Mi mujer y mis hijos están hartos de escuchar mis quejas, de que me duele la cabeza, de que he cogido un resfriado o una gripe... Mi mujer me ha dicho que necesito ayuda y que debo cambiar mi forma de actuar e intentar conseguir afecto de una forma más positiva, ya que al final estoy haciendo chantaje emocional a toda la familia.» A veces las personas hacen todo lo que esté en su mano por recibir cariño. A lo largo de la vida cada uno aprendemos estrategias para conseguirlo. Unos lo hacen constructivamente y otros al revés. Unos dan cariño y otros construyen una historia para conseguirlo. Sin embargo, está demostrado que el chantaje emocional y la manipulación al final tiene unas consecuencias negativas; las personas se sienten utilizadas y acaban por cansarse y por poner distancia con aquella que la manipula, como en el caso anterior. Para evitar que esto suceda es esencial aprender a expresar los sentimientos y a gestionar la frustración. Este hombre consiguió con el tiempo encontrar nuevas formas de expresar y de obtener cariño y atenciones de los demás sin necesariamente posicionarse en un papel falso de enfermo.

A menudo las personas mienten cuando son infieles o desleales a una pareja, un amigo o un aliado. Según Frank Pittman, experto en terapia familiar y autor de la obra *Mentiras privadas*, la infidelidad se define como «una defraudación, la traición a una relación, la violación de un convenio». Las personas que son infieles generalmente se ocultan tras el engaño, realizan actos inimaginables para no ser descubiertos y sobre todo invierten mucha energía en recordar la mentira y la verdad. Cabe señalar que detrás de toda mentira se esconde una verdad. Algunas personas se preguntan si la infidelidad es una enfermedad, y lo cierto es que el hecho de ser infiel no lo es. La infidelidad es más una cuestión moral. Por lo tanto, independientemente de que una persona tenga algún tipo de enfermedad mental o no, ser infiel es probablemente una reacción o una respuesta a un sentimiento determinado, pero no se podría clasificar como una enfermedad. No obstante, cabe destacar que las personas que padecen de alguna adicción, sea a alguna sustancia como las drogas, el alcohol, el juego u otras actividades autodestructivas, tienden a comportarse de forma desleal, infiel y mienten con frecuencia para esconder su adicción o sus intenciones. En conclusión, las personas mienten. Algunas con el fin de ocultar una información, para protegerse de una amenaza o para ocultar una intención y esconder la verdad, tanto de sí mismos como de los demás. Quizás cada uno debamos preguntarnos «¿En qué situaciones miento o tengo la tentación de mentir y por qué?». Sólo uno puede responder a esta pregunta.

LOS ACTOS COMUNICAN HECHOS:
SER O NO SER COHERENTE

«El movimiento se demuestra andando», dice un refrán popular. No es lo mismo pensar en el movimiento que moverse, no es lo mismo hablar de la idea de un proyecto que llevarlo a cabo, no es lo mismo hablar de amor que hacer el amor. Generalmente utilizamos la palabra para expresar ilusiones, deseos y expectativas, pero no siempre van unidas a las acciones. Podemos pensar en hacer algo para después no hacerlo. Igualmente pasa con las emociones, a veces decimos que sentimos algo y nuestros actos demuestran todo lo contrario. Por ejemplo, en ocasiones me encuentro a personas que después de una experiencia muy dolorosa o traumática dicen encontrarse bien, como si nada hubiera ocurrido. Comentan que se les pasó el malestar, pero sus comportamientos demuestran todo lo contrario; presentan síntomas o dan señales que indican otra realidad. Puede que se muestren tristes y con la mirada perdida, a veces se aíslan, comentan que están cansados todo el tiempo, que les han cambiado los hábitos alimenticios o físicamente se les ve fatigados y deteriorados de manera excesiva.

A veces los conflictos interpersonales producen un profundo malestar y las personas, ante el enfado o la desilusión, comentan que han superado el dolor, cuando en realidad su actitud y conducta demuestran lo contrario. En una ocasión trabajé con una pareja, padres de tres hijos, en la que uno de ellos había sido infiel, pero al terminar la relación se lo comunicó al cónyuge con la intención de compartir lo sucedido y hablar sobre los problemas en el matrimonio. La persona que había sido infiel decía que necesitaba disculparse y obtener el perdón, ya que se sentía muy culpable hacia su pareja y sus hijos y ello le atormentaba: «Pensé que la sinceridad estaría por encima de todo y que mi pareja me entendería y valoraría mi gesto de lealtad al decirle la verdad. Pero no sé si me equivoqué, ya que veo que a pesar de que mi pareja me dice que me ha perdonado, su actitud y su forma de tratarme no son como antes. Noto un cambio y una cierta hostilidad por su parte, incluso cuando estamos con nuestros hijos». Cuando le pregunté a su pareja qué sentía al respecto y si creía que de verdad había perdonado la infidelidad, respondió: «Pues lo cierto es que hay una parte que siento que sí he perdonado. Entiendo, hasta cierto punto, el porqué de su infidelidad, ya que llevábamos unos meses teniendo muchos problemas de pareja. Estábamos muy distanciados y lo poco que nos tratábamos era para discutir o criticar. Sin embargo, confieso que hay otra parte de mí que no le ha perdonado. De hecho no sé si podré hacerlo... Aquella noticia me sorprendió y me destrozó emocionalmente. Hizo que perdiera la confianza y no sé si podré recuperarla. Es posible que a veces me comporte de forma un tanto hostil, lo hago de manera inconsciente, realmente no lo hago adrede, pero hay una parte muy profunda de mí que sigue sintiéndose mal y puede que eso sea lo que esté reflejando en mi comportamiento».

A veces ocurren situaciones muy dolorosas que se desean dejar en el pasado y olvidarlas. Uno intenta no pensar en ellas para que el sentimiento de dolor no florezca. Pensar en una situación de profundo dolor hace que las emociones resurjan afectando a la actitud y la conducta. Quizás detectamos esta respuesta emocional y conductual en uno mismo o en otro, pero en muchas ocasiones no las percibimos con facilidad, sobre todo cuando se trata de nuestros sentimientos. A menudo las personas me comentan que no se dan cuenta de sus actos, sus palabras o incluso sus emociones, incluso no quieren darse cuenta porque ello significaría tener que afrontarlos o incluso abordarlos, lo que para muchos quiere decir remover el pasado, el dolor y el sufrimiento. No pocas veces utilizan mecanismos de defensa para evitar estos sentimientos, pero lo cierto es que para la mayoría de las personas llega un momento en que se ven obligadas a tratarlos porque éstos dejan de funcionar. Así que no tienen más remedio que ponerlos encima de la mesa y mirarlos, sentirlos y hacer el esfuerzo por entenderlos, pues tienen que conectar con ellos para poder superarlos.

Puede que en ocasiones uno tenga dificultad para aceptar un sentimiento determinado y no quiera profundizar en ello por el dolor que ello suponga. Pero también es común encontrar a personas que no quieran hablar de sus emociones porque no desean dejar a otros formar parte de su mundo y tener información sobre qué sienten y piensan. Por ejemplo, a menudo me encuentro con familias que tienen como problema principal que sus miembros no conocen realmente a las personas con las que conviven porque nunca comparten ningún tipo de información sobre ellos mismos. A veces los padres comentan que sienten que no conocen a sus hijos, no saben realmente quiénes son, ni qué piensan, ni sienten. «Nuestros hijos no hablan ni cuentan nada. Son como unos desconocidos que viven en la misma casa que nosotros, pero se encierran en sí mismos de tal forma que si les preguntas responden con monosílabos, por lo tanto es difícil saber qué está pasando y si está pasando algo importante en su vida.» A veces los hijos también se sienten confusos respecto a sus padres y comentan: «A mis padres no hay quién los entienda, un día dicen una cosa y otros días dicen otra. Las normas cambian constantemente y no sé cómo debo comportarme. Un día exigen una cosa y al día siguiente todo lo contrario. ¡Me están volviendo loco!».

No ser coherente tiene un precio. No dejar claro qué se siente o qué se espera de los hijos, las parejas, los familiares u otras personas provoca, antes o después, muchos conflictos y tensiones. Puede que, ante una decepción o una desilusión, uno quiera evitar afrontar una situación o unos sentimientos respondiendo con «me da igual», «no me importa», «no me afecta» y «no necesito», cuando en realidad siente lo contrario: frustración, miedo, ansiedad, ira o rechazo. Lo cierto es que a menudo los sentimientos reales saldrán y se expresarán de una forma u otra, todo es cuestión de tiempo. Por lo tanto, uno puede concluir que ser o no ser coherente puede favorecer o complicar las relaciones familiares o con otras personas. La realidad es que nuestros sentimientos y pensamientos se reflejan, lo queramos o no, en nuestras palabras y en nuestros gestos. Ambos están íntimamente vinculados, de forma que cuando somos incoherentes los mensajes transmitidos pueden ser contradictorios y dificultar la comunicación con los demás, mientras que cuando somos coherentes transmitimos claridad y el intercambio con otras personas es fluido e inteligible.

El diálogo interno: el arte de hablar con uno mismo

Hablamos con los demás para sentirnos conectados. Pero hablar con uno mismo también es una forma de entender quiénes somos y de conectar con nosotros mismos. Cuando nos hablamos llevamos a cabo una conversación a nivel interno en la cual somos simultáneamente el emisor y el receptor de nuestros sentimientos y pensamientos. Nuestro diálogo puede durar un instante o puede ser recurrente o incluso obsesivo. De igual modo, puede ser de forma consciente («Voy a pensar en este tema...») o inconsciente, pues a veces no nos damos cuenta de que lo estamos llevando a cabo.

Hay personas que tienen un diálogo interno muy constante e intenso, mientras que otras casi ni se prestan atención; es similar a aquellas que nunca se miran al espejo. Puede que no quieran escucharse porque les abrume, les asuste, les produzca ansiedad o vergüenza, pero también puede ser que con la poca información que tengan les sea suficiente o no tengan necesidad o demasiado interés. No obstante, todos mantenemos estas conversaciones en un momento dado por poco que sea. Uno puede hablar consigo mismo mientras da un paseo, cuando se está esperando algo o a alguien o cuando se mete en la cama y se dispone a dormir, de ahí surge la expresión popular «hablar con la almohada». Por lo tanto es recomendable saber cuáles son esos momentos para cada uno.

Si nuestra actitud es positiva, el diálogo interno será constructivo, efectivo y resolutivo, incluso cuando se esté pensando sobre alguna experiencia negativa que produce ansiedad o preocupación. Esta forma de hablar con la almohada suele centrarse en alimentar la motivación y la esperanza, así como en buscar alternativas y soluciones de una forma productiva. Por ejemplo, ante un conflicto familiar uno puede preguntarse y responderse: «A pesar de estar disgustado por la discusión que tuve con mis hermanos anoche debo pensar en soluciones, en qué puedo hacer para mejorar la situación. Quizás podría dejar que pase un poco de tiempo para que podamos tranquilizarnos un poco ya que nos hemos dicho cosas muy desagradables... O podría llamarles para intentar hablar de nuevo... O quizás pedir disculpas por las palabras tan duras que usé... O puedo no hacer nada y esperar... O puedo...». Por el contrario, si la actitud es negativa, nuestro diálogo también lo será y tenderá a centrarse en la queja y en los pensamientos destructivos, en aquellos que fomentan la ansiedad, el sentimiento de incapacidad, indefensión o miedo. Ante la misma situación del caso anterior, uno puede decirse: «Estoy tan disgustado con la pelea de mis hermanos que no pienso hablarles nunca más. Son unos seres ineptos y estúpidos que no necesito tener en mi vida, ¿para qué molestarme en hacer nada? Ni se me pasaría por la cabeza pedir perdón por lo que dije, ¡se lo merecían! ¡Qué se creen! ¿Que soy imbécil? ¡A mí no me habla así nadie! No son nadie ni sirven para nada. Y si quieren hablar, ¡que vengan ellos arrastrándose para pedirme disculpas! Vamos, que ya he aguantado suficiente y no necesito personas así en mi vida». A menudo ante situaciones de ira, desesperación o frustración el diálogo interno retroalimenta las sensaciones de malestar. Mensajes como «nunca voy a conseguir», «no sirvo para nada», «soy un desastre»... no aportan nada fructífero a la hora de resolver un problema o afrontar un reto. No son mensajes constructivos, sólo destruyen, asustan y paralizan.

Generalmente la conversación interna suele centrarse en el estado de nuestros sentimientos, en las sensaciones que nos produce la interacción con otras personas y en las experiencias del día a día, poniendo en palabras nuestras emociones. Sin embargo, este diálogo también tiene una estructura en forma de preguntas y respuestas, como por ejemplo:

- «¿Por qué me ha pasado esto a mí? Quizás no presté suficiente atención o no soy lo suficientemente bueno o no me dieron toda la información...»
- «No he entendido las indicaciones de mi jefe, ¿ahora qué hago? Puedo preguntarle para que me lo aclare o no preguntar y hacerlo como se me ocurra o pedir ayuda.»
- «Me siento mal y no sé por qué... La actitud de mis padres/compañeros/hijos/pareja no me ha gustado o me ha ofendido y tengo que hablar con él/ellos o estoy teniendo un mal día así que no le daré importancia...»

Durante este proceso intentamos responder a los estímulos que recibimos de nuestro entorno, de esta forma ordenamos y le damos sentido a las cosas que pasan a nuestro alrededor; respondemos a los qué, cómo, quién, cuánto, cuándo y por qué. Intentar encontrar las respuestas nos llevará a reflexionar sobre cuáles son nuestras necesidades, expectativas y dudas, y así nos conoceremos un poquito más. Pero también nos ayudará a conocer las necesidades, expectativas y dudas de los demás, a saber qué es importante o no para los que forman parte de nuestra vida, sean familiares o no, y a comprender un poco más cómo y por qué piensan, sienten y se comportan como lo hacen. Por lo tanto, salir del propio mundo interior y dedicarle a los demás tiempo, energía e interés también será muy positivo y saludable para uno mismo y las relaciones personales, sobre todo con aquellas personas con las que convivimos en el día a día, ya que si no podemos caer en la trampa del ensimismamiento, la autocomplacencia excesiva y el narcisismo.

Para tener un diálogo interno positivo y ser un buen observador de las personas del entorno es clave centrarse en la manera de formular las preguntas e intentar mantener la objetividad. Así se evitarán las críticas destructivas, el chantaje emocional y los prejuicios. Algunos ejemplos de preguntas constructivas que favorecen el pensamiento positivo son:

- ¿Qué he aprendido de esta experiencia?
- ¿Qué haré diferente la próxima vez?
- ¿Qué haré de la misma manera la próxima vez?
- ¿Qué impresión he dado?
- ¿Qué puedo aportar? ¿Qué necesito que me aporten?

- ¿Existe algo que se puede cambiar?
- ¿Cuál ha sido el proceso que ha llevado a tener el siguiente resultado?

Cuando las preguntas que nos hacemos o las respuestas que nos damos están construidas con ironía y encontramos que en ellas se enmascaran insultos u ofensas, o transmiten indirectamente mensajes despectivos, se elimina automáticamente la capacidad para pensar con claridad y se ponen en marcha los mecanismos de defensa. Al igual que cuando uno está comunicándose con otra persona y percibe de ella un cierto sarcasmo, detecta una impertinencia o sencillamente recibe un mensaje negativo, generalmente tiende a responder a sus palabras de forma defensiva, agresiva, con desdén o teniendo una actitud fría y distante.

Uno puede equivocarse a la hora de interpretar el comentario de alguien, quizás porque está de mal humor, está preocupado, no tiene paciencia, está enfadado o simplemente porque no conecta con el que está hablando. Pero lo cierto es que a veces nos encontramos con personas que se comunican de forma retorcida y sus palabras y mensajes están estructurados como si dentro de ellas hubiera otro escondido. Lo mismo sucede en el diálogo interno. Si la forma en que nos hablamos es retorcida o perversa sería normal sentir un alto nivel de confusión, ansiedad, estrés y malestar. Como resultado no es de extrañar que uno se paralice emocionalmente, se quede estancado y sea incapaz de avanzar para desarrollar un pensamiento, o que caiga en una espiral de pensamientos muy destructivos. A continuación se presentan algunos ejemplos de preguntas que uno puede hacerse que transmiten y esconden mensajes negativos. Éstas se han subrayado para que el lector pueda identificarlas con claridad. De igual modo se podrá encontrar debajo de cada una de las preguntas la misma pregunta formulada de manera neutral y objetiva, para poder comparar con aquellas que esconden prejuicios y subjetividad.

- ¿Qué iba yo a aprender de esta experiencia cuando <u>soy tan torpe</u>?
  ¿Qué puedo aprender de esta experiencia?
- ¿Qué podré hacer diferente la próxima vez <u>cuando al final no valgo para nada</u>?
  ¿Qué podré hacer diferente la próxima vez?
- ¿Qué impresión <u>negativa</u> habré dado? Seguro que <u>muchísimas</u>.
  ¿Qué impresión habré dado? Exploraré las positivas y las negativas.
- ¿Qué voy a poder aportar cuando <u>no tengo nada que ofrecer</u>?
  ¿Qué puedo aportar?
- ¿Para qué analizar resultados si <u>no va a servir para nada</u>?
  ¿Analizo los resultados?

En una ocasión, durante una sesión de terapia de grupo, se propuso hablar sobre los diferentes efectos que tenían en el propio diálogo interno cuando uno era el objetivo de críticas destructivas, perversas y de chantaje emocional por parte de algún familiar. Fueran los padres o los suegros, los hijos o sobrinos, los hermanos o cuñados la fuente del malestar, todos los miembros del grupo experimentaban unos sentimientos comunes: frustración, culpa, resentimiento y rechazo. Un ejemplo de ellos es lo que compartió uno de los miembros del grupo: «A veces pienso que al final haga lo que haga no servirá de mucho. Nunca seré lo suficiente para mi suegra y mis cuñadas, siento culpa, aunque también resentimiento. Intento ganármelas, pero no hay forma, me desespera. Llega un momento en que cuando estoy a solas no hago más que pensar si quizás estoy cometiendo un error detrás del otro, si soy torpe o si soy masoquista. Me cuesta aceptar que no les gusto, me duele mucho porque me gustaría formar parte de la familia de mi pareja, pero veo que no va a ser posible, parece ser que mi personalidad no encaja con ellos. ¿Debo tirar la toalla? ¿He fracasado? Quizás sí, puede que no haya hecho suficiente... puede que ya no merezca la pena... No lo sé, sigo dándole vueltas a la idea sobre posibles soluciones. ¿Quién sabe? Quizás la solución es aceptar que no existe solución, que esto es lo que hay y debo aceptarlo y punto». Como podemos observar en este caso, cuando esta persona intentaba analizar las razones por las que no gustaba a su familia política, también intentaba encontrar respuestas y soluciones. Durante este proceso a veces llegaba incluso a cuestionarse sus capacidades, sus valores y su personalidad. Lo asociaba a otros momentos de su vida en las que se sintió rechazada y ello le desanimaba momentáneamente, pero en un instante conseguía salir de ese pozo oscuro y le surgían sentimientos de rechazo hacia su familia política y decidía, con el apoyo del resto del grupo, que no podía permitir que sus pensamientos le llevaran a ese lugar tan negativo. «La realidad es que no podemos gustarle a todo el mundo. A veces uno no conecta con otra persona y no tiene que ser culpa de nadie —comentaban los del grupo—. Todos hemos sido rechazados en algún momento en la vida. No somos perfectos y los demás tampoco lo son. Quizás lo que necesitas preguntarte es si quieres tener en tu vida a personas que te tratan mal. La verdad es que independientemente de las diferencias que tengáis, necesitas preguntarte si puedes tener una relación cordial y educada con ellos cuando estéis juntos o si es preferible que no asistas a las reuniones familiares por el bien de tu pareja, de ellos y de ti mismo.»

Aceptar que a veces uno no gusta a otras personas es un proceso difícil y duele, produce malestar y en ocasiones despierta sentimientos de ansiedad e inseguridad. No obstante, es importante que durante este proceso uno intente mantener la objetividad. Esto significa identificar y aceptar las propias fortalezas y debilidades, virtudes y defectos, y que a pesar de que uno puede cometer errores, es fundamental saber analizarlos y evaluarlos de una forma constructiva para que no conviertan nuestros pensamientos y sentimientos en un campo de minas y nos destruyan la estabilidad mental y emocional.

CÓMO NOS EXPLICAMOS LAS COSAS QUE NOS PASAN: LA TEORÍA DE LA ATRIBUCIÓN Y LA INDEFENSIÓN APRENDIDA

La forma en la que nos explicamos a nosotros mismos las causas de las cosas que nos suceden influye mucho en cómo nos hablamos y nos dirigimos a nosotros mismos y a los demás. El proceso por el cual analizamos nuestro propio comportamiento y el de otros, así como los acontecimientos vitales se denomina «proceso atributivo». De acuerdo con Weiner y Heider, dos de los expertos más importantes de la teoría de la atribución, las personas interpretan su vida y sus relaciones interpersonales basándose no sólo en sus propias creencias, valores y emociones, sino también en las atribuciones que explican las causas y las consecuencias respecto a los acontecimientos y sucesos. Las causas pueden ser tanto externas como internas. Según explican, las personas generalmente atribuyen las causas sobre el comportamiento propio, de otros y los hechos en base a dos factores fundamentales que pueden ser controlables o no:

1. Causas internas: forma de ser de la persona, la personalidad, la intencionalidad, motivación, inteligencia y capacidades.
2. Causas externas: suerte, influencia, poder, dinero, casualidad o intervención de otras personas.

Independientemente de que las causas sean internas o externas, uno puede sentir que tiene un cierto control o no sobre los hechos y comportamientos dependiendo de dónde se ponga el denominado foco de control o *locus* de control. El sentimiento de control que tengamos sobre algún acontecimiento lo podemos centrar en nosotros mismos, asumiendo la responsabilidad de los éxitos o fracasos, o se puede centrar en hechos asociados a cosas que no podemos controlar, como la suerte. A pesar de que el factor suerte puede influir en la vida en algún grado, lo cierto es que cuando todo lo acuñamos a la misma surge en nosotros una sensación de no tener control de los hechos independientemente del esfuerzo realizado. Por ejemplo, hay personas que responsabilizan a la suerte o la casualidad de sus logros sin tener en cuenta el tiempo y la energía que han podido dedicar a intentar conseguir su objetivo. «Estudié día y noche durante un año para el examen. Al final aprobé, pero realmente lo conseguí porque tuve suerte, no fue porque le dedicara tanto tiempo», me comentaba una mujer que estudió duramente para unas oposiciones para un puesto de trabajo. Este es un caso en el que uno puede observar con claridad cómo la mujer sitúa el peso del éxito en el azar en vez de en sí misma. Sentía básicamente que aprobar dicho examen dependía más de la suerte que del esfuerzo realizado; no valoró su disciplina ni su capacidad para ser perseverante como merecía. Sin embargo, cuando le pregunté cómo hubiera explicado un suspenso automáticamente respondió: «Si hubiera suspendido hubiera sido, sin lugar a dudas, porque no trabajé lo suficiente. Me hubiera sentido muy mal conmigo misma y me hubiera fustigado muchísimo». Por lo tanto, en el caso contrario sí hubiera asumido la responsabilidad de no haber logrado su objetivo y se hubiera culpado de su fracaso. De forma que uno puede concluir que es posible que esta mujer no estuviera siendo del todo justa consigo misma y que su tendencia perfeccionista la estaba traicionando. Lo justo en este caso sería responsabilizarse tanto del posible fracaso como del éxito. De manera que a la hora de evaluar las razones por las que uno consigue o no sus objetivos nos ayudará a analizar los factores que han podido influir en el resultado positivo o negativo y en el sentimiento de control que se ha tenido sobre la situación.

ÉXITOS Y FRACASOS ⇨	Inteligencia, perseverancia, esfuerzo, tiempo, energía, recursos, apoyo externo, espíritu de lucha, motivación, capacidad de concentración y reflexión, suerte, casualidad, poder propio, poder ajeno, influencias, contactos, relaciones personales, habilidades interpersonales e intrapersonales, capacidad de actuación, fortalezas, debilidades, carencias, autoestima, confianza, actitud, emociones y autoconocimiento.

Es evidente que no podemos controlar todo en la vida al cien por cien, ni todas las cosas buenas que nos pasan ni los sucesos negativos. Aunque sí podemos influir en mayor o menor grado en ellas, tampoco podemos pretender tener un control absoluto en los pensamientos, en las conductas y en los sentimientos de las personas que nos rodean, por muy cercanas que sean. Quizás uno puede llegar a la conclusión de que los más influyentes, controlables y sugestionables pueden ser los niños y las personas muy dependientes emocionalmente, pero aun así ellos también manifestarán en algún momento resistencia o deseo de autonomía.

Como señala Martin Seligman, psicólogo, investigador y uno de los padres de la psicología positiva, es parte intrínseca del ser humano intentar influir y dirigir su vida. Pero no siempre se puede. Y cuando no conseguimos nuestro objetivo nos frustramos. Aceptar que no siempre podemos controlar todo en nuestra vida requiere aprender a manejar las incertidumbres y los cambios. Es evidente que la incertidumbre genera estrés e inseguridad, y a menudo parece una flecha que se dirige con mucha fuerza hacia la diana que simboliza la autoconfianza y la autoestima. La incertidumbre a veces pone a la vista las propias vulnerabilidades, por lo tanto, aprender a manejarla es esencial. Saber qué hacer y qué no hacer cuando se siente incertidumbre nos ayudará a afrontarla, ya que si no se puede caer en el pozo del sentimiento de indefensión.

De acuerdo con Martin Seligman, la indefensión aprendida surge cuando una persona aprende a creer que ha perdido o no tiene ningún control sobre su vida o su situación; está a merced al cien por cien de los factores externos y es incapaz de controlar ni un ápice de sus circunstancias. Cuando uno cree o siente que está indefenso y que no hay nada que pueda hacer para cambiar su situación, tiende a desarrollar una actitud pasiva: no hace ni intenta hacer ningún esfuerzo por cambiar. Las personas que se sienten indefensas se caracterizan por creer que las circunstancias que están viviendo son independientes de su conducta, es decir, que hagan lo que hagan no podrán influir en su situación, ni para mejorarla ni para empeorarla. Un día un hombre me comentó que después de estar buscando trabajo durante más de un año, había perdido la esperanza de volver a formar parte de una empresa y un equipo: «Siento que no hay salida... Ha llegado un momento en que no veo ni creo que vaya a haberla —comentaba con desesperación—. Siento que se me ha olvidado todo lo que aprendí, que nunca volveré a ser como antes: alegre, fuerte y una persona que vivía cada día con ilusión. Desde que perdí mi trabajo por la crisis económica me he dedicado a buscar empleo. Ese de hecho ha sido mi trabajo: buscarlo desesperadamente cada día. Es cierto que he hecho varias entrevistas, pero en ninguna me han cogido porque decían ¡que estaba demasiado preparado! Así que decidí hace unos meses eliminar ciertas cosas de mi currículum para que "el haber hecho demasiado" no sea un inconveniente. Cada vez que lo pienso me horrorizo, pero lo que quiero es un trabajo que me ayude a pagar las cuentas y a darles de comer a mis hijos. La verdad es que cada vez noto que me deprimo más. Me siento incapaz, indefenso y que soy un fracasado, ¿saldré alguna vez de esta situación?».

A menudo las personas que caen en la indefensión aprendida sufren consecuencias muy negativas. Si antes eran personas alegres, confiadas y resolutivas, se convierten en personas tristes, desesperanzadas, que tienden a tener pensamientos recurrentes muy negativos, incluso a veces obsesivos. Ponen su atención sólo en los aspectos negativos de su vida y su entorno. Mantienen un diálogo interno o incluso con otros en el que transmiten ideas como: «Para qué voy a intentar hacer... si nunca me salen bien las cosas» o «La vida/relaciones/el trabajo/la familia no hacen más que darme disgustos y problemas» o «Haga lo que haga no voy a conseguir mis objetivos». Estas personas resaltan y hablan sólo sobre sus fracasos y debilidades: se castigan a sí mismos sin compasión y se presentan a los demás como seres que son víctimas de sí mismos, de los demás y de la vida en general. Pero cabe destacar que el síndrome de la indefensión aprendida se puede combatir. Uno puede afrontar y salir de este torbellino de negatividad a través del esfuerzo y sobre todo la creatividad, así como tomando la decisión de que quiere cambiar su actitud. Quizás necesite buscar ayuda de alguien de confianza o de un profesional, pero sea cual sea el tipo de apoyo y ayuda que busque es fundamental que la persona sea positiva y sepa identificar los esfuerzos y los logros realizados. Como le ocurrió al hombre del caso anterior, éste finalmente decidió dejar de buscar trabajo en una empresa y optó por crear su propio negocio. Hizo un proyecto y pidió un préstamo. Decidió dar el paso y correr un riesgo importante. Al final consiguió, entre el apoyo familiar y su capacidad creativa, montar su negocio. Igualmente utilizó los conocimientos de su larga experiencia profesional y los aplicó para organizar la estructura y el plan de acción.

Emplear el reforzamiento positivo, utilizar métodos para parar el pensamiento negativo, cambiar determinadas conductas y repetirlas una y otra vez hasta conseguir resultados distintos son las claves para combatir el sentimiento de indefensión. La perseverancia y la disciplina son unos de los mejores aliados para luchar contra la apatía que caracteriza tanto al sentimiento de indefensión. Igualmente ayuda atribuirse los logros y éxitos después de dedicar energía y esfuerzo a cambiar una situación. Ello alimentará la confianza y fortalecerá la autoestima, y también cambiará la forma en la que uno se comunica consigo mismo y con los demás.

TRUCOS PARA UNA COMUNICACIÓN POSITIVA:
USAR LAS PALABRAS MÁGICAS «POR FAVOR»
Y «GRACIAS» Y EVITAR DAR POR HECHO

Como hemos visto, comunicarse con uno mismo y con los demás de una manera efectiva y positiva es fundamental para construir y mantener unas buenas relaciones. Tener la capacidad para conectar los propios sentimientos y el estado de ánimo con los de las personas que tenemos enfrente favorece la conexión con nuestra familia y amigos. Hablar claro, de una forma directa, sin interrumpir, sin ser inoportuno y sin transmitir mensajes retorcidos facilitará la comunicación positiva. Mantener una coherencia entre las palabras, los gestos y la conducta, así como tener paciencia y guardar el control emocional ayudará a que la comunicación fluya entre los interlocutores. De igual modo es importante evitar dar por hecho y utilizar palabras claves como «por favor» y «gracias».

Decir «por favor» y «gracias»: fórmulas mágicas de amabilidad

Estas palabras son claves en las relaciones personales y abren muchas puertas. Desde que somos niños nos las enseñan como uno de los valores de la buena educación a la hora de relacionarnos con los demás; nunca sobra un «por favor» o un «gracias». Dar las gracias es una forma de gratitud hacia otra persona cuando tiene un gesto amable o de consideración hacia nosotros. Cuando damos las gracias reconocemos abiertamente e informamos al otro de que somos conscientes y que apreciamos el gesto de cortesía. Dar las gracias cuando se valora un gesto, por muy insignificante que sea, es una forma de reforzar positivamente la conducta del otro. Dar las gracias es bueno y generalmente la respuesta del que las recibe suele ser positiva. Sin embargo, a menudo ocurre que en las relaciones de confianza, y sobre todo en las familiares, no se dan tanto las gracias. No sucede de forma tan frecuente, quizás porque al haber un trato más asiduo se da por hecho; donde el hacer y el pedir están a la orden de cada día, puede que las expectativas sean otras.

Si nos preguntamos el porqué no se suele dar las gracias tan a menudo en relaciones donde hay más trato, quizás influya que demos por hecho que el otro va a cubrir nuestras necesidades y expectativas, y que estemos seguros de que los otros van a responder como esperamos; que recibiremos el apoyo que necesitamos porque ése es parte del papel que le corresponde. Por ejemplo, en ocasiones me encuentro a padres que cuando les pregunto si sus hijos les dan las gracias de vez en cuando, sea por ayudarles a hacer los deberes o por darles dinero para salir los fines de semana, me suelen responder que no. Cuando les pregunto si les gustaría que lo hicieran, todos me han respondido siempre que sí. «Nunca está de más dar las gracias, aunque sea mi hijo. Siempre intentaré hacer lo que pueda por ellos, pero que me dieran las gracias de vez en cuando sería agradable, me gustaría escucharlo.»

Recuerdo una sesión con una familia en la que el tema del día era hablar de incorporar el concepto de «gracias» en la comunicación familiar. En este caso, los miembros de la familia se dirigían los unos a los otros dando órdenes y desde la exigencia. El tiempo verbal más utilizado a la hora de comunicarse era el imperativo: «¡Tráeme! ¡ponme! Me tienes que dar...». Y en ningún momento de la interacción se pedían las cosas «por favor» ni se daban las «gracias». Cuando les propuse realizar un ejercicio en el que cambiaran la forma de dirigirse los unos a los otros, reaccionaron riéndose, como si lo que les estuviera sugiriendo hubiera sido un chiste o algo absurdo. «Eso no sirve para nada —me comentó uno de ellos—, en esta casa como no des órdenes nadie hace nada. Decir "gracias" o "por favor" es de personas blanditas y débiles. Aquí no hablamos así.» Sin embargo, cuando recalqué al grupo que todos habían expresado previamente sentirse agredidos y poco agradecidos por los esfuerzos realizados cuando hacían algo por los demás, estuvieron dispuestos a probar el ejercicio durante dos semanas. Después de este tiempo, volvimos a reunirnos y algunos compartieron sus sensaciones sobre el efecto que había tenido incorporar «gracias» y «por favor» en la manera de tratarse. Por ejemplo, la madre comentó que se sentía más a gusto preparando la cena cada noche para los cuatro hijos, el marido y el suegro que vivía con ellos. Ella comentó: «Empezaron dándome las gracias haciendo chistes después de cada cena. Al principio a todos nos resultaba extraño, pero poco a poco, a medida que pasaban los días, nos fuimos acostumbrando a dar las gracias y he notado que efectivamente sí tiene un efecto positivo en uno cuando le agradecen el esfuerzo. Siempre pensé que mi obligación y mi labor como madre y ama de casa era entre otras cosas preparar la mesa y la cena, y aunque nadie me ha dado nunca las gracias, había veces que me sentía poco reconocida, sobre todo durante las fiestas navideñas y celebraciones familiares, donde me paso horas y horas preparando cosas para todos y nadie comentaba nada al terminar ni valoraban mis esfuerzos. Ahora, cuando me dan las gracias me siento bien, porque se reconocen mis esfuerzos y de hecho noto un cambio en mi manera de percibir futuros preparativos, y en vez de llevarme las manos a la cabeza y angustiarme por el estrés y las pocas ganas que tengo de que lleguen las fiestas por el trabajo que supone, empiezo a sentirme diferente. Incluso empiezo a pensar en cosas que puedo hacer en las siguientes comidas familiares con otro interés e ilusión».

Muchas personas piensan que en la sociedad actual se están perdiendo los modales básicos en las relaciones personales. A colación de este concepto, en una ocasión leí en una columna de la escritora Mónica Briançon Messinger un texto que me llamó la atención por la crítica que hacía sobre cómo estaba disminuyendo la importancia de agradecer y pedir por favor. Según su texto: «Las palabras que se pierden en el tiempo, también se pierden por la falta de uso y estas dos ("por favor" y "gracias") están cayendo en una marcada inutilidad porque no parece importante honrar al otro, es más, estamos a punto de darle un tiro de gracia al "por favor" y al agradecimiento para no parecer ser graciosos, agraciados y agradecidos, sino más bien por ser ariscos, sarcásticos e irónicos, siempre a la defensiva ante cualquier ataque, sea real o imaginario».

Dar las gracias y pedir las cosas por favor ayuda a fortalecer las relaciones personales y a estrechar los lazos. Es una forma de mostrar respeto por el tiempo, el esfuerzo, la consideración y el trabajo de otro. De hecho, las personas que utilizan estas dos palabras frecuentemente suelen tener mejor trato con las personas de su entorno. No sólo porque tener buenos modales ayuda a la interacción entre las personas, sino por el efecto positivo que tiene en las emociones del otro. Ensalzar positivamente la conducta reforzará dicha conducta. Por esta razón es importante que desde niños aprendamos

a reconocer los esfuerzos de los demás y a dar las gracias
cuando corresponda. Pero ¿y si estos valores no se han aprendido durante la infancia? Nunca es tarde para aprenderlos
y aplicarlos. A continuación se ofrecen algunas sugerencias
para introducirlo en la vida diaria:

1. Identifica con sinceridad si eres o no una persona agradecida y si
   sientes que los demás son agradecidos contigo. En el caso de querer
   mejorar debes tomar la decisión de cambiar tu actitud y tus formas.
   Evita el victimismo.

2. Piensa en positivo: reflexiona sobre las conductas positivas de las
   personas del entorno sin dar por hecho sus gestos amables.

3. Identifica los agradecimientos: Haz una lista de cosas por las
   que estás agradecido y a las personas a las que estás agradecido
   (amigos, familia, pareja, compañeros de trabajo o estudios, vecinos
   o desconocidos). Incluye favores y los pequeños gestos, nada debe
   pasar inadvertido. Recuerda los hechos con ejemplos.

4. Identifica aspectos de ti mismo que agradecer. Incluye salud, habilidades, talentos, aspectos físicos, intelectuales. Sé agradecido
   con tu cuerpo ya que es el que te lleva de un sitio a otro por la
   vida.

5. Practica la gratitud. Pon en activo la acción de dar las GRACIAS. Si
   no has dado las gracias a personas que te ayudaron o apoyaron en
   el pasado, hazlo. Nunca es tarde para agradecerle a alguien un
   gesto de ayuda, apoyo o compañía. Recuerda el acto, ponlo en palabras y da las gracias.

Dar por hecho: una navaja de doble filo

Dar por hecho es anticipar que algo o alguien van a cumplir las expectativas. Si esperamos que alguien cubra nuestras necesidades estamos dando por hecho que va a actuar de una determinada manera y, como resultado, nos sentimos tranquilos y confiados. Exista o no un compromiso con otra persona, cuando damos por hecho algo sólo nos centramos en la idea de que las cosas van a salir como esperamos que salgan, predecimos el resultado y, por lo tanto, la posibilidad de que no sea así no suele formar parte de la ecuación mental.

Dar por hecho es muy cómodo y produce sentimientos de tranquilidad, serenidad y confianza, de que podemos contar con que alguien nos ayudará y apoyará. Esto es positivo hasta cierto punto, pero como en todo en la vida es importante la moderación. Si siempre damos por hecho algo o a alguien, corremos el riesgo de no prepararnos ante los posibles problemas o fallos que puedan surgir, aunque éstos no sean intencionados, y podemos sentirnos defraudados o desilusionados. Por ejemplo, siempre damos por hecho que cuando volvemos a casa después de unos días de vacaciones, tendremos electricidad y agua, y que todo estará en orden tal y como lo dejamos cuando nos marchamos, y que podremos seguir nuestra vida como siempre al regresar. Pero quizás nos encontremos con la sorpresa de que una tubería se ha roto, o que se nos haya olvidado pagar la factura de la electricidad y no tengamos luz. También podemos dar por hecho que tendremos el trabajo esperándonos después del fin de semana, o que los cuidados y atenciones de nuestros amigos, familiares o de la pareja estarán siempre disponibles. Sin embargo, podemos llevarnos una gran sorpresa en el caso de que no sea así, que la pareja nos sea infiel y nos deje por otra persona, que los cuidados esperados de la familia no sean tales o que la comprensión y el apoyo de un amigo no estén presentes en un momento determinado. Independientemente de que tengamos buenas relaciones con las personas del entorno, de que exista un compromiso de amistad, confianza o respeto, el ser humano no es perfecto y puede no cumplir con las promesas ni con las expectativas, puede equivocarse, estar distraído o sencillamente puede cambiar los sentimientos.

«Mis hermanas piensan que tienen derecho a coger de mi armario cualquier cosa sin preguntarme» —me comentaba una joven en una sesión de terapia familiar. Cuando les pregunté a sus hermanas el porqué de esta conducta, respondieron: «¿Para qué preguntar si sabemos que va a decir que sí? Al final todas compartimos todo y no entendemos por qué es tan importante pedir permiso». A esto la joven contestó: «Es cierto que nos gusta compartir nuestras cosas entre nosotras, pero no me gusta que deis por hecho que voy a decir que sí, ya que quizás yo tenía pensado utilizar aquello que habéis cogido sin permiso y eso me indigna. Pienso que es una falta de respeto hacia mí y mi generosidad. Por lo tanto, a partir de ahora no quiero que sintáis que tenéis libertad para hurgar y remover todas mis cosas. Lo cerraré bajo llave porque no valoráis ni respetáis mi espacio». Esto produjo un conflicto importante entre las tres hermanas, ya que todas tuvieron que adaptarse a unas normas distintas, más exigentes y estrictas. Debieron aprender a respetarse y valorar los actos de generosidad entre ellas sin dar por hecho a las demás. La idea de evitar dar por hecho siempre no es vivir en la incertidumbre o pensar que no podemos contar con las personas, ni vivir con miedo a que podamos perder las cosas buenas que tenemos y por las que hemos luchado. La idea de no dar por hecho siempre es tener la capacidad de identificar las cosas buenas que sí tenemos, los gestos amables y generosos de los demás. Así pues, reconocer que para recibir hay que dar y agradecer lo recibido son claves esenciales en las relaciones interpersonales.

4

Los conflictos familiares

> Tener muchos conflictos es muy desgastante,
> pero no tener ninguno tampoco es bueno. En
> toda relación humana la presencia de conflic-
> tos es inevitable, y no sería deseable que no
> existieran. Cuando eso sucede, de algún modo
> significa que hay alguien que, para evitar el con-
> flicto, está silenciando sus opiniones o necesi-
> dades.
>
> NEVA MILICIC,
> *Educando a los hijos con inteligencia emocional*

LOS CONFLICTOS FAMILIARES Y LA CAPACIDAD
DE ADAPTARSE A LOS CAMBIOS

Todas las familias tienen conflictos. Por una u otra razón no es difícil encontrar motivos por los que unos pocos o varios familiares riñen entre sí. A veces es por dinero, derechos, te-rritorio/espacio, atención, expectativas no cumplidas, falta de afecto o consideración, pero en general las riñas familiares tienen que ver con algún tipo de cambio interno o externo.

Hay tantos motivos por los que pueden surgir tensiones en el entorno familiar, que es probable que todos tengamos más de una docena de anécdotas que contar sobre alguna trifulca ocurrida en el pasado. Quizás las razones por las que se discute son temas repetitivos que surgen una y otra vez y que permanecen irresueltos, pero en otras ocasiones están asociadas a nuevas circunstancias sin antecedentes, por lo tanto es posible que la novedad junto a la falta de experiencia lleve a que surjan conflictos mientras se busca resolver el problema. Algunas familias riñen más a menudo que otras, pero todas tienen su propio estilo y forma de discutir dependiendo de la personalidad de cada familiar, las razones por las que se discute y la capacidad de gestionar las emociones. Mientras que algunas personas se dirigen a sus familiares en un tono hostil, ofensivo o hablan gritándose unos a otros ante un conflicto, otras mantienen la calma, la distancia y el tono bajo control.

Las razones por las que surgen las disputas son muy diversas, pero a menudo están asociadas a problemas de adaptabilidad de uno o varios miembros del grupo respecto a algún cambio y si hay más o menos disfuncionalidad familiar. La adaptabilidad es la capacidad que tienen las familias de mantener el equilibrio emocional, la cohesión familiar y la flexibilidad frente a nuevas situaciones vitales. A continuación identifico algunos motivos comunes que provocan conflictos en el entorno familiar y retan la capacidad de adaptación:

MOTIVOS MÁS COMUNES QUE PROVOCAN CONFLICTOS FAMILIARES		
Nacimiento de un hijo	Emancipación de los hijos	Crisis de la pareja: separación/divorcio
Cambio de casa/mudanza	Cambio de ciudad/país	Cambio de nivel económico
Matrimonio/convivencia	Pérdida/cambio de trabajo	Cambio de horarios
Enfermedad de un familiar	Cambio de necesidades	Expectativas no cumplidas

Las familias pasan por diferentes momentos de cambio, por lo tanto es normal que experimenten desestabilización y que surjan crisis. La familia como unidad puede abordar las crisis aceptando la nueva situación, intentando evaluar las razones y los hechos para entender qué ha pasado o puede sencillamente resistirse al mismo. La actitud que se tome puede provocar conflictos y malestar entre los miembros o puede fortalecerlos, uniéndose para afrontar el reto. A pesar de la incomodidad emocional que pueden provocar algunos cambios, aunque sean positivos, también se pueden tratar como una oportunidad para crecer y madurar. Sin embargo, es importante destacar que dependiendo de la clase que sean podrá surgir también un tipo de crisis u otra, y se abordarán de distinta manera según se trate de una familia funcional o disfuncional. Las crisis familiares pueden ser básicamente de tres tipos:

- Crisis de desarrollo: producidas por acontecimientos que suponen un momento de transición.
- Crisis normativas: asociadas a fases del ciclo vital y familiar por las que pasan la mayoría de las familias (na-

cimiento de un hijo, la etapa de la adolescencia o al contraer matrimonio).

- Crisis no normativas: relacionadas con sucesos no previstos (fallecimiento, pérdida del trabajo o divorcio).

Las familias pueden ser más o menos flexibles, estrictas y controladoras. Las flexibles se caracterizan por ser más adaptativas, por llevar mejor los cambios y por ser más comprensivas frente a los retos que se presentan. En cambio, las familias que son rígidas y estrictas se adaptan con más dificultad a los cambios, incluso a aquellos que están asociados a las etapas naturales de desarrollo (infancia, adolescencia, edad adulta), ya que tienden a percibirlos como amenazas o como problemas graves. Como resultado sienten la necesidad de evitarlos, controlarlos en exceso o incluso detenerlos. La rigidez y la necesidad de controlar en exceso a menudo arrastran discusiones y enfrentamientos, ya que obstaculizan la fluidez de los mismos. Por ejemplo, es natural que llegada una edad, generalmente la edad adulta entre los veinte y los treinta años, las personas tiendan a buscar su independencia y quieran emanciparse de sus padres. En el caso de las familias rígidas y muy controladoras, los miembros del grupo dificultan este proceso. Incluso en ocasiones algunos obstaculizan esta posibilidad para evitar que el joven se independice. A veces los métodos utilizados pueden ser tan perjudiciales que como consecuencia la dinámica familiar se trunca y se convierte en una familia disfuncional. Como señalan los estudios de Olson, especialista en el ámbito de las dinámicas familiares: «La cohesión es definida como la ligazón emocional que tienen los miembros de la familia entre sí y el grado de autonomía individual que experimenta cada uno dentro del sistema familiar. La adaptabilidad se refiere a la capacidad que tiene el sistema para cambiar su estructura de poder, sus reglas y roles en respuesta a factores estresantes situacionales o debidos al desarrollo».

LAS FAMILIAS FUNCIONALES Y DISFUNCIONALES

Las familias se pueden definir como familias funcionales o disfuncionales dependiendo de si existe una interacción saludable o no saludable entre sus miembros. Los factores que determinan si la interacción es o no saludable son los siguientes:

1. La forma en que se utiliza el poder.
2. La existencia de una coalición estable y cohesionada entre los miembros de la familia.
3. La capacidad para resolver los conflictos y para negociar respetando los puntos de vista diferentes.
4. El nivel de autonomía e independencia de cada uno de los miembros.
5. Si existe o no una comunicación entre los miembros del grupo.

Las familias funcionales se caracterizan por tener una interacción positiva y constructiva entre sus miembros. Son familias abiertas, flexibles y empáticas donde existe un grado positivo de confianza entre unos y otros. De igual modo, en la familia funcional se fomenta el buen desarrollo de la autoestima respetando las diferencias individuales. Durante los conflictos no se insultan o humillan unos a otros, no se ataca la dignidad y la integridad. Sin embargo, las familias disfuncionales suelen mostrarse distantes, hostiles entre ellos y a menudo están a la defensiva. Asimismo, se caracterizan por no proteger ni estimular el desarrollo de la autoestima, uno de los pilares fundamentales para que exista una buena competencia social. Las familias disfuncionales tienden a insultar, humillar y someter ante un conflicto. El objetivo es ganar la discusión, más que resolver.

Tener la capacidad de mantener un equilibrio entre la estabilidad emocional y el estrés que surge a raíz de los conflictos familiares requiere templanza y una buena dosis de autocontrol. No es siempre fácil manejar los conflictos familiares, ya que no pocas veces algún miembro de la familia utiliza palabras hirientes o incluso usa como escudo las vulnerabilidades de la persona con la que está discutiendo para protegerse o para contraatacar. «Cuando discuto con mis hermanos es muy traumático, ya que todos, incluido yo, utilizamos la información que ha sido compartida en un momento de confidencias y amistad para atacar o para protegerse. Por ejemplo, el otro día discutí con mi hermana y me dijo, sin yo esperarlo, que no le extrañaba que estuviera a punto de separarme de mi mujer cuando yo era un ser egoísta y despreciable. Utilizó como arma una información muy sensible sobre mi situación de pareja para atacarme y expresar su ira hacia mí. Esto me dolió profundamente, mucho más que si hubiera dicho cualquier otra cosa. Sentí que me había traicionado y utilizado de manera perversa una información que compartí con ella confidencialmente para herirme. Esto me llevó a perder la confianza en ella y a no querer compartir temas personales en el futuro. Me distancié y ahora evito pasar mucho tiempo con ella. Aún estoy dolido.» Utilizar una información privilegiada para argumentar y defender un punto de vista determinado es un método que se utiliza muy a menudo durante los conflictos familiares. Este acto puede llegar a ser muy destructivo, ya que no sólo rompe los vínculos de confianza, sino que distorsiona las razones del conflicto y dificulta su resolución. Ante una discusión es importante evitar mezclar temas y centrarse sólo y exclusivamente en el tema del conflicto.

Para la mayoría de las personas los conflictos familiares son muy desagradables. Unos lo llevan mejor que otros, tienen mecanismos de defensa diferentes que les ayudan a afrontar o superar un enfrentamiento. Sin embargo, cabe señalar que hay personas que ante una discusión o conflicto no tienen límites en utilizar cualquier arma para atacar, contraatacar o para defenderse. A veces utilizan comentarios sarcásticos, irónicos o burlas, y en otras ocasiones utilizan los insultos, la agresividad verbal o la humillación. Independientemente del modo que tengan de dirigirse a su adversario, la base de la mayoría de los conflictos son las luchas de poder y estar en posesión de la razón.

EL PAPEL DEL PODER EN LAS RELACIONES FAMILIARES

La edad, la raza, el ser hombre o mujer, la fuerza física o mental, los contactos y relaciones influyentes y el poder adquisitivo son algunas de las características esenciales que diferencian a las personas y que a veces son motivos de luchas de poder. La búsqueda de poder es una parte intrínseca del ser humano, ya que representa tener control o ser controlado. El poder se ejerce desde los ámbitos más amplios e inimaginables de la sociedad, hasta en el más íntimo de la convivencia familiar. En el terreno de la psicología social existen numerosas teorías y modelos sobre el poder, pero básicamente tener poder sobre una o varias personas significa tener la capacidad de influir, dirigir o manipular a otros. El acto de ejercer poder tiene básicamente dos dimensiones:

1. La intensidad: depende de la fuerza y la credibilidad del mensaje transmitido, así como del lugar y el papel que ocupa la persona que ejerce el poder.
2. La inmediatez: la capacidad que tiene la persona con poder para ejercer con más o menos rapidez su voluntad. Esto a menudo depende de la cercanía física y las condiciones e influencias que tiene en otros para poder ejercer su voluntad.

Todos buscamos tener poder sobre nuestras decisiones, nuestros actos y deseos. Esto forma parte de la naturaleza humana. Sin embargo, hay personas que tienen una especial necesidad de controlar y de sentirse «poderosos». Estas personas desean influir excesivamente en los demás y están muy motivadas para realizar determinadas conductas para satisfacer su necesidad. Su comportamiento puede ser de dos formas: constructivo y sincero, haciendo sugerencias o negociando de manera que todas las partes tengan la oportunidad de exponer sus ideas y de salir más o menos beneficiados, o puede ser destructivo y perverso a través de manipulaciones sigilosas, engaños y fomentando el miedo.

Las características más habituales en las relaciones de poder son las siguientes:

1. Desigualdad: existe algún tipo de desigualdad entre el que ejerce el poder y el subordinado. Por ejemplo, una madre y su hijo están en desigualdad de condiciones, ella es un adulto mientras que el hijo es un niño.
2. Autoridad: el que ejerce el poder tiene un margen de maniobra (recompensa o castigo) sobre el subordinado. Por ejemplo, la madre como adulta tiene más recursos y habilidades que su hijo, que aún está desarrollándose. Le puede castigar o premiar.
3. Dependencia: existe un vínculo de dependencia del subordinado hacia el poderoso. Por ejemplo, el niño depende de su madre para que le proteja, le cuide y le dé de comer.
4. Causalidad: en las relaciones de poder el que ejerce el poder causa o provoca una respuesta o acción determinada en el subordinado que sin su influencia supuestamente no hubiera existido. Por ejemplo, una madre le enseña al hijo a coger los cubiertos para evitar que coma con las manos.

Como hemos visto, las relaciones de poder se pueden encontrar en todas las áreas, desde las más amplias, como las luchas sociales, políticas y económicas entre países, hasta en los entornos más pequeños, como es la intimidad del hogar. Las luchas de poder básicamente consisten en la fuerza empleada entre dos o más personas que dirigen sus fuerzas en direcciones opuestas. En el entorno familiar son muy frecuentes entre hermanos, padres, entre padres e hijos o con algún miembro de la familia extensa y política. Las luchas de poderes son muy comunes, por lo tanto aprender a identificarlas ayudará a saber qué hacer ante ellas y cómo afrontarlas.

En una ocasión, mientras trabajaba con un matrimonio y padres de cinco hijos sobre las dinámicas de poder en la relación de pareja, la mujer comentó: «Cuando me enfado con mi marido le castigo sin tener relaciones sexuales o incluso le mando a dormir a la habitación de invitados, para que así aprenda a respetarme y valorarme». Cuando le pregunté si su marido también la castigaba, ella respondió: «Pues sí, también lo hace con sus silencios, llegando tarde a casa o al no darme dinero para ocuparme de cosas de la casa». Cuando le pregunté a ambos si sentían que con estas acciones y castigos conseguían lo que realmente querían, los dos respondieron que no. Comentaron que lo único que sentían era frustración y desasosiego, porque realmente no solucionaban nada con estas reacciones y castigándose mutuamente. Sólo alargaban el conflicto. «Parte de nuestro problema es que dejamos de hablarnos durante días y esto sólo empeora las cosas —comentaba el marido—. La verdad es que hay momentos en que no me apetece hablar porque estoy enfadado, pero es cierto que al final no nos ayuda a ninguno de los dos entrar en esta lucha de poder. Necesitamos una forma más práctica y más sana para resolver los conflictos, porque entrar en estas guerras no nos ayuda en ningún sentido. Sólo nos desgastan y deterioran la relación. Nos aleja el uno del otro.»

Las razones que nos llevan a tener luchas de poderes pueden ser muy diversas, pero en general suelen estar asociadas a buscar tener razón en alguna cosa y estar en posesión de la verdad: «Tengo razón y tú estás equivocado». Asimismo, se busca llevar a cabo una acción de una determinada manera: «Tenemos que hacer las cosas de esta forma», y a querer hacer lo que uno desea: «Yo quiero irme de vacaciones a...». Y finalmente se busca adquirir o proteger un territorio determinado: «Esto es mío y no puedes cogerlo cuando quieras». Las luchas de poder tienen mucho que ver con los sentimientos y la necesidad de ser reconocidos y considerados. «Necesito que reconozca que se ha equivocado y que yo tengo razón» —me comentaba una mujer sobre una discusión que había tenido con su marido—. Él no entiende lo que significa para mí que reconozca su error. Es tan orgulloso y arrogante que siempre espera de los demás que se disculpen, que le den la razón, pero cuando es él quien se equivoca es incapaz de reconocerlo. Siempre quiere sentir que tiene el poder, por lo tanto reconocer que se ha equivocado o incluso pedir perdón es para él una humillación y una debilidad.» En este caso es evidente que tanto para la mujer como para el hombre es importante sentir que el otro renuncia a tener la razón y que se reconoce la victoria. El sentimiento de haber ganado es donde reside el objeto de la lucha. Si prestamos atención, al final podemos detectar que ante estas situaciones es la necesidad de ser comprendido, querido y especial para otros lo que subyace bajo las luchas de poderes.

El poder de ser el favorito

En todas las relaciones personales y familiares se pueden encontrar a personas que tienen vínculos muy especiales. La relación se caracteriza por tener un alto nivel de complicidad, entendimiento y empatía. Independientemente del cariño y del afecto, hay personas con las que conectamos mejor que con otras; existe una química especial. Este sentimiento a menudo lleva a que las personas categoricen a las personas de su entorno. En el caso de la familia, puede que uno se lleve mejor con un hermano que con otro, que tenga una conexión más especial con un padre que con otro, haciendo de éstos el familiar favorito.

En las relaciones familiares en general es fácil encontrar acciones o respuestas basadas en favoritismos donde un padre puede tener un hijo favorito o un hijo tener un padre favorito. La clasificación y la predilección de una persona sobre otra surgen a partir de nuestro instinto de conexión. Damos prioridad a lo que nos gusta más y lo que nos gusta menos pasa a un segundo lugar. A diario hacemos elecciones entre lo que queremos tener más cerca y más lejos en nuestra vida; buscamos conectar con aquello que es más importante para nosotros, mientras que a lo menos importante no le dedicamos tanta energía y atención. La posición que ocupamos en nuestra familia define a gran escala el tipo de relación que construimos con cada uno de los miembros. No nos relacionamos de la misma forma con personas con quienes tenemos cosas afines que con las que no tenemos nada en común. Por lo tanto es muy típico que surjan favoritismos y preferencias. Sin embargo, en algunos casos esto se manifiesta a niveles muy extremos, provocando envidias y celos entre los miembros del grupo al percibirse la parcialidad en el trato y las decisiones.

Según la Real Academia Española, el término favoritismo se define como «la preferencia dada al favor sobre el mérito o la equidad, especialmente cuando aquella es habitual o predominante». Es decir, la preferencia por alguien o algo en especial en las situaciones de concesiones de favores o beneficios que dependen de cercanía, sangre o amiguismo. A menudo el favoritismo es utilizado como un arma de poder y de control. No olvidemos que el que toma la decisión generalmente tiene la autoridad y el poder para ello. Aquellas personas que tienen una figura de autoridad, sean padres o jefes, deben prestar especial atención a cómo manejan los favoritismos, ya que pueden causar conflictos, resentimiento y envidia entre los hijos o los empleados. Como se puede percibir en el ejemplo bíblico, en el que Dios tenía un claro favoritismo hacia Abel. Como resultado despertó en Caín sentimientos de rabia, celos y envidia llevándole a matar a su hermano. Algunas personas piensan que fue Dios el responsable de que aquello sucediera; otras, que fue Caín quien se dejó llevar por sus celos y envidia. Sin embargo, hay otras personas que sostienen que Abel fue un ser egoísta que se aprovechó de dicho favoritismo ignorando los sentimientos de su hermano. Lo cierto es que los favoritismos existen y existirán siempre. Sin embargo, éstos pueden provocar no sólo sentimientos intensos de celos, envidia y rabia, incluso pueden llevar a que las personas respondan con un alto nivel de agresividad.

EL PODER COMO SUSTITUTO DEL AMOR

Venimos a este mundo buscando amor, sentirnos conectados, sentir que somos dueños de nuestras decisiones y nuestra vida. Lo saludable es que exista un equilibrio entre un alto porcentaje de amor y afecto y el sentimiento de control. Lo cierto es que nadie, por lo general, siente que tiene siempre un cien por cien de amor ni un cien por cien de control sobre sus circunstancias vitales. Es más, si hiciéramos una encuesta, es probable que la gran mayoría de las personas pudieran identificar momentos de su vida en las que se sintieron ignoradas, rechazadas, faltas de control y de poder. No obstante, el haber tenido estas vivencias no quiere decir que en términos generales sean personas que se definan como individuos indefensos o no queridos. Sin embargo, cabe destacar que hay personas que por determinadas circunstancias no han recibido afecto, o si había algo de cariño, era una excepción o algo muy circunstancial. En estos casos, cuando el cariño y la conexión emocional son escasos, sobre todo durante la niñez, el ser humano tiende a centrar su energía en tener control y poder para compensar esa falta de afecto.

Sentir poder es fundamental, ya que aporta una sensación de control sobre la propia vida. Por esta razón, las personas que no se sienten queridas o apreciadas buscan conseguir una versión distorsionada del afecto en forma de poder. Como señala Jean Shinoda Bolen en su obra *El anillo del poder*: «Cuando vemos que no somos amados, o lo somos solamente por lo que hacemos o poseemos, el poder se convierte de alguna forma en sustituto, siendo el medio por el cual buscamos la aceptación y seguridad que el amor facilita gratuitamente. Por tanto, hacemos que se note nuestra presencia, que se nos necesite, que seamos indispensables o podamos mandar». Es frecuente que aquellos que estén faltos de cariño y amor centren sus energías en obtener poder para sentirse seguros, en controlar o tener reconocimiento de otros.

La falta de cariño puede provocar que la necesidad de tener poder se convierta en una obsesión. No obstante, debe quedar claro que estas personas no son necesariamente seres perversos. Que busquen tener control y un cierto poder sobre su vida y su entorno surge a raíz de la necesidad de sentirse de alguna forma conectados con los demás. De manera que independientemente de la búsqueda del cariño, también debemos tener en cuenta los métodos, los medios y las formas que utilizan para conseguir el poder. Uno puede encontrar a personas que buscan tener poder a través de la generosidad. Por ejemplo, están aquellas que se dedican a ayudar a los demás, a construir algo útil que mejore las circunstancias de otras personas. Por lo tanto, esta búsqueda de poder puede emplearse positivamente: dan para recibir. Sin embargo, también existe lo contrario. Hay personas que sí tienen tendencias perversas o narcisistas que emplean métodos rígidos, autoritarios e incluso destructivos para obtener poder. Sus formas se centran en controlar a los demás para convertirlos en seres sumisos. Estas personas se caracterizan por utilizar técnicas emocional y psicológicamente devastadoras para subyugar. Consecuentemente, debe quedar claro que la búsqueda de poder ante la falta de afecto puede estar destinada a llevar a cabo actos constructivos o destructivos.

De acuerdo con Shinoda Bolen, el ser humano llega al mundo en busca de afecto cuando en realidad el mundo gira en torno al poder, y concluye que las personas nos enfrentamos en algún momento de la vida, generalmente cuando somos jóvenes, a un gran dilema que afectará al resto de nuestra vida: elegir entre uno u otro. Es decir, en un momento determinado nos encontramos consciente o inconscientemente decidiendo si acogeremos el poder o el amor como primicia en nuestra vida. Esta decisión no tiene por qué ser radical, ya que como seres humanos tenemos la capacidad de ser multi-funcionales y hacer varias cosas a la vez. Pero sí es cierto que, a partir de esta elección, tenderemos a inclinarnos más hacia un lado que hacia otro. Como resultado, a lo largo de nuestra vida tomaremos una serie de decisiones que nos afectarán al completo en base a que nos centremos en el amor o en el poder. Esto puede afectar, por ejemplo, dónde viviremos, el tipo de relaciones que tendremos, en qué trabajaremos, cuánto dinero ganaremos, qué pareja elegiremos o qué valores y principios decidiremos seguir. Es decir, dependiendo de qué adoptemos, si el poder o el amor como principio de vida, se determinará cómo viviremos, con quién y de qué manera. A partir de esta decisión aceptaremos o rechazaremos a personas, actitudes, comportamientos y pensamientos.

EL SENTIMIENTO DE RECHAZO: CAUSAS Y EFECTOS

Rechazar significa no aceptar, admitir, consentir o reconocer algo o a alguien. Cuando rechazamos apartamos lo no elegido, lo alejamos. Cuando elegimos algo determinado, a la vez estamos rechazando otra cosa; forma parte de priorizar nuestras necesidades y preferencias. Rechazar es una parte inevitable de la vida y de las relaciones interpersonales. Todos hemos rechazado o sido rechazados en algún momento de nuestra vida por diferentes motivos. Dependiendo de nuestra forma de ser, de nuestros gustos, predilecciones y favoritismos, tomaremos nuestras decisiones. Y durante este proceso elegiremos unas cosas y otras no.

El ser humano tiende a formar parte de un grupo social, y durante el proceso de integrarse en un grupo o sistema, pueden surgir sentimientos de rechazo, tanto de los demás como de uno mismo. Existen numerosas razones por las que una persona puede sentir o no rechazo de otra. Algunas incluyen:

Raza, sexo, edad, religión, nacionalidad, gustos, imagen y características físicas, hábitos, costumbres, conductas específicas, ideología, condición política, situación económica y estatus social, estado civil, belleza, habilidades, inteligencia, recursos, familia, forma de vestir, forma de hablar, tono de voz, por formar parte de un grupo específico o por asociarse a una persona determinada...

El rechazo puede ser activo, a través de palabras descalificativas o de la ridiculización, o puede ser pasivo, como sucede cuando se ignora al rechazado. Del mismo modo este acto puede ir en diferentes direcciones: podemos ser los excluidos o podemos ser los que excluyen a otros. Pero independientemente de a quién vaya dirigido el desaire, por regla general el desairado experimenta sentimientos de malestar y dolor. Este dolor puede durar un instante o puede convertirse en un sentimiento crónico dependiendo de la personalidad, de quién es la persona que efectúa el rechazo y del modo en que se realiza. Por ejemplo, para un niño no es lo mismo ser rechazado un día por un familiar lejano al que no trata a menudo, que serlo cada día por sus hermanos o padres.

La persona rechazada puede experimentar el rechazo como algo momentáneo o puede afectarle profundamente durante el resto de su vida. «Cuando era niña mis hermanos me rechazaban constantemente. Me hacían comentarios despreciativos muy desagradables. Crecí en una casa donde el sentimiento de desprecio era permanente —me comentaba una mujer sobre el efecto emocional que tuvo haber sido menospreciada por sus hermanos durante años—. Ahora que tengo 36 años, soy una mujer que ha logrado sus objetivos profesionales y personales, he conseguido un trabajo en una de las mejores empresas a nivel internacional, tengo un buen salario y una pareja con la que me siento feliz y dos hijos preciosos. Pero siento que haber sido rechazada durante tantos años y de forma tan constante me ha dañado la autoestima. En ocasiones dudo de mí misma sin necesidad. Es como si de pronto escuchara las palabras y las burlas de mis hermanos sobre mi físico o sobre cualquier cosa respecto a mi manera de ser, que de pronto me produce un profundo sentimiento de inseguridad. Esto me irrita y me hace daño, porque soy consciente de que son sentimientos de mi pasado, que mi presente no es ese. Es más, mis hermanos ahora están en unas circunstancias mucho peores que las mías. Incluso en alguna ocasión me han pedido ayuda económica. Ahora hacen comentarios positivos sobre mi persona. Sin embargo, pienso que después de tantos años de sentirme rechazada, hay una parte de mí que no les ha perdonado y resiente el daño que me han hecho. Les ayudo y tenemos en general una buena relación, pero percibo en mí un sentimiento de distanciamiento. He pensado en hablarlo con ellos, pero me da vergüenza comentarlo. Es algo que no he hablado con nadie, pero siento que lo llevo conmigo cada día.»

Como comentaba, todos nos hemos sentido rechazados o

no queridos en alguna ocasión. Pero para algunas personas, como es el caso de la mujer del ejemplo anterior, que han tenido estos sentimientos de manera frecuente, en especial en la época de la niñez, se convierten en sentimientos vergonzosos. Como resultado es común que repriman sus sentimientos y los transformen en algo que deben ocultar, como un «secreto». Por ejemplo, cuando un padre o una madre no muestra afecto a su hijo y le rechaza continuamente, a menudo el hijo llega a la conclusión de que el padre/madre no le quiere porque no es un ser «querible» y no merece recibir afecto. Los hijos no suelen cuestionar la conducta de los padres, sobre todo cuando son niños, por lo tanto automáticamente concluyen que son ellos mismos los causantes de este rechazo. Este pensamiento provoca emociones tan devastadoras, llenas de inseguridad, miedo y vergüenza que a menudo la víctima se identifica con estos sentimientos y transforma el dolor en odio hacia sí misma. Este autorrechazo permanecerá en lo más profundo de su mente y afectará de forma consciente e inconsciente a sus decisiones, comportamientos, pensamientos y emociones.

Numerosos estudios de investigación han determinado que el sentimiento de ser rechazado a menudo provoca en el cerebro la misma reacción que el dolor físico. Por lo tanto, cuando uno siente tristeza al ser rechazado o abandonado, a veces el cuerpo responde a este acto con dolor. Por ejemplo, ante el abandono de la pareja a menudo se describe el sufrimiento así: «Me duele tanto que me hayan abandonado que me duele todo el cuerpo». Las personas que han sufrido algún tipo de acoso en la familia, en el trabajo o en la escuela a menudo expresan su dolor emocional como algo que pueden sentir físicamente. Como me comentaba un paciente en una ocasión: «Cada vez que voy a visitar a mi familia política siento que mi cuerpo enferma, ya que no hay vez que vaya a visitarles, aun siendo acompañado por mi pareja, que no sea víctima de ataques constantes. Cada vez que salgo de esa casa siento como si me hubieran dado una paliza, me duele el cuerpo entero. Los desprecios y los insultos me dejan emocional y físicamente destrozado. Ir a ver a mis suegros y cuñados es definitivamente malo para mi salud».

El acto del rechazo está muy asociado a la palabra «no». Por ejemplo, algunos mensajes habituales que lo expresan son: «Tú no puedes...», «No quiero/queremos que tú nos acompañes...», «No eres lo suficientemente...». Cuando se rechaza, se identifica en una persona o un grupo de personas alguna característica o cualidad que no cumple unas expectativas determinadas, y por lo tanto se excluye. Sin embargo, esto no quiere decir que cada vez que no se cuente con uno para realizar una actividad estemos siendo rechazados, o que cada vez que alguien nos diga que no pueden hacernos un favor es porque nos desprecie. A veces uno puede ser excluido de un plan determinado por razones que no tienen que ver con el desprecio o la discriminación. No obstante, la mayoría de las personas son sensibles a estas situaciones y en muchos casos lo viven como tal y comentan: «Que no cuenten conmigo me hace sentir que me han rechazado, sea justificado o no. Cualquier tipo de exclusión me provoca sentimientos de tristeza, ansiedad y estrés».

El sentimiento de rechazo también tiene un elemento de subjetividad e interpretación. Uno puede interpretar que está siendo rechazado cuando en realidad no es así. Hay personas que a menudo se sienten rechazadas y otras que casi nunca se sienten así. La forma en que cada uno se percibe a sí mismo en un contexto determinado influirá directamente en este sentimiento. Las personas que no tienen una buena percepción de sí mismas y tienen una baja autoestima suelen sentirse rechazadas más a menudo que aquellas que sí tienen una buena valoración de sí mismas. Estas últimas generalmente suelen interpretar las situaciones en las que no han sido elegidas como algo circunstancial, no se lo toman a nivel personal y tienden a relativizar.

Cuando nos sentimos rechazados podemos experimentar diferentes emociones adversas como miedo, ansiedad, sensación de ridículo, inseguridad, baja autoestima, enfado, ira, autodesprecio, soledad, rechazo hacia los que le rechazan, aumentando en ocasiones la sensibilidad y susceptibilidad en futuras relaciones o incluso a la hora de desarrollar habilidades sociales. A pesar de la necesidad que tiene el ser humano de interactuar y construir afiliaciones, cuando el rechazo es constante y traumático, el rechazado crea mecanismos de defensa para protegerse de posibles rechazos futuros. Para ello a menudo mantiene la distancia y se convence a sí mismo de que no merece la pena abrirse a los demás, ya que el resultado será catastrófico. A veces se convierten en personas suspicaces y desconfiadas, y son recelosas de construir vínculos cercanos.

RUPTURA FAMILIAR: DOLOR Y DUELO

Como hemos visto, existen numerosas razones por las que pueden surgir conflictos familiares. Estos conflictos pueden resolverse o no, y pueden ser motivo de ruptura o no. Pero de lo que no cabe duda es que todos, en mayor o menor grado, tienen un efecto en las relaciones entre los miembros y en la dinámica familiar. Estos efectos a veces pueden ser superables, pero en otras ocasiones no lo son, lo que puede resultar en la ruptura familiar. Una familia puede romperse por diferentes razones, y en términos generales, cuando pensamos en este concepto, lo primero que nos viene a la cabeza es la ruptura de pareja. Sin embargo, cabe señalar que la separación de la pareja no es el único motivo de una ruptura familiar. Una familia también puede romperse después de fallecer alguno de sus miembros, cuando los hijos se independizan y se marchan del hogar familiar o cuando surge un desacuerdo o unos conflictos tan graves que se convierten en diferencias irreconciliables.

Independientemente del motivo de la ruptura familiar, esto representa el final de una etapa y el comienzo de otra. Cuando hay una ruptura cambian tanto los vínculos afectivos como la forma de relacionarse. Los lazos de unión entre las personas se transforman, y en ese proceso a menudo surge una sensación de vacío, dejando una huella de dolor en la memoria emocional. Separarse y romper significa decir adiós, pasar página y cerrar una historia para vivir el duelo y el dolor. Este proceso de superación requiere tiempo, reflexión y amabilidad, pero sobre todo paciencia. La reflexión es clave para comprender qué ha pasado, cómo se ha llegado a la decisión de romper. La amabilidad aporta generosidad y empatía, tanto de las personas del entorno como de uno mismo.

A menudo las personas que están superando una ruptura se olvidan de ser amables consigo mismos, se fustigan y martirizan, no se permiten ni un momento de descanso ni unas palabras de consuelo. El sentimiento de fracaso y de culpa les mantiene en un estado de ataque constante hacia sí mismos, asfixiándose en la desesperación. Como si de ahogadillas se tratara, se encuentran tragando agua sin cesar con sabor a frustración, desilusión y amargura. Por lo tanto, el papel de la comprensión y la amabilidad son esenciales en la superación de cualquier proceso de duelo. Pero finalmente, dado que cualquier ruptura familiar lleva tiempo, necesitamos aplicar una de las mayores virtudes del ser humano: la paciencia. Habrá días mejores que otros durante el duelo, pero la paciencia será, junto a la reflexión y la amabilidad, uno de los mejores aliados durante el proceso de superación.

Para sobreponerse al dolor de la pérdida necesitamos comprender lo sucedido, preguntarnos qué pasó y cómo llegamos a la ruptura. Identificar y entender la secuencia de los acontecimientos que resultó en el final de una relación nos ayudará a aceptar lo sucedido. La aceptación nos facilitará el proceso de adaptación, así como nos ayudará a vencer los sentimientos de tristeza, rabia y melancolía. Aceptar la ruptura es aceptar la pérdida, y ello nos lleva a procesar la consternación y el sentimiento de desconcierto, hasta procesar las diferentes etapas del duelo. Cabe señalar que cada persona afronta el dolor a su manera y pasa por sus propias etapas de superación. A algunas les ayuda hablar de ello, desahogarse y compartir sus emociones, mientras que otras prefieren vivirlo en privado. Algunos se encierran en sí mismos mientras otros no, pues necesitan hacer a los demás partícipes de su dolor. Lo cierto es que no hay una forma correcta o incorrecta de superar el dolor, siempre que no se lleven a cabo conductas autodestructivas, pero las investigaciones han demostrado que hablar de lo sucedido con otras personas, aunque sea solo una, ayuda al proceso de superación. De acuerdo con Neimeyer, autor de *Aprender de la pérdida*, durante el proceso de superación de un duelo conviene prestar atención a determinados síntomas, ya que pueden indicar la necesidad de pedir ayuda profesional. Éstos se pueden ver reflejados a continuación:

1. Intensos sentimientos de culpa, provocados por cosas diferentes a las que hizo o dejó de hacer en el momento de la pérdida.
2. Pensamientos de suicidio.
3. Desesperación extrema, la sensación de que por mucho que lo intente, nunca va a poder recuperar una vida que merezca la pena vivir.
4. Inquietud o depresión prolongada, la sensación de estar «atrapado» o «ralentizado» mantenida a lo largo de períodos de varios meses.
5. Síntomas físicos, como la sensación de tener un cuchillo clavado en el pecho o una pérdida sustancial de peso, que puedan representar una amenaza para su bienestar físico.
6. Ira incontrolada, que hace que sus amigos y seres queridos se distancien o que le lleva a «planear la venganza» de su pérdida.
7. Dificultades continuadas de funcionamiento que se ponen de manifiesto en su incapacidad para conservar su trabajo o realizar tareas domésticas necesarias para la vida cotidiana.
8. Abuso de sustancias, confiando demasiado en las drogas o el alcohol para desterrar el dolor de la pérdida.

Neimeyer, R., *Aprender de la pérdida*, Barcelona, Paidós, 2007, p. 47.

Cerrar una etapa de la vida y empezar una nueva después de haber vivido una ruptura familiar no es una labor fácil. No obstante, ello también supone dejar el sufrimiento en el pasado. Empezar de nuevo abre las puertas a una nueva vida, a la posibilidad de reencontrar, y en algunos casos a descubrir por primera vez la serenidad y la felicidad. Empezar una nueva etapa de la vida nos ofrece una oportunidad para reinventarnos y recuperar aspectos de nosotros mismos que se perdieron en el sentimiento de desazón y de sufrimiento. Nos ofrece la posibilidad de rehacer nuestra vida y de tomar un camino diferente. Es cierto que a veces los cambios que supone una ruptura o separación nos vienen impuestos, pero en otras ocasiones somos nosotros quienes la provocamos. Sin embargo, independientemente de cómo se nos presenten, uno siempre puede afrontarlos con entereza, destreza y templanza, así como uno puede decidir qué actitud quiere tener durante el proceso de superación hasta lograr la recuperación y estabilidad emocional.

5

Relaciones familiares tóxicas

> Los monstruos, las brujas, las madrastras y los vampiros existen. Nos rodean a diario; se encuentran en nuestra familia, entre los amores que vivimos, en la oficina, al final de cada calle. Lo que ocurre es que ya no los llamamos así: preferimos hablar de manipuladores, de psicópatas, de familias disfuncionales o incluso de traumas o complejos. Ya no se encuentran en los bosques, o en los cementerios, o en las cámaras ocultas de siniestros castillos...
>
> ESPIDO FREIRE,
> *Los malos del cuento.*
> *Cómo sobrevivir entre personas tóxicas*

LA TOXICIDAD EN LAS RELACIONES FAMILIARES:
¿QUÉ ES, QUIÉNES SON Y QUÉ HACEN?

Cada persona tiene una forma de ser, unas prioridades, necesidades y objetivos en la vida que está influido por los genes, las experiencias vitales y lo aprendido en el entorno familiar. Para muchas personas la familia es el lugar donde se recibe y se da protección y seguridad. Es el lugar donde se obtiene y se ofrece cariño, apoyo y amor. En definitiva, donde se cimientan y se construyen profundos vínculos de afecto. Frases como «con la familia siempre se puede contar», «sin familia la vida no tiene sentido», «no somos nada sin familia» son un ejemplo de creencias y sentimientos que muchas personas tienen cuando piensan en el concepto de familia. Estas personas se caracterizan por tener sentimientos positivos hacia el concepto de la familia a raíz de sus experiencias personales. Perciben de forma positiva a su familia como un pilar fundamental de su vida que le transmite seguridad, fortaleza y cariño. Sin embargo, esta idea no es del todo real ni muy cierta para otras personas. Sobre todo para aquellas que no han tenido una buena experiencia durante la convivencia familiar o las que han crecido en una familia disfuncional. En palabras de Gelles y Straus: «La familia (cuando es tóxica) es la institución más violenta de nuestra sociedad, con excepción del ejército en tiempos de guerra». En psicología se entiende como tóxico aquello que daña, perjudica o envenena la salud, la estabilidad emocional y el bienestar de una persona.

A menudo me encuentro con hombres y mujeres que me comentan sobre algún familiar (padre, madre, hermano...) que ha sido, y es, un motivo constante de dolor y sufrimiento. Las describen como personas dañinas que las han tratado mal durante años afectando su visión de las relaciones personales de forma muy negativa. Tienen dificultad para compartir y confiar en otros. En algunos casos más extremos, hay quien me ha llegado a decir que el familiar en cuestión ha sido el motivo de querer dejar de vivir al convertirse en objeto de continuas humillaciones y ataques verbales durante la convivencia familiar. Comentan que se han convertido en sus esclavos emocionales y en las víctimas de manipulaciones perversas hasta perder su sentido crítico, aquel que les ayuda a diferenciar entre el bien y el mal. Explican que han sido bombardeados con tantas críticas, despreciados y abandonados de la manera más despiadada posible, que incluso les ha llevado a considerar el suicidio como única solución para paliar su dolor y sufrimiento. Sin embargo, dado que estos casos son los más extremos y los menos habituales, para facilitar la lectura de este capítulo me centraré exclusivamente en los aspectos más comunes de las relaciones tóxicas.

A partir de la idea de que todos podemos ser en alguna ocasión la fuente de sentimientos de malestar en otras personas, debemos ser conscientes y reconocer que en ocasiones podemos llegar a ser seres tóxicos para otros. No olvidemos que todos tenemos la capacidad para ser desagradables y ofensivos de forma consciente o inconsciente. Especialmente cuando nos sentimos amenazados, insultados o agredidos. Nuestro instinto natural como seres vivos es protegernos siempre que sea necesario para sobrevivir. Sean las amenazas reales o imaginarias, nuestra reacción será siempre defendernos de una forma u otra. Pero para defendernos necesitamos saber identificar la fuente de malestar. Como veremos durante la lectura de este capítulo, a veces uno puede detectar con claridad la fuente de malestar, pero en otras ocasiones es difícil de localizar. De igual modo, también necesitamos saber distinguir entre los momentos desagradables que surgen a raíz de una disputa con una persona a la que se aprecia y con la que en general se tiene una buena relación, y las sensaciones desagradables que pueden surgir con aquella con la que no existe y nunca ha habido una relación afectuosa y positiva.

Es muy probable que todos podamos identificar a un familiar, tanto del núcleo como de la familia extensa o política, que nos haya despertado sentimientos de inseguridad y desprotección. A veces los hechos son no intencionados y otras veces los interpretamos de forma que nos provocan sentimientos de malestar. Sin embargo, hay personas que llevan a cabo conductas crueles, utilizan un lenguaje perverso y desalmado con el solo objetivo de herir y destruir la estabilidad emocional del otro. Independientemente de que todos podemos ser desagradables y ofensivos, hay personas que ante un conflicto familiar se convierten en seres déspotas que utilizan palabras llenas de injurias, insultos y desprecios. «No sirves para nada y me arrepiento de haberte tenido —le comentaba una madre a una hija en un momento de ira al llegar ésta tarde a casa una noche—. Si es que no haces más que darme problemas. Eres un parásito que sólo me da disgustos y me ha destrozado la vida. Si no hubieras nacido, tu padre no me habría abandonado y sería feliz. Ojalá te vayas un día y no vuelvas nunca.» En este caso, uno puede observar la ira desproporcionada de la madre que ataca y culpabiliza a su hija con una crueldad asombrosa. Su mensaje está lleno de odio y desprecio. Éste es un ejemplo claro de una madre tóxica que utiliza mensajes devastadores para expresar sus sentimientos de frustración; palabras y emociones que permanecerán en la memoria de la hija y que difícilmente podrá olvidar.

Saber identificar a las personas tóxicas no es una labor fácil, especialmente cuando el tóxico es un familiar que tiene un papel de protector, cuidador o aliado. En estos casos generalmente suele existir un factor de dependencia emocional, como ocurre, por ejemplo, en las relaciones de pareja, entre padres e hijos o incluso entre hermanos. Muchas veces uno no se da cuenta de que tiene cerca un tóxico hasta que pasa un período de tiempo, y en algunos casos bastante extenso. Una de las razones por las que se puede tardar tanto tiempo en identificarlo es porque generalmente es alguien a quien se quiere y se valora mucho, es una persona importante e influyente en la vida de uno, e incluso puede llegar a ser un confidente. «No puedo creer que la persona tóxica de mi vida sea mi padre/madre/hermana/marido/mejor amigo...», suelen ser respuestas frecuentes cuando identifican al tóxico de su vida. Permanecen anonadados en un estado de shock y se dicen a sí mismas una y otra vez: «No puede ser, no puedo aceptarlo... Yo pensaba que era alguien bueno para mí, que me quería... ¿Cómo no me he dado cuenta antes? ¿Cómo no lo he visto venir y he estado tan ciego? ¿Cómo me ha pasado esto? No puedo salir de mi asombro». Cuando uno llega a identificar al tóxico generalmente suele ser una vez que el daño ya está hecho, cuando la herida ha dejado una marca imborrable en la memoria emocional.

Descubrir que uno de los tóxicos de nuestra vida es uno de los padres, hermanos, hijos o incluso algún familiar del círculo extenso o de la familia política es devastador. Una vez identificado surge un sentimiento de dolor demoledor. Como resultado, la tendencia es preguntarse primero los porqués y después «¿Cómo no lo he visto antes?» o si fue él/ella quien provocó al otro a comportarse de una forma tóxica, dudando de sí mismo, de sus percepciones y sentimientos. No es extraño encontrar que uno incluso se haga responsable y se culpe a sí mismo de la dinámica tóxica y piense: «Algo habré hecho para que esto me haya ocurrido». Ello también se puede ver reflejado en las palabras que me comentaba un hombre sobre la relación que tenía con su familia política: «Si hubiera hecho lo que me pidió (acompañar a la suegra al médico), quizás ahora no me encontraría en esta situación con mi mujer y mi familia política. La habría acompañado si hubiera podido, pero tenía un viaje de trabajo. Veo que no era una buena razón para mi mujer. Al final llego a la conclusión de que no soy suficiente para ella y su familia, y que tengo yo la culpa de que me hayan cogido manía. Creo que no he manejado la situación correctamente y deduzco que soy yo el que ha provocado este rechazo y desprecio por parte de todos». Algunas personas tienden a culparse a sí mismas automáticamente cuando se encuentran en una situación de tensión y conflicto con otros. Como el hombre del ejemplo anterior, se responsabilizan de las emociones de los demás sin valorar si es razonable o no. Para corregir este automatismo es importante aprender a diferenciar entre la culpa real y la falsa. Es decir, se debe identificar si hay algún fundamento sólido y objetivo para responsabilizarse o no de una respuesta emocional ajena. Exploremos a continuación brevemente estos dos conceptos tan importantes.

La culpa real y la culpa falsa

La culpa es un sentimiento natural del ser humano que se apoya en las normas y criterios que se aprenden durante la infancia. Estas normas están grabadas a fuego en lo más profundo de la mente; son parte de nuestra conciencia y están directamente vinculadas a la capacidad de sentir culpa, de forma que si uno actúa mal, ese sentimiento surgirá. Éste es como una guía que generalmente ayuda a saber diferenciar entre el bien y el mal. Pero cabe destacar que este mecanismo no siempre funciona correctamente, ya que los sentimientos de culpa pueden estar atribuidos a hechos reales o falsos. Es decir, el real se apoya en hechos concretos, claros y objetivos, mientras que el falso se fundamenta en una interpretación distorsionada de la realidad. Por ejemplo, la persona que agrede físicamente a otra de forma impulsiva y luego se siente culpable se consideraría una culpa real, ya que el acto de atacar a otro físicamente y provocar daños es un motivo real por el que sentirse culpable. Sin embargo, a veces las personas pueden formar parte de un conflicto pero no ser la causa de ello, y aún así se sienten culpables, lo que se consideraría una culpa falsa. Esto les suele suceder a los hijos pequeños de padres separados. En ocasiones los niños sienten que ellos han sido los responsables de la ruptura familiar, sienten una culpa falsa, ya que la realidad es que ellos no son los responsables de haber provocado la separación.

También hay personas que se sienten culpables del sufrimiento o dolor ajeno. Se otorgan a sí mismas esa responsabilidad sin fundamentos ni razones; se culpan falsa e injustamente y como resultado sienten desasosiego, angustia y frustración al no poder controlar o cambiar esta sensación. Las personas que se culpabilizan falsamente viven cada día cohibidas y con temor a equivocarse y tienen dificultad para tomar sus propias decisiones. Les cuesta actuar siguiendo sus propios criterios, así como tienen dificultad para lograr sus objetivos y saber diferenciar con claridad los acontecimientos que ocurren a su alrededor, ya que les produce sentimientos de inseguridad y dudas constantes.

LOS VAMPIROS EMOCIONALES

Las personas pueden ser tóxicas o no dependiendo de su manera de ser, de la percepción que tienen del entorno y de su capacidad para controlar sus impulsos y emociones, sobre todo aquellas asociadas a la ira, la rabia, la envidia y los celos. Existen diferentes tipos de personas tóxicas dependiendo de la personalidad, la intención, el objetivo y el grado de perversión que puedan tener. Hay personas tóxicas que se pueden considerar vampiros emocionales al manipular y despojar a sus víctimas de su capacidad para pensar, sentir y actuar con claridad y criterio. Quizás algunos vampiros emocionales se centran más en juzgar y culpar sin piedad, y otros en consumir la energía hasta dejar a su víctima seca y vacía. Los hay que tienen como objetivo destruir la autoestima, crear dudas y empequeñecer a los demás para sentirse superiores, y otros que utilizan el miedo para atemorizar y paralizar con el fin de convertirse en poderosos dictadores emocionales. Están aquellos vampiros emocionales que por celos o envidia manipulan estratégicamente hasta límites insospechados con tal de despojar al otro de sus recursos, criterio y estabilidad emocional. Estos últimos a menudo se caracterizan por ser psicópatas, y en ocasiones incluso sádicos, al relacionarse con los demás de manera perversa y sibilina. Independientemente de la cercanía familiar, los tóxicos psicópatas y sádicos harán todo lo posible por minar el bienestar de su víctima; su objetivo es destruir, destrozar y desmoronar. Disfrutan y se regocijan potenciando las debilidades de los demás, alimentan sigilosamente la inseguridad y menosprecian con facilidad. También tienen una gran capacidad para reprochar y echar en cara. Exigen explicaciones sin cesar y demandan una «confesión» o unas disculpas resignadas. Este tipo de tóxicos necesitan tener culpables para que sus emociones de frustración, rabia o ira tengan sentido. Son personas que no saben empatizar con otras, ya que hacer un esfuerzo por intentar comprender a los demás o ponerse en el lugar del otro les resulta muy difícil. Suelen centrarse sólo en ellos mismos y sus necesidades. Los tóxicos psicópatas suelen tener unas expectativas de los demás muy rígidas y exigentes y unos principios retorcidos y viven bajo unas normas inflexibles que a menudo dan lugar a críticas muy destructivas. Y si tienen la posibilidad de boicotear y sabotear a otros, lo harán en un abrir y cerrar de ojos para obtener placer o posicionarse en un lugar superior. Necesitan sentir que tienen siempre la razón, que son los conquistadores de la verdad absoluta y que, como vencedores, están por encima de los demás. Sin embargo, no todas las personas tóxicas son vampiros emocionales psicópatas. Aunque todos tienen en común que son personas que tienden a manipular o a utilizar el sentimiento de culpa como medio para conseguir su objetivo, no todos se dedican a arrancar los mecanismos de defensa de sus víctimas. Como veremos más adelante en este capítulo, hay diferentes tipos de vampiros emocionales y cada uno tiene sus propios objetivos y estrategias.

Tácticas y estrategias más comunes de los vampiros emocionales

Para muchas personas es difícil aceptar que un familiar pueda ser la fuente de toxicidad e infelicidad. Aunque no siempre es fácil identificarlos, sí se pueden llegar a descubrir siempre que se preste mucha atención a las señales, aquellas que están presentes o enmascaradas en sus mensajes y comportamientos. Necesitamos estudiarlos para poder identificarlos. Y una vez identificados podremos utilizar los recursos necesarios para poder protegernos y no quedarnos atrapados entre sus garras venenosas. Por lo tanto, exploremos a continuación sus estrategias más comunes.

Como hemos comentado anteriormente, las personas clasificadas como vampiros emocionales son aquellas que consumen sin piedad nuestra energía, nuestro buen humor y nuestra capacidad para sentir ilusión, esperanza y, en algunos casos extremos, incluso las ganas de vivir. Una de sus estrategias más comunes es obnubilar e inducir a las personas a un estado hipnótico profundo (a nivel emocional) con el objetivo de distraer para absorber su esencia. Esta capacidad para hipnotizar y distorsionar la realidad les da el poder para crear una imagen de ellos mismos como seres irresistibles, atractivos y arrebatadores. En ocasiones aparentan ser personas interesantes, talentosas, competentes o incluso cariñosas y divertidas. Pueden parecer en un principio personas empáticas o incluso puede resultar agradable hablar con ellas, ya que aparentemente se muestran comprensivas e interesadas. Pero a la hora de la verdad, tras esa máscara tan atractiva, estimulante y amigable se encuentran seres huecos carentes de amabilidad y buenas intenciones. Por lo tanto, lo primero que debemos comprender para identificarlos es que la estrategia principal que utilizan es aparentar lo que no es e incitar interés y conseguir la atención de los demás mientras ocultan sus intenciones reales bajo su máscara hipnotizante para evitar que se detecten sus propósitos y finalidades.

Otra estrategia habitual que utilizan los vampiros emocionales es crear confusión a través de la manipulación para que el sentido crítico de su víctima se anule. De esta forma embriaga con sus encantos para que el vampiro que lleva dentro pueda, sin impedimento alguno, acechar, embelesar y absorber la esencia de su víctima. En muchas ocasiones aprovecha la confusión y la desorientación de su víctima para ofrecer su ayuda como guía. De esta forma obtiene un control total de la otra persona ofreciendo una falsa seguridad y afectividad para que la víctima se deje llevar por él y no oponga resistencia.

De acuerdo con el psicólogo Bernstein, experto en temas relacionados con personas tóxicas, los vampiros emocionales a menudo utilizan tácticas que resultan atractivas, como manifestar interés por nuestro bienestar y provocar sentimientos de que uno es importante para ellos. De esta forma consiguen que bajemos las defensas y les dejemos entrar en nuestra vida. Al confiar en ellos les invitamos voluntariamente a nuestro mundo. Bernstein explica que en un primer instante parece que se puede confiar en estas personas, lo que lleva a que uno se abra, se interese, confíe y comparta. Pero lo que se esconde tras esa máscara llena de encantos es un vampiro que al final no sólo no da ni cumple con las expectativas ni siente afecto, sino que toma sigilosamente y con frialdad todo lo que uno posee, hasta la última gota. Explica que muchos vampiros emocionales hacen promesas, proponen planes, despiertan ilusiones que después no se cumplen. Ese lado encantador de pronto desaparece sin más, pero su nivel de exigencia permanece alto, constante e intenso. Poco a poco se convierten en personas que demandan, sin ningún tipo de límites, constante atención, cuidados, consuelo, apoyo y energía sin realmente dar casi nada a cambio. Vacían el vaso y piden más, nunca se sienten satisfechas, nunca es suficiente y piden sin parar; exigen, demandan y reclaman más y más y más...

Los vampiros emocionales resultan agotadores y extenuantes, pero muchos consiguen de una forma muy habilidosa que uno no se desvincule de ellos; otra táctica muy característica y común de estos seres tóxicos. No permiten que uno se libere con facilidad. Provocan sentimientos, sea a través de continuos chantajes emocionales o sentimiento de culpa, que impiden que uno se pueda, e incluso quiera, liberarse y separarse de ellos por miedo a que haya alguna represalia. De esta forma consiguen que uno permanezca a su lado. A pesar de que a veces resultan irritantes y exasperantes, hacen difícil que uno pueda poner distancia. Dejan saber de una manera muy cautelosa que abandonarles tendrá consecuencias graves. Como seres a menudo narcisistas y egoístas se guían por normas muy diferentes a las de las personas que no son tóxicas. Aun así, no siguen necesariamente ningún principio moral en sus relaciones y su lema básico es «Yo quiero, necesito y se me tiene que dar porque yo soy más, mejor, diferente y porque me lo merezco», pues sólo se ocupan infatigablemente de cubrir sus propias necesidades a costa de la energía de los demás. Sin embargo, Bernstein también destaca otra cara interesante del vampiro emocional. Explica que en el caso de tener un objetivo en común con el vampiro, éste puede mostrarse entusiasta y dar incluso apoyo, siempre que el objetivo del otro no interfiera con el suyo. Pero señala que en el momento en el que los objetivos y las necesidades entren en conflicto, automáticamente mostrará sus colmillos y acechará sin piedad al que era su amigo. En un instante pasa de ser un aliado a un enemigo cruel y perverso.

Como en una película de terror, uno puede sentir miedo a encontrarse con este tipo de personas tóxicas. Podemos preguntarnos qué hacer una vez que sepamos quiénes son y cómo funcionan. La norma más importante a la hora de identificar y comprender al vampiro emocional es sobre todo entender que estas personas tienen una visión del mundo diferente al de la mayoría. Tienen una apreciación distorsionada de sí mismos y su entorno a raíz de sus propios traumas no resueltos, sentimientos de abandono, inseguridad e inmadurez. Son personas que quizás buscan en los demás el amor perfecto, el incondicional y exclusivo con pocos sacrificios. Por ejemplo, hay vampiros emocionales que son muy dependientes emocionalmente y anhelan tener a una persona que tome las decisiones por ellos, que resuelva por ellos los problemas y que se ocupe de la parte difícil de la vida. Es como si continuaran siendo niños emocionalmente, pero en el cuerpo de un adulto. A veces son muy caprichosos, tienen sentimientos de derecho y evitan responsabilidades. Al igual que un niño que no ha aprendido a asumir sus obligaciones, no toleran la frustración, la espera o la incertidumbre. Lo quieren todo ahora y ejercen la presión necesaria para que los demás cumplan sus expectativas y necesidades. No pocas veces emplean cualquier tipo de estrategia con el fin de conseguir lo que quieren, incluso conductas violentas si lo consideran necesario. Este comportamiento se puede observar en el siguiente caso.

En una ocasión durante una sesión de terapia familiar, trabajé con una familia compuesta por unos padres y dos hijos. Según los padres, el hijo mayor de 17 años era muy caprichoso, manipulador y a menudo utilizaba el chantaje emocional para conseguir sus objetivos. El padre incluso le definió como un «hijo tirano» al que no le importaba nada ni nadie, solo él mismo. Cuando les pregunté qué conductas tenía éste, el padre comentó: «Siempre está pidiendo y pidiendo, no cumple con las reglas básicas de la casa y está constantemente manipulando a su hermana y a su madre. Desde hace años amenaza con que se va a escapar de casa si no le damos dinero, si no le compramos una ropa determinada, por muy costoso que sea. Constantemente amenaza a su hermana si no recoge su habitación por él. En una ocasión me levantó el puño, ¡a su propio padre!, pero conseguí frenarle. No tiene límites ni control de sus impulsos. Es desagradable y una fuente clara de malestar en la familia. Nos tiene a todos atemorizados». Este hijo era sin duda alguna un claro ejemplo de una causa de malestar y toxicidad en la familia. Su actitud y comportamiento violento tenía a todos amedrentados e intimidados. Era un vampiro emocional que necesitaba ayuda terapéutica para tratar sus problemas emocionales y de comportamiento. Así que se organizaron sesiones individuales para tratar sus problemas de ira y conducta, y a la vez se realizaron sesiones de terapia familiar para ayudar a la familia a relacionarse mejor entre ellos y a abordar los problemas existentes con más profundidad.

EL TALÓN DE AQUILES DE LOS VAMPIROS EMOCIONALES: LA INSEGURIDAD

Uno puede pensar que los vampiros emocionales se caracterizan por ser agresivos, sin embargo esto no es necesariamente cierto. Como se comentó antes, a veces se caracterizan por ser muy inseguros y necesitan recibir aprobación constante de los demás, por lo tanto emplearán toda su energía y habilidades para conseguir este fin. Esta inseguridad a menudo les lleva a tener un complejo de inferioridad tan profundo que se les despiertan sentimientos de envidia con mucha facilidad. Sin embargo, desarrollan una gran habilidad para que estos sentimientos no se puedan detectar y su «verdadero yo» envidioso e inseguro quede oculto. Emplean una gran energía en aparentar seguridad, fortaleza y solidez, hablan con firmeza y contundencia, pero en realidad están jugando un papel para poder ocultar su inseguridad. Guiados por los sentimientos de envidia, intentan generar inseguridad y malestar en otros para poder resaltar y aparentar ser seguros y fuertes.

En ocasiones, a raíz de sus propias inseguridades y sentimientos de inferioridad, los vampiros emocionales se convierten en especialistas en provocar enfrentamientos, en esparcir rumores y calumnias sobre otras personas y en intentar destruir la reputación de alguien que haya puesto en evidencia sus inseguridades. Utilizan estrategias en las que por un lado acarician y muestran un aparente afecto, mientras que por otro lado clavan un puñal en la espalda lentamente y con alevosía. Esto se puede ver reflejado claramente en las palabras de una joven adolescente durante una sesión de psicoterapia: «A veces mi hermana me habla de forma que parece que lo sabe todo, en especial sobre chicos. A pesar de que ella no tiene muchos amigos varones y nunca ha tenido una relación romántica con uno, no para de decirme de manera muy condescendiente que ella entiende de estas cosas y que yo, por ser más pequeña, aunque sea sólo un año, no sé nada sobre este tema. A menudo me dice con una cara amable y una sonrisa que soy torpe, que no entiendo de nada y que nunca sabré de nada. A veces, cuando hablamos del chico que me gusta en el instituto, empieza a resaltar todos "mis defectos físicos" y me explica, con unas palabras que yo no entiendo bien, las razones por las que no voy a gustarle nunca, ya que yo no estoy a la altura de Robert. Me dice que soy demasiado bajita, que no tengo un pelo bonito, que tengo sobrepeso, demasiados problemas en la piel y que además no visto bien. Esto me deja emocionalmente hundida y muy insegura. Lo increíble es que justo después de decir y describir todo lo que ella piensa que me hace fea, me dice que iremos juntas de tiendas para comprarme ropa más estilosa, ya que ella entiende de eso, y que me va a "ayudar" a mejorar. Me dice que me quiere mucho, que somos amigas además de hermanas, y que juntas podemos con todo; que soy su hermana favorita. Esto hace que me sienta muy confusa. Por una parte me gusta la idea de ser su hermana favorita, que nos llevemos bien y que compartamos nuestras cosas, pero, por otro lado, siempre acabo llorando cuando estoy con ella. Me hace sentir pequeña, fea y tonta. Lo cierto es que nuestra hermana mayor no le hace mucho caso y le dice constantemente que deje de sermonearme y de manipularme, que habla sin saber de nada. Como resultado, cuando escucho a mi hermana mayor diciendo estas cosas me hace pensar si realmente las intenciones de mi hermana, la que tanto quiere ayudarme al resaltar mis supuestos defectos, son buenas o no. Porque hay algo en sus palabras y en su sonrisa cuando me habla que no sólo me confunde, sino que me hace sentir que está disfrutando de mi malestar porque ello hace que ella se sienta más segura y superior. Intuyo que le produce un cierto placer cuando lloro después de escuchar su larga lista de defectos. Parece que quiere lo mejor para mí, pero estoy empezando a pensar que quizás estoy equivocada, que es todo lo contrario».

A diferencia de los vampiros emocionales que aparentan ser seguros cuando en realidad no lo son, también existen aquellos que sí están seguros de sí mismos, pero aparentan lo opuesto. Son un lobo bajo la piel de un cordero y juegan un papel de víctima para poder manipular a los demás. Como ocurre en muchos casos entre familiares, especialmente entre padres e hijos, a veces uno de los dos utiliza el chantaje para controlar al otro con mensajes como: «No me abandones que no sé cuidarme y estar solo (sin tener enfermedad alguna), seguro que si te vas me va a suceder algo malo y al final tendré que irme a vivir contigo para que me cuides». En cambio hay otro tipo de vampiro que, ocultando sus propias motivaciones, consideran que siempre están en lo cierto, que no se equivocan nunca y tienen la posesión de la verdad. Como me contaba un hombre víctima de los desprecios y abuso verbal de su mujer: «Mi mujer se enfada conmigo cuando no consigue lo que quiere o no se puede comprar algo que es demasiado caro. Me lleva insistiendo desde hace mucho tiempo que cambie de trabajo, pero yo pienso que gano bien y lo suficiente para nuestra familia. Aun así vive frustrada y me ataca continuamente: "Eres un hombre mediocre", "No sabes ser un buen marido y cumplir con tu familia" o "Con esa forma de ser nunca llegarás a nada y yo tendré que aguantarme con esta vida mediocre que me has dado", son un ejemplo de los mensajes que me transmite. Me destrozan sus palabras, pero ¿qué voy a hacer? Es mi mujer. No obstante, creo que estoy llegando a mi límite. Ayer, por ejemplo, tuvimos una discusión sobre cambiarme de trabajo y me dijo: "Si ya sabía yo que al final no ibas a conseguir otro. Ahora tendré que aguantar seguir viviendo en esta porquería de casa por tu culpa y no podré vivir como yo merezco. Parece que no quieres que sea feliz, que no quieres lo mejor para mí. Si es que no vales para nada, ya me lo decía mi madre, que contigo no iba a llegar a ningún lado. Pero no la escuché, porque te quería y confiaba en que me demostrarías que estarías a mi altura y me cuidarías como un hombre debe hacerlo. Yo merezco más que estar casada con un inepto vendedor. Yo me merezco un hombre que me dé joyas, me compre una casa en condiciones, que no me complique la vida y que viva por y para mí. No eres un hombre, no eres nada"».

También es posible encontrarse con vampiros que no tienen como objetivo hacer daño intencionadamente, pero su excesiva inseguridad en sí mismos les traiciona. Sienten que el mundo es un lugar peligroso del que se tienen que proteger, por lo tanto se ven obligados a estar en alerta constantemente. Interpretan las acciones de los demás como amenazas, y como resultado contraatacan haciendo daño. «Hay que atacar antes de ser atacado» es su lema. Estos vampiros se caracterizan por tener pensamientos paranoicos constantes. Es decir, creen que los demás quieren arrebatarles algo importante para ellos que supondrá una amenaza para su seguridad y bienestar. Son personas que piensan que las personas del entorno son malintencionadas y perversas, por lo tanto deben protegerse y vigilar que no sean invadidos. «Si ya sabía yo que tu mujer lo que quiere de verdad es quedarse con mi sitio y mis joyas. Si no fuera así no me las hubiera pedido prestadas, eso no se hace. Ahora tengo que aguantarme y tener que soportarla porque sí, porque es tu mujer. Nadie se preocupa por mí ni piensa en lo que necesito, todo es siempre para los demás. Te casaste y me abandonaste. Siento que todo el mundo quiere sacarme algo...», le decía una madre a su hijo a raíz de que su nuera le pidiera prestada una joya para un evento (la cual le devolvió al día siguiente). No es de extrañar que estas personas tengan dificultad para poder distinguir entre quién o qué es o no una amenaza, porque todo y todos son sospechosos. Están muy atentos a que los demás sigan las normas y se sienten con derecho a llamar la atención cuando, bajo su punto de vista, se desvían. Están tan vigilantes y atentos a las acciones de los demás que ello les impide observar y analizar sus propios actos. A partir de la idea de que los vampiros emocionales paranoicos a menudo sienten que son víctimas de los demás y de sus propias circunstancias, a veces utilizan estos sentimientos de ser amenazados para justificar sus respuestas emocionales o reacciones explosivas cargadas de miedo, rabia, ira y agresividad.

Vampiros emocionales explosivos

De acuerdo con el psicólogo Bernstein, las personas con tendencias explosivas son seres muy impulsivos que en el momento en que explotan dañan y laceran a todo el que pille por delante. Son bombas ambulantes, frágiles, muy reactivas e impredecibles que estallan de manera descontrolada. La explosión emocional sucede muy rápidamente y a menudo no hay mucho tiempo para analizar y evaluar la situación que ha provocado la emoción que lleva a la explosión. Es más, muchas personas incluso dicen que la explosión es una reacción que surge de la nada, pero lo cierto es que no son acontecimientos aislados, sino repetidos, y siguen una lógica propia. Quizás se busque sentir seguridad o alivio, o incluso venganza, pero la mayoría de las personas no comprenden de dónde vienen ni qué hacer una vez la tienen, incluso cuando la presencian en otros. «Cuando nuestra hija de pronto se pone histérica y explota no sabemos qué hacer con ella. Sus reacciones son tan violentas que nos asusta y nos paraliza. Nos da mucho miedo. Su reacción es tan exagerada que al final consigue lo que quiere. Por ejemplo, a menudo cuando nos pide dinero para salir con los amigos y no le damos la cantidad que quiere se le encienden los ojos, se le cierran los puños y la cara se le transforma. No da tiempo ni siquiera a hablar cuando de pronto se pone a gritar, insultar, a romper muebles o incluso a amenazarnos físicamente. Intentamos calmarla, pero mientras más hablamos, más agresiva se pone. Todo se convierte en una pesadilla, no podemos educarla, ni hablarle con calma, ni vivir tranquilos. Ya no sabemos qué hacer y estamos desesperados», me comentaban unos padres sobre su hija adolescente que tenía explosiones emocionales frecuentes con tendencias muy agresivas.

Las personas con explosiones emocionales pueden reaccionar de forma distinta, con llantos, gritos, violencia física o verbal, y pueden experimentar emociones muy diferentes, como cólera, ansiedad, rabia, miedo o frustración. Sin embargo, independientemente de la emoción y de la reacción, todos tienen en común que una vez que sienten la emoción negativa, sea cual sea, ésta va aumentando en intensidad agudizando la sensación de descontrol hasta explotar. «El problema estriba en ese despertar, no en el contenido», señala Bernstein, ya que una vez que aparece el sentimiento (frustración, cólera, rabia...) se desencadenan unos pensamientos que llevan a la explosión. Un día llegó a mi consulta una mujer que presentaba un cuadro ansioso-depresivo y era víctima de los ataques diarios de cólera de su marido. Antes de tomar la decisión de separarse quería hacer un último intento para salvar su matrimonio. «No sé qué más debo hacer —comentaba con lágrimas en los ojos—. Cada día, desde que me levanto hasta que me acuesto por la noche, estoy en un estado de tensión y angustia esperando a que él explote por una u otra razón. Siento que nunca está satisfecho con nada, y haga lo que haga nunca es suficiente. Podemos estar tranquilamente cenando hasta que algo insignificante ocurre, como que a nuestro hijo de 5 años se le caiga un juguete, rompa algo o suene el teléfono más tarde de las diez de la noche. De pronto se le cambia la cara, y se convierte en otra persona —explicaba con terror—. Comienza a gritar y a dar golpes en la mesa asustando al niño y a los vecinos durante quince minutos y después se vuelve a calmar. No tiene paciencia ni flexibilidad.

Está constantemente quejándose de todo, tanto de la familia como de sus jefes en el trabajo. Se siente infravalorado. Pero por más que yo intente hacerle entrar en razón, le invade un sentimiento de inseguridad y desasosiego que le lleva a perder el control.»

A menudo las explosiones son el medio que algunas personas utilizan para conectar con otras. Incluso pueden llegar a ser una forma de comunicarse con los demás. No hay que olvidar que al estallido le acompaña siempre un mensaje para indicar frustración, ira o cualquier sentimiento de insatisfacción respecto a algo o alguien. A pesar de que está demostrado que es una forma errónea para comunicarse, se puede observar que a menudo el que estalla lo hace porque realmente no sabe expresar lo que quiere decir, ni canalizar sus sentimientos o describir lo que está sintiendo. En muchas ocasiones gritan o son explosivos porque es lo que han aprendido en casa durante el período de desarrollo; asocian la idea de que para conseguir sus objetivos, gritar o explotar es la solución. Lo cierto es que para muchas personas explosivas, enfurecerse, gritar y perder el control es la manera de obtener lo que quieren. Piensan que la intimidación es la única forma de resolver un conflicto o incluso para imponer sus ideas y deseos. «Cuando pego un grito todos me hacen caso —comentaba una madre de cinco hijos—. Si no amenazo con castigar o incluso pegar, no consigo que hagan sus deberes, recojan su habitación, pongan la mesa, se duchen, se sienten a cenar... Son obedientes sólo cuando doy las órdenes a voz en grito y amenazo. Así que me paso el día gritando y amenazando. Es verdaderamente agotador para mí y seguramente para ellos también. El otro día me di cuenta de que también se comunicaban entre ellos de la misma manera y me horrorizó. Mi casa es un continuo grito. Si no es uno, es el otro. Estamos todos estresados y necesitamos cambiar la forma de hablarnos.» Esta madre tenía toda la razón al pensar que su familia había aprendido a comunicarse a través de los gritos. No sabían dirigirse los unos a los otros desde la calma o pidiendo las cosas correctamente. Necesitaban aprender a incorporar habilidades comunicativas diferentes entre ellos que fueran más amables y agradables. En este caso, los miembros de esta familia relacionaron el grito con la capacidad de ejercer poder. Se había aprendido que para ser visto, escuchado o atendido era necesario gritar, dar órdenes y amenazar; aquel que gritara más fuerte demostraba su poder frente a otros.

Es habitual que en muchas familias el poder se ejerza en forma de órdenes y gritos, sobre todo desde los padres hacia los hijos. Ser padres y cuidadores no es una labor fácil. Es un trabajo más bien difícil, estresante y no pocas veces se puede perder la paciencia. «Estamos agotados», me comentan muchos padres sobre su situación familiar y sobre el estrés que supone para ellos su papel de padres. A menudo explican: «No dormimos bien desde hace años, siempre tenemos que estar educando y repitiéndolo todo una y otra vez. No tenemos tiempo para nosotros mismos ni para pasar tiempo juntos como pareja. A veces nos gustaría irnos unos días y poder desaparecer. Este sentimiento produce mucha culpa, porque queremos mucho a nuestros hijos, pero a veces perdemos la paciencia y damos un grito precipitadamente». Sin embargo, no es poco común encontrar familias en las que son los hijos los que ejercen su poder sobre los padres; gritan y amenazan

e incluso amedrentan a los padres con constantes ataques de
ira y rabia.

De acuerdo con Bernstein, es importante distinguir entre
dos conceptos asociados a los estallidos y rabietas. Por un
lado, se encuentran los estallidos con intenciones manipuladoras, y por el otro lado están los que manifiestan sentimientos de rabia y frustración. A veces las personas con las que
convivimos tienen ataques de rabia cuando no consiguen lo
que quieren en el momento que ellos quieren. Sin embargo,
en ocasiones las personas tienen un ataque de rabia con el fin
de intimidar y conseguir controlar la conducta de los demás;
utilizan la rabia para controlar y manipular. Es importante
distinguir estos dos aspectos, ya que mientras al manipulador
sí podría considerarse un vampiro emocional, por el otro lado
no se puede considerar un vampiro emocional al niño que
está teniendo una rabieta únicamente para expresar su sentimiento de frustración. Es decir, puede que se tire al suelo,
grite y llore para expresar sus sentimientos, pero no lo hace
con la intención de incomodar o manipular a los padres. Independientemente de que un ataque de rabia de este tipo no
sea la manera más adecuada de expresarse, la realidad es que
está canalizando sus emociones. En estas situaciones lo mejor
es tratar la explosión o rabieta desde los hechos y desde el
punto de vista del niño. De esta forma se podrá analizar con
más claridad el sentimiento de desasosiego y la frustración
que le está provocando la explosión. Uno podrá percibir que
la intención del niño no es explotar, sino comunicar. En estos
casos los expertos en terapia infantil recomiendan utilizar
una técnica muy sencilla: preguntarle al niño qué quiere que
uno haga ante el sentimiento que está experimentando, para

así poder enseñarle a razonar y hablar sobre ello; el objetivo es aprender a comunicar los sentimientos y deseos de una forma más controlada y constructiva.

Vampiros emocionales culpabilizadores: los chantajistas emocionales

La mayoría de las personas tenemos la capacidad para sentir culpa. Este sentimiento, que generalmente se caracteriza por ser un guardián de nuestra conducta, puede surgir por distintas razones. Algunas personas sienten culpa con facilidad y está muy presente en su vida, mientras que para otras es un sentimiento que surge excepcionalmente. A veces la culpa aparece de forma automática y a nivel interno, y en ocasiones es provocada externamente, inducida por otra persona.

El sentimiento de culpa está influido por factores sociales, culturales, religiosos y familiares. Y aunque produzca en nosotros un cierto sentimiento de desasosiego y malestar, es como un termómetro que nos ayuda, hasta cierto punto, a tomar determinadas decisiones, a ser consecuente con nuestros actos y a diferenciar entre la buena y la mala conducta. Por lo tanto, tener la capacidad de sentir un cierto grado de culpa es positivo y sano, ya que contribuye al equilibrio emocional y a las relaciones interpersonales. No olvidemos que el sentimiento de culpa ayuda a controlar nuestros impulsos, a regular nuestro comportamiento y por ende a mantener una cierta armonía en nuestras relaciones personales. Tener la capacidad de sentir culpa influye en la forma en que tratamos a los demás, impulsa a ser más empáticos y ayuda a identificar cuándo nos equivocamos o hacemos daño a otra persona; forma parte de nuestra conciencia. Ser conscientes de nuestra conducta y de cómo ésta afecta a nuestras acciones en los demás es un aprendizaje esencial para crear vínculos afectivos saludables.

La mayoría de las personas descubrimos el sentimiento de culpa cuando somos niños en el entorno familiar. Son nuestros padres y cuidadores quienes nos indican cuándo hemos actuado mal o hemos hecho daño. Son ellos quienes nos enseñan a ser consecuentes con nuestros actos. Las personas que no aprenden a serlo suelen tener posteriormente serias dificultades en sus relaciones sociales. Por lo tanto, no es raro ver cómo padres, cuidadores o incluso educadores enseñan a los niños a comportarse utilizando, entre otras técnicas, el sentimiento de culpa. Sin embargo, la culpa también puede ser un arma de doble filo. Utilizarla demasiado puede hacer daño. Hay personas que han sido vapuleadas con tanta culpa que viven cada día sintiéndose culpables de algo, por cosas que han hecho o no han hecho, por lo que han dicho o no han dicho, o sencillamente por existir. Aunque la culpa puede tener un propósito constructivo, también puede convertirse en un mecanismo muy destructivo. A menudo me encuentro a personas que son víctimas de un intenso sentimiento de culpa que les impide sentir serenidad o vivir tranquilamente. Se flagelan y se culpan a sí mismas constantemente y sin compasión. «Me siento culpable por todo, desde el momento en que me despierto cada mañana hasta que me acuesto. Siento que no soy una buena madre, ni una buena esposa ni una buena hija. Nunca cumplo las expectativas de los demás ni las mías. Todo lo hago mal», me comentaba una mujer que se torturaba a sí misma cada día.

Como hemos visto hay personas que se culpabilizan a sí mismas constantemente y de todo. Pero también hay personas que son víctimas constantes de acusaciones y chantajes emocionales de otros. En estos casos los chantajistas consiguen destruir la capacidad para que su víctima pueda pensar por sí misma. Las personas que utilizan la culpa para controlar y manipular a los demás son vampiros emocionales culpabilizadores. Se caracterizan por ser expertos en utilizar la culpa para manipular y hacer sumisos a otros. Son jueces implacables y despiadados que se dedican a crucificar y a robarle la serenidad y la felicidad a cualquiera que se ponga en su camino. Los vampiros emocionales culpabilizadores convierten en esclavos a sus víctimas a través de la manipulación emocional, los juicios y las acusaciones. Exploremos a continuación este concepto tan interesante y poderoso.

El chantaje emocional

Todos podemos ser en alguna ocasión víctimas o ejecutores de chantaje emocional. Los chantajistas emocionales se caracterizan por manipular los sentimientos de otros para obtener un beneficio personal. Como si de una moneda de cambio se tratara, las personas que ejercen chantaje emocional utilizan y manipulan las emociones ajenas con el fin de controlar los pensamientos, la conducta y los sentimientos de otra persona. Lo cierto es que es una práctica muy común, sobre todo en las relaciones cercanas y familiares. El chantajista generalmente suele ser bastante habilidoso y conoce el poder de los sentimientos y del lenguaje verbal y no verbal.

Transmite mensajes que ocultan entre líneas presiones, condiciones y consecuencias, como por ejemplo: «Si me abandonas me moriré, me quitaré la vida por tu culpa» o «Si me quisieras de verdad no me dejarías solo/a». La intención del chantajista es responsabilizar al otro de su propio comportamiento para así mantener a su víctima atada, sumisa y a su disposición. Las personas que emplean el chantaje emocional tienen distintos estilos de manipulación; algunos utilizan el desprecio o el castigo y otros usan los silencios, el distanciamiento afectivo y un comportamiento frío. En ocasiones su lenguaje no verbal, como la mirada o los gestos, transmite desaprobación o condena, pero en otras utilizan mensajes retorcidos y cargados de negatividad. Un día llegó a mi consulta una mujer que comentaba que era víctima de los chantajes emocionales de su hermano. «Cada vez que voy a casa de mis padres a visitarlos y está mi hermano, éste comienza a lanzarme mensajes cargados de culpa. Me responsabiliza de no atender a mis padres cada día, de no estar con ellos suficiente tiempo, de no tenerle en cuenta más. Pero lo cierto es que no puedo estar porque debo trabajar para pagar los gastos de mis padres, como la residencia de día y los enfermeros entre otras cosas, mientras que mi hermano no aporta nada económicamente. Es más, él vive con ellos para ahorrarse la comida, el alquiler y muchas otras cosas que precisamente pago yo. Mi hermano es muy egoísta y no pierde la oportunidad de echarme en cara que él es el que pasa tiempo con ellos, que está harto y cansado, y que no quiere ocuparse tanto. Me acusa de ser egoísta y de excusarme con que tengo que trabajar para no pasar tiempo con mis padres. Me exige que debo cambiar mi actitud y la forma de gestionar mi tiempo, pero creo que es él el que quizás deba plantearse un cambio, ya que es, al fin y al cabo, un parásito. Pero lo cierto es que cuando me dice estas cosas consigue que me sienta mal, como si lo que hago no fuera suficiente. Me cuestiono y empiezo a dudar de mí misma. Al final del día me siento culpable.» El caso de esta mujer es un claro ejemplo de una persona que está siendo víctima de chantaje emocional. Aunque le llevó un tiempo identificar la fuente del malestar (su hermano), una vez que logró entender que la intención de éste era manipularla para él poder beneficiarse más de lo que ya se estaba beneficiando, pudo encontrar la fuerza para ponerle límites. «Una vez que vi con claridad que mi hermano era básicamente un ser dependiente que vivía a costa de mí y de mis padres, dejé de sentir culpa y pude finalmente ponerle límites y decirle que no. Le dije que ya no recibiría el dinero él mismo, que yo pagaría a los cuidadores y la residencia directamente. Le exigí que se buscara un trabajo y se valiera por sí mismo. Puse un final al abuso y al chantaje emocional.»

¿CÓMO PROTEGERSE DE LOS VAMPIROS EMOCIONALES?

Para protegerse de los vampiros emocionales son esenciales: 1) mantener la atención en las propias fluctuaciones emocionales (confusión, inseguridad, ansiedad...) y 2) saber identificar a los vampiros con claridad. Por ejemplo, a menudo después de estar en compañía de un vampiro emocional aparece un cierto grado de sentimiento de confusión, inseguridad y malestar. Ese malestar está lleno de sensaciones de dudas y ansiedad que hacen difícil distinguir las propias sensaciones.

De pronto es como si uno no pudiera identificar con claridad lo que piensa o siente. «He estado con mi (madre, padre, hijos, hermanos, cuñados, suegros...) y siento que me pasa algo que no sé qué es. Me noto extraño y mal, culpable, inferior, que no sirvo... pero no sé por qué». Estos suelen ser sentimientos habituales después de estar con un vampiro emocional.

A veces se identifican las fluctuaciones emocionales, pero resulta difícil identificar la fuente de desazón; uno no sabe quién es el individuo que nos produce esa sensación de malestar: «La cena familiar estuvo bien, pero algo pasó porque de pronto me sentí mal, vulnerable, expuesto y atacado, pero de forma muy sutil. No sé claramente qué fue ni quién fue, pero tengo la sensación de que alguien de los que estaba en la mesa me provocó esta sensación. No sé, lo tendré que pensar, tengo mis dudas, igual soy yo y me lo estoy imaginando, pero no estoy seguro, porque siento que hubo un antes y un después y no entiendo qué me pasó cuando normalmente no me siento así. Siento como si me hubiera pasado una apisonadora por encima y ni la he visto venir». Cuando se identifica el sentimiento pero no la fuente de malestar, ayuda repasar paso a paso lo que llevó al sentimiento. Aunque siempre cabe la posibilidad de que uno interprete mal el mensaje de otra persona o que haya habido un malentendido, generalmente el malestar provocado por un vampiro emocional suele ser constante y repetitivo. Por lo tanto, cuando se está en compañía de uno es muy probable que exista una asociación entre el malestar y los gestos o palabras de la persona tóxica.

También sucede que los vampiros emocionales aprovechan una situación en la que su víctima no puede defenderse directa o abiertamente para insultar ingeniosamente y con disimulo. A veces utilizan de forma muy cruel su posición de autoridad y poder para ser déspota. Aprovechan circunstancias específicas para poner a su víctima en evidencia públicamente provocando sentimientos de pudor y vergüenza. Como son conscientes de que la víctima se siente atrapada y no sabe cómo reaccionar, consiguen que ésta se mantenga en silencio o incluso sonría ante los comentarios perversos para aparentar que no le afectan. Pero la realidad no es así en absoluto, sí le afectan y le duelen, sólo que no sabe cómo responder o qué decir, se paraliza. En ese caso la víctima puede tener claro quién está provocando el malestar, pero aun así se siente impotente e incapaz de responder. Este comportamiento demoledor se puede ver reflejado en las palabras del joven que me contó su experiencia durante una cena con su familia en la que había llevado a unos amigos y a su novia por primera vez. Me comentaba que nunca se había sentido tan atacado, atrapado y sin saber qué hacer y decir ante las palabras de su padre y hermanos: «Así que ahora tienes engañados a todos tus amigos y a esta novia nueva que te has echado —comentaba el padre con cierta cara de desprecio mientras cenaban juntos—. Si esta chica fuera inteligente —mientras intimidaba a la joven con su mirada— y supiera cómo es realmente mi hijo, ya le habría dejado por inútil. No sabes lo que tienes entre manos. Aquí, en esta casa llena de personas válidas, inteligentes y trabajadoras, le padecemos y debemos aguantar a este ser —mientras señalaba con el dedo índice a su hijo—. Ya estamos todos resignados a que debemos aguantarnos con semejante individuo, que es una vergüenza para esta familia». Inmediatamente después los hermanos también añadieron con risas comentarios llenos de desprecio y descalificaciones, mientras que el chico mantenía la mirada en el plato sin saber qué decir o cómo actuar. Ninguno de los invitados sabía cómo reaccionar ni qué decir, estaban abrumados y sorprendidos. Finalmente uno de ellos, su mejor amigo, comentó: «Pues no sabemos exactamente a qué se refiere, señor. Con todo el respeto, su hijo es uno de los mejores de la clase y un buen amigo. Que no se le den bien las matemáticas o las asignaturas de ciencias, no quiere decir que sea un inepto. Es más, es uno de los mejores artistas de la escuela y cuando hay que hacer alguna obra de teatro, a él siempre le dan los papeles principales. Quizás debería ir un día a una de las obras del instituto, igual se sorprende. Todos pensamos que un día acabará en Hollywood, ya que tiene mucho talento». De pronto todos los comensales quedaron en silencio; la tensión era evidente. Entonces alguien cambió el tema de la conversación, pero emocionalmente para el joven hubo un antes y un después respecto a sus sentimientos hacia su familia, así como hacia sus amigos. Después de haber recibido tantos desprecios a lo largo de los años, decidió poner un muro emocional y alejarse afectivamente de su familia al ser consciente del daño que le habían provocado año tras año. Tomó la decisión de nunca volver a mantenerse en silencio, independientemente de la situación; no quería volver a sentirse tan indefenso, avergonzado y desamparado, por lo tanto haría una lista de las personas tóxicas de su vida para tenerlas claramente identificadas y así prevenir que en el futuro pudieran cogerle por sorpresa.

Para poder protegerse de los vampiros emocionales es esencial tener la capacidad de identificarlos, sea en el entorno familiar o no. A continuación se presenta un cuadro con los tipos más habituales y las estrategias utilizadas más características. Es importante señalar que los vampiros emocionales pueden ser de varios tipos simultáneamente, con sus características correspondientes. Es decir, un vampiro puede ser una mezcla de manipulador, descalificador y envidioso a la vez, mientras que otro puede ser simultáneamente culpabilizador y explosivo.

TIPO DE VAMPIRO	ESTRATEGIA UTILIZADA
Descalificador	Infravalorar, rebajar, desestimar, minimizar y empequeñecer.
Narcisista	Degradar, provocar inseguridad y sentimiento de inferioridad y hundir.
Envidioso	Arrebatar y arruinar algo bueno en el otro. Infravalorar los logros o éxitos ajenos.
Culpabilizador	Acusar, inculpar y atribuir responsabilidad exagerada o falsa.
Psicópata	Provocar daño intencionadamente, destruir la esencia del otro depravadamente y disfrutar durante el proceso.
Manipulador	Hacer chantaje emocional, confundir y actuar en contra de la propia voluntad.
Autoritario	Ordenar, amenazar y utilizar el miedo para controlar. Es rígido y exigente.
Explosivo	Elevar la voz violentamente y gritar con rabia/ira para paralizar, manipular e intimidar. No tolera la frustración ni que los demás le lleven la contraria.

Como se puede observar, los vampiros emocionales tienen como característica común transmitir negatividad, inseguridad y pesimismo. Por lo tanto, el mejor remedio para evitar acabar atrapado entre sus garras es poner distancia física y emocional, así como aprender a confiar en la propia intuición y a gestionar los sentimientos. También ayuda saber poner límites y evitar mostrar debilidades o compartir aspectos de la vida que son importantes para uno, así como eludir tener conversaciones o contacto demasiado frecuentes. Y en el caso de no poder remediarlas, se recomienda hacer un esfuerzo para evitar que duren mucho tiempo. Pero de lo que no cabe duda es de que mientras más nos conozcamos y mientras más seguros estemos de nosotros mismos, menos nos influirán los actos perversos de los vampiros emocionales. Por lo tanto, debemos confiar en nuestro instinto y ser nuestro propio aliado, ya que si no podemos caer en la trampa de convertirnos en nuestros propios vampiros emocionales.

CUANDO SOMOS NUESTROS PEORES ENEMIGOS:
SOY MI PROPIO VAMPIRO EMOCIONAL

No siempre son otras personas las que nos envenenan con su negatividad. A veces nuestro peor enemigo somos nosotros mismos. Como psicóloga a menudo trabajo con personas que sienten tal rechazo u odio hacia su propia persona que dedican una gran parte de su tiempo y energía a recriminarse y amonestarse. Se insultan y desmoralizan constantemente. «No sirvo para nada, ojalá fuera otra persona, me odio», comentan. Es frecuente encontrar que tienen fantasías sobre formas de castigarse emocionalmente, autolesionarse mental o físicamente o incluso fantasean con su propia muerte. Son personas inseguras, con la autoestima muy fracturada, que tienen tendencia a autolesionarse. Tienen dificultad para ser objetivos a la hora de valorarse. No se quieren ni se respetan. Se recriminan y se desprecian constantemente. Son sus propios vampiros emocionales que viven una guerra civil en su interior, pero es una guerra que no tiene ni principio ni final. Su lucha interna es una historia interminable y una pesadilla de la que no pueden despertar; son víctimas de sí mismas.

Odiarse a uno mismo es muy perjudicial para la salud emocional. Es exagerado y muy destructivo. Pero lo cierto es que existen numerosas razones por las que algunas personas pueden llegar a odiarse: por no cumplir con las expectativas propias o las de los demás, por sufrir un profundo sentimiento de culpa, por tener intensos complejos y sentimientos de inferioridad, o simplemente porque son personas que han crecido en un entorno en el que se han sentido criticados constantemente. Nunca se han sentido queridos y no han conocido la calidez de otro ser humano, no han conocido los beneficios de recibir afecto. «Mi padre nos abandonó a mi madre y a mí cuando nací, y desde entonces siento que ella no me ha querido. Me considera la causa de su infelicidad. En más de una ocasión me ha recriminado que él se fue por mi culpa, que no tenía que haber nacido, que fui un error. Por ello me odio. Soy una fuente de infelicidad y un ser que no debía haber nacido.»

Las personas que han vivido en una familia en las que las críticas y el rechazo eran constantes a menudo tienden al autodesprecio. Han aprendido a no quererse, a verse a sí mismos como les ven aquellas personas de las que han recibido tantos mensajes de rechazo. Se ven a través de la mirada de los vampiros emocionales que les rodean. Al no haber recibido cariño, aprecio y reforzamiento positivo muchos no saben ni que existe ni que es posible recibir amor. Estas personas han aprendido a relacionarse consigo mismas desde el rechazo, desde los defectos y desde el desprecio. Sin embargo, otras sienten desprecio hacia sí mismas cuando se encuentran en una relación o situación de dependencia: «Soy como un parásito que depende de los demás para vivir. Así nunca llegaré a nada, depender es igual que morir. Para eso mejor no existir». Estas personas sienten que no son autosuficientes y necesitan a otros para poder sobrevivir. Su autoestima depende de los mensajes que reciben de las personas de su entorno. No saben valorarse ni relacionarse consigo mismas, necesitan a otros para poder sentirse y saber quiénes son. Estas personas no dirigen sus vidas, no han aprendido a ser sus propios directores de orquesta de la obra de su vida.

¿Cómo superar el autodesprecio?

Para poder cambiar y superar el sentimiento de odio y desprecio hacia uno mismo es fundamental empezar por identificar, explorar y analizar los momentos en su vida en los que comenzaron estos sentimientos, así como las personas que lo fomentaron y las situaciones en las que ocurrieron. Por ejemplo, aunque parezca increíble, es bastante habitual encontrar a personas, hombres y mujeres, que han sido agredidas físicamente y que se culpabilizan por lo sucedido. Se torturan diciéndose que ellas son quienes han permitido que les ocurriera tal atrocidad. Y en algunos casos, incluso otras personas les transmiten cruelmente esta idea. Les dicen abierta o indirectamente que ellas son las culpables de la agresión. Hacen comentarios desgarradores como: «Algo habrás hecho para que esto te haya pasado» o «Quizás lo provocaste tú» o «Es posible que estuvieras buscando que te pasara, que lo desearas». En estas situaciones es esencial identificar a las personas que transmiten estos mensajes culpadores y crueles. Identificar las respuestas emocionales a raíz de los mensajes de apoyo o destructivos es fundamental para saber quién ayuda y quién no ante una situación dolorosa, porque uno necesita saber claramente quién empeora la experiencia traumática y la estabilidad emocional. A continuación se presenta un ejemplo de cómo se puede identificar a las personas tóxicas o no tóxicas ante una experiencia dolorosa o traumática en el entorno familiar.

Persona ¿Quién?	Mensaje ¿Qué me dicen?	Emociones ¿Qué sentimiento me produce?	Identificar toxicidad ¿Ayuda o no ayuda? ¿Constructivo o destructivo?
Familiar 1	«Entiendo que lo que te ha pasado es muy doloroso. Es normal que estés sufriendo. Aquí estoy para escucharte y apoyarte.»	Comprensión Empatía Cariño	NO TÓXICO
Familiar 2	«Tú has provocado esta situación. Eres masoquista y te mereces lo que te ha pasado.»	Culpa Angustia* Autodesprecio	TÓXICO

Familiar 3	«Vamos a buscar ayuda para que puedas sentirte mejor y puedas superar este dolor.»	Alivio Apoyo	NO TÓXICO
Familiar 4	«Das vergüenza. Eres una persona blanda y débil. Con esa forma de ser no me extraña que te pasen estas cosas.»	Impotencia Incapacidad Vergüenza	TÓXICO

Lamentablemente, no pocas veces las víctimas de maltratos físicos o psicológicos son acusadas de fomentar las agresiones. Este acto tan cruel da lugar a que desarrolle, entre otras cosas, un trastorno depresivo profundo en el que se encuentra reviviendo la experiencia traumática una y otra vez. En estos casos la víctima experimenta la llamada «victimización secundaria». La victimización secundaria es la respuesta emocional que tiene una persona (hombre o mujer) víctima de cualquier agresión (verbal, física, sexual, maltrato psicológico, negligencia, abuso o acoso) después de ser acusada de provocar la propia agresión. En estos casos la incomprensión y la falta de apoyo de las personas del entorno tienen unas consecuencias emocionales devastadoras; no sólo es víctima del suceso traumático, sino que además los demás le responsabilizan del mismo. Este acto tiene serias consecuencias en la salud mental de la persona. Una de ellas, entre muchas, es que la víctima construye una percepción de sí misma en la que se desprecia al hacerse responsable y culpable de lo sucedido, provocando una retraumatización, así como intensos sentimientos de odio hacia su propia persona; pierde la objetividad y su realidad se distorsiona.

En otras ocasiones también es frecuente encontrar que cuando comunican el suceso se les acuse de estar exagerando o incluso de haber inventado la agresión, y a veces no hay consecuencias para el agresor o es absuelto. En estos casos la víctima, sea del tipo que sea, permanece en un estado de desconcierto e impotencia, con sentimientos de vacío y dolor creando una profunda herida emocional y un estado profundo de indefensión. «Me pregunto si he hecho algo mal para que mi familia me haya acusado de exagerar los abusos que recibí de mi tío cuando viví con él y su familia. Mi familia decía que era imposible que él hubiera cometido semejante salvajada y que yo estaba exagerando —me comentó un joven de 18 años que había sido víctima de abuso sexual por parte de su tío—. Cuando volví a casa les comenté a mis padres lo que había pasado y respondieron: "Deberías estar agradecido de que te invitara a pasar el verano con él y tus primos y no inventarte semejantes historias". Nadie me creyó y eso me llevó a encerrarme en mí mismo durante mucho tiempo. Desarrollé un trastorno alimenticio y comencé a cortarme los brazos con una cuchilla de afeitar. El dolor era insoportable, pero el dolor emocional lo era más.» En ocasiones las víctimas de abusos sexuales o de maltrato psicológico trasladan su sentimiento de rabia, furia e indefensión hacia sí mismas al sentir una enorme sensación de impotencia. Poco a poco convierten sus sentimientos en odio hacia su persona, llevándolas a cometer atrocidades hacia sí mismas sin límites. En estas situaciones es fundamental buscar ayuda psicológica de un profesional lo antes posible para poder evitar que el estado emocional de la persona provoque daños irreparables, así como para que pueda superar el trauma y retomar su vida.

Ante la posibilidad de caer en el pozo de la autodestrucción es fundamental identificar a las personas y los mensajes que ayudan a superar el dolor y los que no. Cuando uno identifica a las personas que provocan estas sensaciones, tiene la oportunidad de protegerse, alejarse y no sucumbir en esta percepción tan destructiva. Independientemente de que esa persona sea un familiar o no, es fundamental saber quiénes son. Un ejemplo de ello se presenta en el siguiente caso: «Cuando entendí que hablar con mis hermanos sobre la situación de maltrato en la que me encontraba con mi pareja me hacía daño al culpabilizarme de ello y al transmitirme mensajes de que yo era responsable de que mi pareja me maltratara, dejé de hablar con ellos y de esperar recibir su ayuda. Sin embargo, mis padres tomaron una actitud totalmente diferente. Me apoyaron y me transmitían palabras de ánimo. Estaban pendientes de mí. Incluso fui con ellos a poner una denuncia a la policía, me buscaron un abogado y un psicólogo para poder hablar con un profesional sobre lo que me estaba sucediendo y poder salir de la tormenta emocional. Me dieron herramientas para poder cambiar mi situación. Ellos fueron mi apoyo y mi fuente de fortaleza, mientras que mis hermanos eran tóxicos y perjudiciales para mí. Poder ver esto con claridad me produjo sentimientos encontrados. Por un lado, me sentí querida y apoyada por mis padres, pero por otro sentí tristeza y decepción hacia mis hermanos. Lo cierto es que mi relación con ellos cambió. Pero lo importante es que pude salir de aquella relación de pareja tan destructiva, y fue gracias al apoyo, la ayuda y el cariño recibido».

DEPENDENCIAS RAZONABLES Y TÓXICAS: ¿QUIERO O NECESITO?

Todo ser vivo es dependiente por naturaleza. Para permanecer vivos se necesita básicamente oxígeno, agua y alimentos, y dependiendo de la especie animal se requerirá tener y mantener una temperatura corporal determinada. Los seres humanos nacemos siendo extremadamente dependientes de otros para sobrevivir, necesitamos que nos cuiden y nos protejan, ya que no podemos valernos por nosotros mismos para alimentarnos, mantenernos hidratados y estar protegidos de posibles amenazas que atenten contra nuestra vida. Dependemos de los padres y cuidadores para recibir afecto y seguridad, para que nos enseñen a desarrollar diferentes habilidades y podamos relacionarnos adecuadamente con los demás. Ellos son nuestros principales maestros a la hora de aprender a resolver los conflictos, a saber identificar nuestras emociones y necesidades, e igualmente son los que nos enseñan a crecer intelectualmente. Pero también somos dependientes de cosas que afectan a la salud, como el agua potable, el sol o el dormir, o aquellas que nos curan cuando estamos heridos o enfermos, como los medicamentos. Y hoy día, además, dependemos de instrumentos que nos facilitan información para realizar nuestro trabajo, así como de la electricidad y las nuevas tecnologías. Ser dependiente, hasta cierto grado, es normal y no tiene por qué ser un problema. Pero como veremos más adelante, ser dependiente no es un inconveniente siempre que no exista una relación patológica con el objeto del que se depende, es decir, que exista algún tipo de adicción.

Las personas, a nivel individual o como grupo, podemos ser dependientes de muchas cosas a partir del uso o de la función que tenga el elemento en cuestión. Es decir, cada elemento del que somos dependientes tiene una función en nuestra vida. Por ejemplo, como hemos señalado previamente, para mantenernos vivos necesitamos comida, agua y ropa para proteger el cuerpo. Pero en nuestra sociedad, para poder acceder a estas necesidades básicas necesitamos dinero para comprarlas. Y para tener dinero la mayoría de las personas dependemos de que tengamos un trabajo. Sin embargo, para poder tener un trabajo necesitamos tener unas habilidades determinadas y vivir en una sociedad que ofrezca el mismo. Por lo tanto, si nos paramos a pensar en las cosas de las que somos dependientes es probable que podamos hacer una lista bastante amplia y encontremos que muchas de esas cosas que necesitamos dependen de otras, formando una cadena.

Es posible que si hacemos una lista de las cosas de las que dependemos existan algunos elementos en común y diferentes con otras personas. Por ejemplo, es probable que mientras algunos incluyamos en la lista nuestras gafas para leer, otros incluyan su audífono para poder escuchar, o un bastón para andar. Pero quizás también tengamos en común con otros que incluyamos como elemento esencial el teléfono móvil, tener acceso a internet, o alguna sustancia adictiva como el tabaco o el alcohol. Como ejercicio de reflexión invito al lector a que piense en algunos elementos que incluiría en su lista de dependencias. No hay un número de respuestas correctas o incorrectas, ya que todo lo que contenga tiene un punto de vista subjetivo y personal. Lo que puede ser una necesidad para unos no tiene que serlo para otros. El objetivo de este ejercicio es sencillamente ayudar a ser conscientes de nuestras dependencias.

ELEMENTOS DE LOS QUE SOMOS DEPENDIENTES				
Agua	Comida	Dinero	Medicinas	Gafas

Es posible que al evaluar las cosas de las que uno siente que es dependiente hayan surgido dudas y se haya preguntado: «Pero ¿esto lo necesito realmente o no?». En el caso de que identifique una dependencia dudosa es muy probable que también se haya cuestionado el grado de dependencia: «¿Cuánto dependo de ello? ¿Soy muy dependiente o no tanto?». Puede que piense en ocasiones en las que no ha tenido el objeto y haya analizado las consecuencias y el grado de frustración que ha podido causarle. Por lo tanto, para valorar el grado de dependencia a menudo se recomienda utilizar una escala, denominada «Escala de Likert», en la que el 1 significa no ser nada dependiente y el 10, extremadamente dependiente.

1__2__3__4__5__6__7__8__9__10
Nada   Extremadamente
dependiente   dependiente

Hay personas, e incluso familias enteras, que asocian determinados elementos o materiales con la forma de valorarse a sí mismas o a otros. «No entendemos cómo nuestra hija puede tener un novio que no sea de su propia clase —me comentaban unos padres sobre la relación de pareja de su hija—. Ella —la hija— dice que es un hombre trabajador, inteligente y muy cariñoso, que están muy enamorados y que va a casarse con él. Esto ha supuesto un disgusto enorme para su padre y para mí, porque siempre pensamos que sería lo suficientemente lista e inteligente, además de buena hija, al pensar que acabaría casándose con una persona de nuestro nivel social y económico. Pensamos que se rodearía de personas importantes e influyentes.» De acuerdo con la hija, sus padres siempre le habían transmitido (a ella y a sus hermanos) a lo largo de toda la vida que tener dinero y estar con personas con un alto nivel económico era esencial. Por esta razón pensaba que su círculo de amistades era tan reducido y cerrado. Sin embargo, ella no estaba de acuerdo con esta idea y durante mucho tiempo ocultó que tenía pareja y que éste no era un valor importante para ella. No obstante, al decidir contraer matrimonio este hecho se convirtió en un motivo de discusión y conflicto familiar. Los padres tenían un disgusto tan grande con ella que habían dejado de dirigirle la palabra durante dos meses, empeorando la relación entre ella y su familia. A raíz de esta situación la madre desarrolló una depresión, lo que llevó a que buscaran ayuda profesional para tratar el «problema» familiar.

Existen personas que al sentirse unidas o vinculadas de alguna forma a otra, o a un grupo determinado (pareja, socio, amigos o conocidos) también les provoca un sentimiento de importancia o superioridad. Como dice el refrán popular, «dime con quién andas y te diré quién eres»; es una forma de depender, de manera interesada, de otras a la hora de valorarse. Al igual que las personas que valoran y dan prioridad excesivamente a poseer bienes materiales por encima de todo lo demás tienen más posibilidad de desarrollar una dependencia muy destructiva al llevarlas a abandonar e ignorar otras áreas de la vida que también son importantes, como las relaciones sanas y positivas o el dedicar el tiempo a actividades que les hagan sentir bien independientemente del beneficio económico. Para ambos grupos poseer es la clave, pero también es una navaja de doble filo, ya que si sienten que es ahí donde está su fuerza también será su debilidad. Por lo tanto serán capaces de hacer cualquier cosa para proteger y controlar sus intereses. Caerán con más facilidad en conductas perversas y manipuladoras y se convertirán en seres egoístas, autoindulgentes y codiciosos.

Las personas que asocian el tener con el ser de una forma extrema a menudo se convierten en seres codiciosos. El codicioso nunca tiene suficiente por mucho que posea. Sus deseos se convierten en una necesidad y su motivación le llevará a realizar cualquier tipo de manipulación para obtener su objetivo. En muchas ocasiones asocian el poseer con sentirse bien consigo mismas, y harán todo lo que esté en sus manos para poder proteger su autoestima. Las personas codiciosas tienen un deseo vehemente e impetuoso de obtener bienes, entendiendo por bienes todo aquello que se considere que aporte, enriquezca, mejore la situación personal en todos los ámbitos (económico, político o social), así como intereses, posesiones y pertenencias materiales. El codicioso, a diferencia del avaricioso, desea obtener bienes, pero no necesariamente desea atesorarlos. El codicioso es ambicioso y desea tener más y más, y raramente se siente satisfecho. Es capaz de utilizar cualquier medio, incluso de cometer fraude o crímenes para conseguir satisfacer sus necesidades. Aunque hay muchas personas que se mantienen en los límites de la legalidad, su actitud y comportamiento manifiestan características codiciosas. El codicioso a menudo confunde la necesidad con el deseo. Aquello que desea lo considera algo esencial y del que depende su bienestar básico e incluso su supervivencia e instinto de conservación. En definitiva, las personas codiciosas son seres muy dependientes de los bienes.

Cabe preguntarse cómo se convierte uno en un ser codicioso. La codicia puede formar parte de la forma de ser del individuo, o unos valores aprendidos en el entorno familiar o incluso en una sociedad. No obstante, cabe señalar que desear mejorar las propias circunstancias es una necesidad natural del ser humano; tener un cierto grado de ambición es bueno y sano. Sin embargo, la ambición llevada al máximo puede distorsionarse y convertirse en codicia. Este cambio transforma los objetivos y principios asociados a la idea de mejorar y crecer como persona en un concepto alterado, en el que se fomenta la actitud egoísta, narcisista y materialista. El mensaje que se aprende es que el fin justifica los medios, por lo tanto no se presta atención a las consecuencias de los actos llevados a cabo por codicia.

La diferencia entre las necesidades y los deseos

Diferenciar las necesidades de los deseos nos ayuda a ser objetivos y tener identificadas las cosas que nos gustaría tener y las que necesitamos tener. Algunos deseos pueden ser más intensos que otros, pero al final la gran pregunta es poder identificar si el elemento que deseamos es una dependencia o no. Es decir, ¿necesitamos o no aquello que deseamos? Existe una gran diferencia entre necesitar y desear. Sin embargo, en la sociedad en la que vivimos estos conceptos a menudo se confunden. Una cosa es necesitar (comida, agua, seguridad, gafas de ver...) y otra cosa es sentir necesidad de algo cuando realmente es un deseo (tener el último modelo de ordenador o teléfono, una pareja, una familia...).

Depender de cosas o de otras personas de una forma moderada y razonable no tiene por qué ser un problema. Aceptar la idea de que no somos seres autosuficientes al cien por cien y que necesitamos y deseamos cosas y a otras personas es sano, ya que forma parte de nuestra naturaleza; lo tenemos grabado en nuestros genes. Si lo pensamos, el mundo funciona gracias a la diversidad y a los intercambios, sean del tipo que sean. Aunque lo cierto es que vivimos en un mercado constante. Pero lo que se intercambia no son exclusivamente bienes materiales o cosas, también vivimos en un mundo de

constantes intercambios de afectos, pensamientos y sentimientos. Somos seres sociales, por lo tanto también necesitamos y dependemos de nuestras familias, amigos y relaciones
interpersonales para sentirnos bien y para que la vida tenga
un cierto sentido.

LAS RELACIONES EXCESIVAMENTE DEPENDIENTES: TE NECESITO PARA VIVIR

Como hemos visto en el apartado anterior, las personas
somos dependientes de algo o alguien cuando las necesitamos para funcionar y desenvolvernos, sea ésta una necesidad real o imaginaria. Todos somos dependientes hasta
cierto punto, pero siempre que sea de una forma moderada
se puede considerar como algo normal y sano. Tener y mantener una autonomía personal es una necesidad primordial
para nuestra felicidad, y perderla puede ser muy difícil
emocionalmente, incluso devastador. De hecho, la mayoría
de las personas sienten que uno de sus mayores miedos es
perder la autonomía, convertirse en seres dependientes y
que no puedan valerse por sí mismos. Pero hay diferentes
tipos de dependencia. Por ejemplo, las personas con problemas de movilidad o con algún tipo de enfermedad cog-
nitiva dependen de sus cuidadores para poder sobrevivir.
Sin embargo, también las hay que, por un motivo u otro,
creen que no pueden funcionar ni vivir adecuadamente sin
otra persona en particular y, a pesar de encontrarse bien de
salud, se hacen adictas a ellas; son excesivamente dependientes.

Cuando uno desconfía de sí mismo de forma extrema o se siente incapaz de hacer las cosas por sí mismo y de tomar sus propias decisiones en circunstancias normales y cotidianas o de realizar actividades sin la presencia, existencia o compañía de una persona determinada porque se bloquea, se considera que tiene un trastorno de personalidad por dependencia. Depender emocionalmente de otra persona de forma extrema puede ser peligroso para la autoestima y para las relaciones personales, ya que cuanto mayor es la dependencia más posibilidades existen para que sucedan manipulaciones emocionales, conductas sumisas y actitudes complacientes.

Las personas con un problema de dependencia emocional a menudo necesitan tener una aprobación constante y recibir frecuentes cuidados y atenciones para sentir un ápice de seguridad en sí mismas. Suelen ser personas ansiosas y temerosas, ya que piensan que siempre están siendo evaluados y que están a punto de ser abandonados, y son propensas a sufrir de estrés crónico y depresión. La dependencia emocional excesiva se presenta generalmente en dos áreas básicas de la persona: en la relación consigo misma y en las relaciones con otras personas. Algunas características se pueden ver en el siguiente cuadro:

CARACTERÍSTICAS DE LAS PERSONAS EMOCIONALMENTE DEPENDIENTES

1. Tienen una baja autoestima. A menudo piensan «no puedo solo», «no soy capaz».

2. Tienen dificultades para establecer límites funcionales y para ser asertivos.

3. Tienen dificultades para expresar y aceptar su propia realidad. Dudan de sus sentimientos y percepciones. Necesitan confirmarlos con los demás constantemente.

4. Les resulta difícil responsabilizarse y ocuparse de sus propias necesidades como adultos siendo objetivamente capaces. Necesitan que otros se encarguen de sus responsabilidades.

5. Son muy ansiosos y temerosos en general.

6. Dudan y desconfían de sus capacidades y sienten que necesitan confirmación y aprobación de otros constantemente.

7. Tienen una actitud a menudo sumisa y complaciente.

8. Se sienten incapaces de defenderse ante una injusticia. Asumen el hecho pensando que no pueden hacer nada al respecto.

Las personas excesivamente dependientes suelen tener una baja autoestima, piensan que no son suficientemente valiosos, no se quieren y tienden a infravalorarse y compararse con los demás para salir perdiendo. Son extremadamente vulnerables a los cambios externos al sentir que no tienen la capacidad para controlar sus circunstancias. Un factor clave que influye en estas personas es no haber recibido afecto y mensajes de valía durante la época de desarrollo por parte de los padres. No olvidemos que la forma en la que somos tratados de niños propiciará que construyamos vínculos sanos o insanos con los demás en la edad adulta.

Cuando somos niños creamos una imagen de nosotros mismos partiendo de las descripciones que recibimos de nuestros padres y cuidadores. Esos mensajes se internalizan como ciertos y son generalmente poco cuestionados. Por lo tanto, cuando unos padres le dicen a su hijo que es inteligente, muy capaz o un desastre, o que no sirve para nada y que nunca llegará a ser algo en su vida, los mensajes (positivos o negativos) serán incorporados e interiorizados por el niño y se vinculará directamente a la forma de verse a sí mismo y su autoestima. Pensará y sentirá que esos atributos son ciertos; se verá como sus padres le ven. Si los mensajes son positivos, se desarrollará una buena autoestima; sin embargo, si son mayoritariamente negativos, ello tendrá un efecto devastador en su desarrollo y puede llevar a que se convierta en un adulto inseguro y emocionalmente dependiente. Como me comentó un hombre que acudió a terapia para superar su problema de baja autoestima y de excesiva dependencia emocional: «Crecí con el mensaje constante de mis padres, abuelos, tíos y primos de que no llegaría a nada porque no era lo suficientemente inteligente. Como era disléxico comentaban que invertir en un especialista era una pérdida de tiempo, ya que seguramente no iba a aprender por ser torpe y tonto. Aquello me afectaba profundamente, lo sentía como si me estuvieran clavando puñales en el pecho. A menudo permanecía tumbado en la cama angustiado y llorando al pensar que nunca podría llegar a hacer nada en la vida, que sería dependiente de mis padres y del resto de mi familia para siempre ya que solo no iba a poder sobrevivir».

¿Cómo se hace uno emocionalmente dependiente?

Muchas personas se convierten en seres emocionalmente dependientes a raíz de experiencias disfuncionales durante la niñez. El origen de este problema surge en las familias disfuncionales en las que hay o ha habido maltrato psicológico y físico, problemas de adicciones a sustancias (drogas/alcohol), en las que el afecto y los cuidados básicos (seguridad y protección) eran casi inexistentes, o en las familias en las que las conductas explosivas y violentas eran constantes. Los padres o cuidadores que no proporcionan límites, estructura, herramientas básicas para sobrevivir o protección y dejan que los niños se busquen la vida como puedan, que aprendan por sí solos cómo resolver los problemas o ni siquiera les enseñan las reglas básicas de higiene (bañarse, limpiarse los dientes, usar desodorante...) propician que el niño se convierta en un adulto emocionalmente dependiente cuando luego aparece un cuidador. Sin embargo, cabe señalar que también puede suceder lo mismo si se sobreprotege demasiado al niño, al no permitir que aprenda a hacer frente a las dificultades e incluso a comprender las consecuencias de su propia conducta. «Siento que sin mi madre no puedo vivir. Su sobreprotección me ha convertido en una persona sumamente dependiente que no sabe hacer las cosas por sí misma. Entiendo que su instinto de madre es cuidarme y protegerme, pero su miedo excesivo y su falta de confianza en mí me ha convertido en una persona que duda de sí misma todo el tiempo. Ella interviene en todo, no me deja espacio para respirar, ni pensar ni aprender de mis errores. Incluso no me permite encontrar mi forma de hacer las cosas, de poder descubrir mis propios gustos y métodos. Se ha pasado toda la vida diciéndome lo que debo y no debo hacer, cómo hacerlo, cuándo y por qué debo hacerlo. Tengo 40 años y aún no sé realmente cómo tengo que hacer las cosas básicas. Ella siempre ha estado ahí para hacerlo todo o para decirme qué hacer. No ha tenido límites ni yo he sabido cómo ponerlos.»

Aprender a poner límites, a uno mismo y a los demás, es muy importante para poder establecer relaciones emocionalmente sanas. Las personas que no se ponen límites a sí mismas, como en el caso de la madre que sobreprotege excesivamente a sus hijos, al final está impidiendo que el hijo pueda desarrollar su personalidad y sus fortalezas adecuadamente. Para aprender a conocerse y poder crecer necesitamos un cierto espacio, y si nuestros padres o cuidadores no nos lo dan, obstaculizarán el proceso de desarrollo natural. Por lo tanto, los límites y el espacio personal son claves para que podamos ser seres independientes y autosuficientes.

CLAVES PARA EL BUEN DESARROLLO EMOCIONAL: APRENDER SISTEMAS DE LÍMITES

Los sistemas de límites son esenciales para el ser humano en todos los ámbitos de su vida, y se aprende durante la convivencia con la familia. En palabras de la conocida terapeuta y escritora Pia Mellody: «Los sistemas de límites son "vallas" invisibles y simbólicas que tienen tres propósitos»:

1. Impedir que la gente penetre en nuestro espacio y abuse de nosotros.

2. Impedirnos a nosotros entrar en el espacio de otras personas y abusar de ellas.

3. Proporcionarnos un modo de materializar nuestro sentido de «quiénes somos».

Los límites pueden dividirse en dos partes fundamentales: los límites externos (físicos) y los internos (emocionales y cognitivos). Por un lado, los límites externos nos ayudan a elegir la distancia física y el espacio que queremos tener respecto a otras personas. Podemos permitir que estén más o menos cerca de nosotros, para que nos toquen o acaricien; el límite externo controla la proximidad física que establecemos con los demás. Por otro lado, tenemos los límites internos, aquellos que mantienen protegidos nuestras emociones y nuestros pensamientos para que funcionen correctamente. Al utilizar nuestros límites internos asumimos la responsabilidad de nuestras emociones y comportamientos, pero también sabemos mantener la distancia entre nuestros pensamientos y emociones y los de otras personas; no nos hacemos responsables de lo que sientan o piensen otros. De manera que es más difícil que nos manipulen o manipular a otros.

Las personas seguras de sí mismas se sienten cómodas con los límites, saben ponerlos y respetar los ajenos. Sin embargo, las personas emocionalmente dependientes no tienen claro cuáles son sus límites y los de los demás. A menudo son manipuladas por los otros (familiares, parejas, conocidos...) al igual que intentan manipular para sentir que controlan sus circunstancias; pueden ser víctimas o abusadores. Con frecuencia son hombres y mujeres que han crecido en un entorno familiar en el que los límites no existían o, si los había, no se respetaban. Los niños no nacen con límites, ni externos ni internos, es algo que se va aprendiendo durante el desarrollo. Por lo tanto unos padres que no protegen físicamente a los hijos ni les enseñan a protegerse emocionalmente y a poner límites pueden dañar la capacidad para aprender a protegerse e incluso para sentirse con el derecho a defenderse. Como resultado se convierten en adultos muy dependientes y frágiles al tener pocos límites o límites inexistentes. Esto a menudo les convierte en personas a las que les resulta difícil detectar el maltrato o el abuso, no evitan que otros se aprovechen de ellos y no saben decir «no» al no conocer sus límites y derechos. Sin embargo, también hay la posibilidad de que existan ciertos límites pero estén dañados. Hay personas con ciertas características dependientes que, sin ser demasiado extremos, pueden detectar ciertos comportamientos abusivos. A veces tienen la capacidad de protegerse de personas tóxicas en algunas situaciones, pero en otras circunstancias son incapaces de poner límites convirtiéndose en dianas de abusos y maltratos. «Dependiendo de la situación siento que tengo la suficiente fortaleza y claridad de pensamiento para defenderme, pero en otras no —me comentaba un hombre sobre su dificultad para poner límites a sus familiares—. Cuando estoy en el trabajo, en general me siento seguro y tranquilo. Llevo a cabo mis tareas correctamente y me comunico bien con mi equipo. Mis jefes me valoran, tengo confianza en mí mismo y no tengo problema para poner límites. Sin embargo, con mi familia siento que me empequeñezco. Como si me quedara sin voz, me siento incapaz de poner límites. Me piden algo y no sé decir que no. Suelo sentir que debo hacer o deshacer cualquier cosa por ellos porque si no pagaré un alto precio. Si no

cumplo como hijo, hermano, primo o tío me critican y toman
una distancia tan exagerada que siento como si me echaran de
la familia. Es como si tuviera dos yo, uno que es fuerte, sereno,
asertivo y seguro y otro que es débil, temeroso y sumiso.»

Tener o no tener límites y saber ponerlos tiene un papel
esencial en la forma de percibirse a uno mismo, la autoestima
y la confianza. Cuando confiamos en nosotros mismos es más
fácil confiar en los demás, mientras que lo contrario nos aleja.
Hay personas que, al confiar en todo y todos sin cuestionarse
nada ni a nadie, son muy sugestionables y manipulables. Sin
embargo, hay otras que han aprendido que no se debe confiar
nunca en nadie y en nada. Mantienen unos límites muy grandes para protegerse. Piensan que confiar es una vulnerabilidad y viven sospechando de las intenciones de los demás,
incluso de las personas más cercanas, como los amigos y la
familia. Son personas que tienden a ser paranoicas y su desconfianza es un mecanismo para protegerse.

La gran muralla limitante: la desconfianza
y los pensamientos sospechosos

Todos hemos sentido en algún momento desconfianza hacia
otras personas, sean cercanas a nosotros o no. Quizás fue una
mirada, un gesto o una palabra lo que despertó este sentimiento, o quizás fue una serie de pensamientos que nos llevó
a deducir que no era de fiar. A veces desconfiamos sin saber
por qué y en otras ocasiones sí tenemos claro el motivo. Hay
muchas situaciones que pueden dar pie a que uno sienta desconfianza. A veces es porque percibimos que nos están min-

tiendo o manipulando, que nos van a hacer daño, y otras porque observamos una hostilidad intencional.

Algunas personas son muy habilidosas y tienen la capacidad de detectar una trampa o de intuir que alguien se quiere aprovechar de ellas, mientras que otras lo tienen más difícil y no se dan cuenta hasta haber sido dañadas. La clave en ambos casos es tener buena intuición. La intuición tiene un papel importante a la hora de confiar en los demás. No pocas veces nos dice esa vocecita desde nuestro interior: «Puedes confiar» o «No confíes y punto». Algunas de estas sensaciones pueden corresponder a la realidad, pero en otras ocasiones, dependiendo de nuestra experiencia y nuestra forma de ser, no tienen fundamentos y nuestra desconfianza no está justificada. En algunos casos cabe la posibilidad de que estemos siendo un poco paranoicos. Por lo tanto, el saber diferenciarlas es fundamental, ya que si no esto puede dar lugar a numerosos conflictos, problemas relacionales o malentendidos.

Hay personas que son muy reservadas con aspectos de su vida y confían en pocas personas. Pero también las hay con una fuerte tendencia a desconfiar, que mantienen las distancias y que son reacios a compartir información personal por miedo a que se utilice en su contra. No quieren que nadie sepa nada sobre ellos y se aíslan de sus amigos, pareja y familia. Interpretan los actos de los demás como hechos con intenciones ocultas y amenazantes. Malinterpretan las palabras y las conductas de los demás o incluso los errores como un intento deliberado de hacer daño. En ocasiones entienden los comentarios positivos y halagos como una crítica. «Cada vez que mi padre me dice qué buen trabajo he hecho, sé que en realidad me está diciendo que no trabajo suficiente. Pero

¡quién se cree que soy! Estoy harto de que cada día me esté mandando mensajitos con segundas intenciones. ¿Se cree que soy tonto y que no me doy cuenta? Pero ¡yo sé lo que está pensando realmente! Siempre está con halagos, pero en realidad me está diciendo que no hago lo suficiente, que no estoy a la altura. Él cree que yo debería ser como él y vivir sólo y exclusivamente para la empresa familiar, pero trabajo todos los días y no puedo hacer más de lo que hago.» Cuando le pregunté sobre la percepción que tenía de su padre y la relación que había tenido con él a lo largo de su infancia y adolescencia, este joven directivo de 40 años, socio de una empresa inmobiliaria de mucho éxito, me comentó que siempre había sentido la presión familiar para que siguiera el camino de su padre. Sentía que las expectativas de continuar en la empresa familiar que se había fundado hacía más de cincuenta años era un deber, por lo tanto, estaba resentido con sus padres y el resto de los socios por que le hubieran puesto tanta presión desde niño. Con el tiempo y hablando sobre la relación con su padre, pudo darse cuenta de que su padre realmente no le había puesto esa presión, sino que fue él mismo quien se impuso esta decisión de seguir en la empresa familiar. Por miedo a decepcionar las ilusiones de su familia se resignó a ello y al final abandonó su sueño de ser arquitecto. De manera que con el tiempo pudo apreciar que los comentarios de su padre no tenían segundas intenciones, que él los estaba interpretando mal. Esto le produjo mucha tristeza, ya que se dio cuenta de que el problema no era de su padre, sino suyo, por lo tanto decidió tener una conversación con él para aclarar la situación y mejorar su relación con su padre, que durante tantos años había sido muy tensa.

De acuerdo con algunos estudios, la frecuencia de los pensamientos sospechosos y paranoicos en la población general es más habitual de lo que se pensaba. Por ejemplo, en las investigaciones de Freeman y Garety del Instituto de Psiquiatría del Kings College de Londres se encontró que los pensamientos sospechosos suceden en entre un diez y un quince por ciento de la población. Señalan que los pensamientos más comunes suelen ser: «Necesito cuidarme de los demás», «La gente me critica a mis espaldas», «Se están riendo de mí», «Me quieren provocar». Las personas que tienden a pensar mal son excesivamente desconfiadas y muy susceptibles, frágiles, inseguras y temerosas, e intentan demostrar, directa o indirectamente, su valía y sus derechos. En ocasiones se caracterizan por no ser muy simpáticos con los demás, ya que al percibir el mundo como un lugar donde deben estar vigilantes por sus continuas amenazas, encuentran complicado poder tener una relación cercana con otros.

Tener una personalidad con tendencias paranoides afecta a todo tipo de relaciones, especialmente a las familiares y amistosas. Estas personas a menudo se encuentran en la necesidad de mentir con frecuencia y con el objetivo de protegerse o de no dejar ver sus miedos o vulnerabilidades. A menudo incluso pasan inadvertidas, no conectan con los demás y se aíslan. Pero viven en un infierno de estrés y angustia en solitario. Con frecuencia las personas con este problema desarrollan una desconfianza infundada a raíz de experiencias pasadas traumáticas, especialmente las que están asociadas a relaciones en las que han sido decepcionadas constantemente o han sido víctimas de traición. Algunas características de las personas que tienen una personalidad paranoide son las siguientes:

1. Hipersensibilidad a la crítica.
2. Desconfía de las intenciones ajenas, incluso de la deslealtad u honradez de los amigos.
3. Interpreta los mensajes ambiguos o halagos como mensajes ocultos de menosprecio.
4. Sospechas infundadas recurrentes sobre la lealtad de otros.
5. Lee conspiraciones constantes en los demás.
6. Mantiene la distancia emocional y es reacio a compartir información personal.
7. A menudo se siente atacado por otros, todo le sienta mal.
8. Es extremadamente rencoroso, se disgusta fácilmente.
9. Tiene una predisposición a sentir que todo lo que sucede está relacionado con él.
10. Tiene comportamientos hostiles y agresivos.

Las personas que se mantienen distantes por ser excesivamente desconfiadas sufren lo denominado «paranoia cotidiana». Se caracterizan por ser personas mentalmente sanas, libres de padecer una enfermedad mental, pero tienden a los pensamientos negativos al percibir el mundo como un lugar peligroso, son bastante inseguras y continuamente cuestionan las intenciones de los demás. A menudo evitan resolver conflictos, ya que toda la vida es un gran conflicto lleno de riesgos y amenazas. De manera que es frecuente que vivan con sentimientos de frustración, miedo, resentimiento y rencor. En ocasiones pueden ser sumamente hostiles y despreciativos, y pueden vivir en un estado de ánimo de amargura permanente. Son frecuentes los pensamientos que les alertan de agresiones ajenas y ataques a su persona o reputación. Sienten que todo y todos van a por ellos, que deben estar en un estado de alerta constante para poder defenderse. Son seres muy cautelosos e incluso a veces reaccionan con ira y comentarios impertinentes u ofensivos, por lo tanto no son fáciles de tratar. Es difícil tener una buena relación con este tipo de personas, ya que su suspicacia y aprensión son excesivas, así como sus demandas y quejas, que ocurren casi a diario; viven en un estado de malestar emocional y sospecha constante.

Como se ha señalado, las personas con una tendencia a los pensamientos paranoicos suelen interpretar los comportamientos negativamente, por lo tanto los mensajes imprecisos e indefinidos les confunden y desconciertan. Por ejemplo, si van por la calle y se cruzan con alguien conocido que no les saluda, automáticamente piensan que el otro está enfadado, y que es un maleducado y un grosero ya que lo ha hecho a propósito. Difícilmente le darán el beneficio de la duda y pensarán que quizás sencillamente no les ha visto porque iba distraído. Este tipo de personas tienen una gran dificultad para percibir una situación neutral como tal; su enfoque y análisis suele ser pesimista. Describen las situaciones neutrales como un ataque. Como me comentaba una mujer sobre la percepción que tenía de su entorno familiar: «Si no entiendo lo que está pasando pienso mal, porque al final es probable que algo malo esté sucediendo. Como dice el refrán, "piensa mal y acertarás"». A estas personas, cuando no entienden una situación determinada, su imaginación les llevan a concluir que algo negativo se está cociendo, y como resultado se ponen en guardia y a la defensiva.

Poder identificar las posibles amenazas reales que se nos presentan es esencial para poder sobrevivir y protegerse de los peligros. Gracias a este instinto, el ser humano ha podido superar numerosas adversidades y evolucionar durante millones de años. Nuestro cerebro es el responsable de identificar las situaciones de peligro, en concreto en una zona que se llama la amígdala. Es aquí donde se produce la respuesta instintiva e inmediata de luchar o de salir huyendo ante una amenaza. Pero es también el cerebro el que se encarga de avisarnos cuando la amenaza no es tal, y por lo tanto podemos mantener la serenidad. Las personas que tienen dificultades para diferenciar una amenaza real de una imaginaria viven en un estado crónico de estrés y angustia, por lo tanto su amígdala siempre está activada, afectando al sistema endocrino, cardiovascular y nervioso. Vivir en un estado de estrés constante es perjudicial para la salud. Como han señalado numerosos estudios, el estrés puede tener un efecto muy negativo en la salud física y emocional, por lo tanto, es esencial aprender a distinguir entre los factores estresantes reales y ficticios, y a saber calmarnos y a confiar en nuestro poder de manejar las situaciones difíciles.

¿Cómo dejar de ser una persona tóxica?

Afrontar la idea de que podamos ser personas tóxicas exige coraje. Para dejar de serlo y desarrollar la confianza en uno mismo primero se debe identificar el problema y aprender a tomar conciencia de los propios sentimientos y aceptar la propia historia. Como señala Mellody, debemos hacer frente a nuestra realidad y poder liberarnos del dolor emocional. Si no se aceptan, se hará más difícil superarlos al negarlos o minimizar su importancia, permanecerán con nosotros como un fantasma que se mantiene anexo a uno eternamente. Esto significa que uno permanecerá en el dolor y sufrimiento para siempre.

De acuerdo con Mellody, aceptar la propia realidad requiere saber asumir quién es uno y entender los cuatro componentes que comprenden esa realidad:

1. El cuerpo: cómo somos físicamente, nuestras habilidades motoras, qué aspecto tenemos.
2. El pensamiento: cuáles son nuestras percepciones y la forma en la que analizamos y asociamos ideas. Qué sentido le damos a la información que recogemos.
3. Los sentimientos: qué sentimos, cómo, en qué grado e intensidad y el porqué.
4. La conducta: cómo nos comportamos y qué significado tiene nuestra conducta. Ser conscientes de por qué elegimos un comportamiento determinado y no otro ante una situación.

Cuando somos conscientes de estos cuatro aspectos de nosotros mismos a nivel individual, tenemos una percepción nítida de quién, cómo y por qué somos como somos, así como del efecto que tenemos en nuestro entorno y nuestras relaciones personales. Sin embargo, las personas tóxicas no tienen bien definidos estos cuatro componentes que dan sentido a su realidad; su realidad no es sólida. En estos casos, puede que tengan dificultad para percibir su cuerpo con objetividad y les resulte difícil definir, entender e interpretar sus pensamientos. De igual modo, los sentimientos son excesivamente intensos, abrumadores y confusos, no saben identificarlos con exactitud. Y finalmente, tienen dificultad para ser conscientes de su comportamiento y el efecto que tiene sobre los demás y al contrario. En palabras de la autora: «El secreto de tu recuperación es que aprendas a asumir tu propia historia. Mírala, toma conciencia de ella y experimenta tus sentimientos respecto de los hechos dolorosos de tu pasado. Porque si no lo haces, los problemas de tu historia permanecerán en un estado de minimización, negación y engaño, y verdaderamente seguirán detrás de ti como demonios de los que no eres consciente».

6

Compartir tiempo y espacio con la familia: ¿sufres o disfrutas?

La realidad es que la felicidad está en nosotros. La capacidad de amar y sentirnos amados también está dentro de nosotros y, por encima de todo, el amor que siempre, absolutamente siempre, estará a nuestro lado será nuestro propio amor; de ahí la importancia vital que adquiere el concepto que tengamos de nosotros mismos. Sin duda, para aprender a amar, haremos bien en entrenarnos primero en amarnos a nosotros mismos, pues, de lo contrario, difícilmente podremos amar a los que nos rodean, y nunca, nunca, seríamos dueños de nuestra felicidad, ya que la habríamos puesto en manos de otros.

MARÍA JESÚS ÁLAVA,
La inutilidad del sufrimiento

EL ARTE DE CONVIVIR

Como hemos visto a lo largo de la lectura de este escrito, nuestra capacidad para construir y mantener lazos satisfactorios con los demás empieza en el momento en que nacemos y se va desarrollando a lo largo de toda la vida. De modo que la manera de relacionarnos comienza en la infancia, se solidifica durante la adolescencia y se sostiene en la edad adulta. Las experiencias vividas durante los primeros veinte años de vida se convierten en los principales pilares de la convivencia al ser cuando se construye nuestra personalidad, se desarrollan nuestras habilidades y se fortalece nuestra autoestima. El significado que le damos a nuestras experiencias, tanto positivas como negativas, influirán en nuestras decisiones, en la confianza que tengamos en nosotros mismos y en nuestras expectativas sobre el futuro, y también en nuestra actitud y nuestro comportamiento a la hora de tratar a las personas con las que convivimos.

Al convivir manifestaremos no sólo nuestra forma de ser y nuestros sentimientos, sino también la forma en la que hemos aprendido a construir lazos afectivos y a gestionar los conflictos. Dado que las relaciones están en constante cambio, las personas se ven obligadas no sólo a adaptarse a los cambios que les afectan a nivel individual, sino también se ven forzadas a adaptarse a los cambios que afectan a las personas con las que se relacionan y conviven. Sean los cambios favorables o no, se necesita tener una cierta flexibilidad y capacidad adaptativa para integrar nueva información y nuevas circunstancias. Por ejemplo, cuando un miembro de la familia comienza un nuevo trabajo, a menudo surgen tensiones entre los familiares respecto a los hábitos, horarios y obligaciones del hogar; el papel que tiene cada uno cambia. Esto ocurre porque el cambio que supone que uno tenga un nuevo trabajo puede afectar al rol de cada uno y la dinámica de todos los demás del grupo. Como resultado, cada uno de los miembros de la familia se ven obligados a adaptarse a una nueva situación. «Antes me responsabilizaba de mis hermanos menores mientras mis padres trabajaban, pero ahora que he conseguido un trabajo por las tardes, mis padres están constantemente discutiendo porque tienen que buscar a una persona que se ocupe de los pequeños, ya que ni ellos ni yo podemos —me comentaba una joven estudiante—. Este cambio supone para mis padres un gasto de energía y económico extra. Es un problema porque mis hermanos pequeños no quieren quedarse con cualquier persona. Prefieren que sea yo la que esté con ellos. Pero yo siento que no puedo desaprovechar esta oportunidad, ya que me va a ayudar en mi futuro profesional. No obstante, me siento culpable y responsable de la crisis que ha ocasionado el hecho de conseguir un trabajo. Hay momentos en los que he considerado rechazarlo, pero siento que no debería hacer tal cosa porque no sólo me arrepentiré en el futuro, sino que se lo reprocharé a mis padres y hermanos, y esto sólo me llevará a distanciarme de ellos. Además de que pienso que sería un error y una falta de respeto hacia mí misma. Me pregunto si eso es lo que ellos esperan... En ocasiones lo dudo, y esta duda me produce malestar. Cuando pienso en ello se me despierta un deseo muy intenso de querer independizarme, de tener mi propio sitio. A veces pienso que no se valora lo suficiente mis aportaciones al bienestar familiar. Me angustia la convivencia y deseo marcharme. Pero en otros momentos disfruto mucho cuando estamos juntos y me alegra tener la familia que tengo. Me imagino que convivir no es fácil para nadie.»

Gestionar el tiempo con la familia

Todos nos encontramos en algún momento de nuestra vida pasando tiempo con la familia, sea a diario, durante los fines de semana, las vacaciones, durante alguna celebración, cuando alguien enferma y necesita cuidados o tras un fallecimiento. Cuando se convive se comparten sobre todo espacio y tiempo, desde la mesa para comer o cenar, la habitación y el cuarto de baño, hasta los momentos de ocio, como cuando se ve algún programa en la televisión o se juega a algún juego en grupo. Cuando se convive se comparten el espacio y las actividades cotidianas durante el día, y quizás el dormitorio o incluso la cama cada noche. Sin embargo, también es frecuente encontrar a familiares que viven bajo el mismo techo y comparten poco tiempo juntos. Quizás eluden reunirse para evitar conflictos o porque no hay interés en compartir tiempo, espacio e información con los demás, pues lo que ya comparten es suficiente. Puede que no se considere importante reunirse con mucha frecuencia o sencillamente nunca se creó un hábito.

El pasar poco tiempo con la familia no significa necesariamente que exista desconexión o una mala relación, ya que también puede ocurrir que los horarios de trabajo sean distintos unos de otros. Algunas veces mientras unos trabajan de día otros lo hacen por la noche, por lo tanto no resulta fácil reunirse, ya que la logística lo hace difícil. Esto sucede a menudo en las familias que tienen algún miembro que forma parte de los equipos de seguridad ciudadana (policías, militares, bomberos), del personal del servicio sanitario y hospitalario, así como del personal del servicio hostelero. Por lo tanto, es importante tener en cuenta los horarios que tiene cada familiar, ya que esto también puede influir radicalmente en los tiempos, en el papel de cada uno y en la forma en que una familia se organiza y se relaciona.

La familia con hijos que por determinados horarios no puede coincidir con los demás miembros de la familia, o incluso ver a los hijos con frecuencia, a veces sufre niveles de estrés tan agudos que deteriora las relaciones de pareja y las familiares. «Soy enfermera desde hace diez años. Estoy casada y tengo tres hijos de 4, 6 y 8 años. Mi marido es policía desde hace doce. Ambos trabajamos y tenemos unos horarios difíciles, ya que tenemos guardias que consisten en trabajar tres noches a la semana —me comentaba una mujer sobre el efecto que estaban teniendo en la relación de pareja los horarios laborales de ella y su marido—. Nuestros horarios son una fuente de conflicto, estrés y peleas constantes entre nosotros. Nos exigimos cosas que realmente no podemos cumplir aunque quisiéramos. Por ejemplo, cuando me toca hacer guardia él quiere que yo la cambie, y lo contrario también sucede. Los niños son pequeños y gracias a que nos ayudan nuestros padres podemos organizarnos bien, y aun así cada vez nos peleamos más. Así que después de discutir y pensar mucho hemos decidido utilizar parte de nuestros ahorros para poder pagar a una cuidadora de niños que trabaje de interna durante unos años hasta que nuestra hija más pequeña tenga más edad. Es la solución que hemos encontrado de momento y en la que hemos decidido hacer un esfuerzo para poder mejorar la situación.» La forma en que una familia y sus miembros gestionan su tiempo es un factor muy importante a la hora de evaluar las relaciones. Las personas que cumplen con sus compromisos en el tiempo acordado tienen menos conflictos con las personas con las que conviven que aquellas que no se organizan bien o no cumplen sus tiempos. Hay personas que son respetuosas con el tiempo de los demás y otras que no lo son tanto. Cuando son respetuosas no sólo hay menos enfrentamientos, sino también una mejor organización, comunicación y confianza.

Cada persona tiene sus propios tiempos y necesidades independientemente de la dinámica de convivencia. Muchas personas se organizan para pasarlo con su familia, sea nuclear o extensa, pues llevan bien los encuentros familiares, mientras otras prefieren pasar el menor tiempo posible con ellas. Aquellas que sí llevan bien las reuniones suelen comentar que por lo general disfrutan bastante de la compañía, aclaran que aunque con unos se llevan mejor que con otros, en la mayoría de las ocasiones no se encuentran incómodos o tensos, lo pasan bien y disfrutan del tiempo que comparten con sus hermanos, padres o familia política. Sin embargo, aquellas que no lo pasan tan bien durante los encuentros familiares suelen describir estos momentos como situaciones estresantes y fatigosas, se desgastan mucho emocionalmente y están deseando marcharse desde el momento en que llegan a la reunión. Algunos incluso dicen que durante las mismas se sienten físicamente enfermos, que sus niveles de ansiedad se elevan hasta tal punto que a menudo tienen taquicardias o ganas de vomitar. Comentan que sufren intensamente durante esos momentos por miedo o angustia, y que están constantemente pensando en la forma de alejarse y poner distancia. Básicamente desearían salir huyendo y desaparecer.

Pero ¿qué aspectos diferencian a estos dos grupos? Lo

cierto es que pueden ser muchísimas cosas, como, por ejemplo, la forma de comunicarse entre los miembros de la familia, si los encuentros son momentos que se utilizan constructiva o destructivamente, es decir, para hablar o para atacar y humillar a alguien del grupo. Algunos señalan que sus reuniones familiares se caracterizan por ser momentos de quejas y discusiones constantes, y otros señalan que las suyas son momentos de tranquilidad y diversión. Dependiendo de la dinámica del grupo, la actitud y la personalidad de sus miembros y del tema de conversación, la convivencia o el rato que se comparte con la familia, cada persona clasifica ese momento como un tiempo agradable o desagradable. Como resultado, tendremos una sensación de bienestar o malestar que nos llevará a querer fomentar y repetir estos encuentros o evitarlos a toda costa. «Cuando llegan las fiestas navideñas y pienso en la cantidad de reuniones familiares y compromisos a los que tengo que asistir me entra una angustia terrible —me comentaba un hombre sobre cómo le afectaban los encuentros familiares durante las fiestas—. Sobre todo me estresa y me produce muchísima ansiedad tener que pasar tanto tiempo con mi familia y con la de mi mujer. Ambas familias son demasiado intensas y exigentes, se pelean cada dos minutos, se dirigen unos a otros con una cierta hostilidad y agresividad. No sé por qué tenemos que celebrar las fiestas las dos familias juntas. Creo que sería mejor que cada una lo celebrara por su lado. Pienso que todos lo pasarían mejor y serían más felices. Pero mi mujer dice que es una tradición reunir a las dos familias y que es esencial mantenerla. Quiere que todos estemos sentados a la mesa y que compartamos la comida y un tiempo juntos. Pero de lo que no se da cuenta es de que en esa mesa, cuando estamos todos, no hay un buen ambiente. Sólo se comparten quejas y comentarios desagradables y nadie disfruta de ese rato juntos. Pienso que quizás lo mejor sería romper la tradición, pero mi mujer se resiste a ello.» Las tradiciones y los rituales familiares tienen un peso importante en la forma que una familia gestiona su tiempo, sus relaciones y sus expectativas. Como en el caso anterior, muchas personas optan por mantener un ritual a pesar de ser desagradable y tortuoso para todos. Valoran más el significado que tiene dicho ritual que el impacto emocional en las personas y no se plantean cambiar el hábito que provoca tanto malestar y amargura. Como comenta Paul Watzlawick en su obra *El arte de amargarse la vida*, «llevar una vida amargada lo puede cualquiera, pero amargarse la vida a propósito es un arte que se aprende, no basta tener alguna experiencia personal con un par de contratiempos». Por lo tanto, a veces es importante plantearse que cambiar un determinado hábito, ritual o tradición es mejor y más saludable que permanecer en un estado de sufrimiento que puede evitarse.

EN LA MESA SÍ SE JUEGA: DESAYUNOS, COMIDAS Y CENAS FAMILIARES

De acuerdo con los estudios sobre dinámicas familiares, el lugar en el que se realizan las comidas familiares es un factor muy determinante en la forma en que se relacionan cada uno de los miembros de una familia. Cada familia tiene sus propios hábitos específicos a la hora de las comidas (desayunos, almuerzos y cenas) y generalmente suceden en unos horarios más o menos fijados y en torno a una mesa. Independientemente de la hora y el lugar en el que se reúnen algunos o todos los miembros de una familia, este momento es revelador ya que se puede observar y obtener mucha información sobre las dinámicas de trato entre los miembros de la familia. Algunos aspectos fácilmente observables se incluyen en el siguiente cuadro:

Dinámicas familiares observables durante los desayunos, almuerzos y cenas
1. Tipo de relación: ¿Cómo se describe y define la dinámica familiar?
2. Afinidades y alianzas: ¿Se detectan complicidades entre algunos de los miembros? ¿Cómo funcionan las alianzas?
3. Calidad de la comunicación: ¿Es fluida y constructiva o negativa y destructiva?
4. Forma de comunicarse: ¿Respetuosa, cariñosa, ofensiva, agresiva...?
5. Frecuencia de conflictos: ¿Con qué asiduidad surgen los conflictos y en qué momento del día?
6. Tipo y razones de conflictos: ¿Qué temas son conflictivos, no están resueltos y surgen de forma recurrente? ¿Entre qué familiares?
7. Resolución de conflictos: ¿Cómo se manejan los enfrentamientos o desacuerdos?

Algunas familias aprovechan el momento de las comidas, cuando se miran cara a cara, para hablar y comentar sobre las actividades realizadas, para planificar las que se realizarán en el futuro o para repartir responsabilidades. A menudo durante las comidas se lleva a cabo la planificación estratégica con el fin de organizarse para tener un buen funcionamiento y para conocer con claridad las obligaciones y las expectativas de cada uno de sus miembros. Pero en otros casos, la capacidad organizativa es poca o casi inexistente. Así como puede haber mejor o peor comunicación en una familia, también puede haber una mejor o peor organización de grupo. Uno puede obtener mucha información sobre la dinámica de una familia por la forma en que organiza sus tiempos, sus hábitos y por los temas de conversación existentes antes, durante y después de la comida. Uno probablemente puede hacer una lista de los temas más comunes tratados, pero podrá observar que varían según la hora del día. Por lo tanto, si uno presta atención generalmente se hablan de unos temas durante el desayuno y otros diferentes durante la cena. Y todos tendrán un impacto a nivel emocional en cada individuo, así como en la manera de relacionarse los unos con los otros.

*Empezar el día con un buen desayuno
y en buena compañía es muy sano*

Dicen los médicos que el desayuno es la comida más importante del día, que debemos alimentarnos bien para empezar la jornada con energía y poder funcionar bien física y mentalmente. Pero quizás a este dicho también habría que añadirle la idea de que es importante empezar la jornada sin tener enfrentamientos y discusiones constantes. «Cada mañana cuando me levanto mi marido está de mal humor —me comentaba una mujer sobre determinados hábitos familiares—. Todas las mañanas durante el desayuno, nada más sentarse a la mesa, discute con nuestro hijo mayor, le presiona para que estudie más y cumpla con sus obligaciones, le sermonea sin parar. Sin embargo, cuando llega por la noche de trabajar suele venir cansado y sin ganas de hablar mucho ni discutir, por lo tanto estamos todos más tranquilos. El estrés que nos produce a todos cada mañana es inaguantable e innecesario. Por un lado, mi hijo se va a la universidad tenso y con cara de estar deseando marcharse de casa, y por otro, nuestra hija se pone también tensa y a veces llora pidiéndoles que permanezcan en silencio y la dejen desayunar tranquila. Como resultado acabo dando dos gritos a todo el mundo y me pongo de mal humor para el resto del día. Creo que no son formas de empezar el día. Esto no es sano para nadie y al final siento que estamos todos deseando perdernos de vista.»

Empezar el día saludablemente también incluye comenzar con energía positiva y un buen estado de ánimo, con motivación y ganas de hacer cosas, con una actitud proactiva y resolutiva y libre de estrés y malestar producidos por posibles pugnas con algún familiar. Para la mayoría de las personas que viven con su familia, el primer momento del día en el que se suelen ver o reunir es durante el desayuno. A pesar de que cada familia tiene sus propios hábitos y normas durante la mañana, por lo general muchas suelen desayunar sobre la misma hora, sobre todo cuando hay hijos pequeños. Puede que se sienten juntos o se crucen en algún momento en la cocina, pero el primer contacto del día con otro ser humano suele ser para muchas personas por la mañana. Por lo tanto, el primer contacto que tengamos con otras personas al principio de la jornada (sean familiares, amigos o compañeros de piso) tiene un papel muy importante en nuestro nivel de energía emocional y nuestro estado anímico diario. Es probable que si empezamos el día en un entorno ameno, con personas no estresantes y con una conversación neutral o agradable continuemos el día con una actitud más positiva y constructiva que si comenzamos la jornada con gritos, peleas o quejas.

LA TELEVISIÓN: EL MIEMBRO FAMILIAR QUE UNE Y SEPARA

En la actualidad, la televisión es para muchos un elemento esencial en el hogar familiar. Muchas personas no conciben vivir y convivir sin televisión. La televisión es probablemente el instrumento tecnológico más popular. Y de acuerdo con los investigadores, el momento en que la familia se sienta junta para ver algún programa, tiene características similares al momento de sentarse a la mesa para comer. Es decir, existen unos patrones de comportamiento paralelos entre ver la televisión y sentarse juntos a comer o cenar.

Leyendo información sobre el efecto y la influencia que tiene la televisión en las relaciones familiares, me enviaron un cuento corto anónimo muy interesante titulado *El extraño* en el que su autor plasma de una forma sencilla y hermosa la visión de un niño cuando se incorpora el televisor al hogar:

Hace ya muchos años y poco después de que yo naciera, mi padre conoció a un extraño que hacía poco que había llegado a nuestra población. Desde el principio, mi padre quedó fascinado con este encantador personaje y enseguida le invitó a que viviera con nosotros en nuestra casa y en familia. El extraño aceptó y desde entonces convive con nosotros.

Mientras yo crecía nunca me pregunté el lugar que ocupaba en nuestra familia, pues en mi mente joven ocupaba un puesto muy especial. Mis padres, como es lógico, se ocupaban de mi educación, mi madre me enseñó a distinguir lo bueno de lo malo, y mi padre me enseñó a respetar y obedecer. Pero el extraño era nuestro narrador, nos mantenía hechizados durante horas con aventuras, misterios y comedias. Él siempre tenía respuesta para cualquier cosa que deseábamos saber de política, historia o ciencia. Conocía todo lo del pasado, el presente, y en algunas ocasiones del futuro. Llevó a mi familia a ver su primer partido de fútbol. Nos hacía reír y nos hacía llorar. El extraño nunca paraba de hablar, pero a mi padre eso no le importaba. A veces mi madre se levantaba y sin decir nada, mientras nosotros seguíamos escuchando lo que nos tenía que contar o decir, ella se iba a la cocina para guisar y tener algo de paz y tranquilidad. Ahora me pregunto si ella habrá deseado alguna vez que el extraño se fuera.

Mi padre dirigió nuestro hogar con ciertas convicciones morales, pero el extraño nunca se sentía obligado a honrarlas. Las blasfemias y las malas palabras, por ejemplo, no se permitían en nuestra casa, ni por nuestra parte ni de nuestros amigos ni de nadie que nos visitase; sin embargo, nuestro visitante lograba usar sin problemas su lenguaje inapropiado, quemando algunas veces mis oídos y haciendo que mi padre se retorciera y mi madre llegara a ruborizarse. Mi padre nunca nos permitió tomar alcohol, pero el extraño nos animó, no sólo a probarlo, sino que además intentó convencernos para consumirlo regularmente. Intentó asimismo convencernos de que los cigarrillos eran inofensivos, frescos, varoniles, modernos y distinguidos.

Tenía un lenguaje liberal, quizás demasiado, y lo mismo

hablaba de política, religión, deporte o sexo. Sus comentarios eran a veces evidentes, otros sugestivos y a menudo vergonzosos. Ahora reconozco que de algún modo el extraño influyó en mi adolescencia, unas veces para bien y otras para menos bien, y aunque mis padres lo criticasen y viesen que a menudo atentaba contra sus principios y valores, él permaneció inamovible en nuestro hogar.

Han pasado más de cincuenta años desde que el extraño se mudó a nuestra casa y aún convive con nuestra familia, pero desde entonces ha cambiado mucho, ya no es tan fascinante como era al principio, ya no nos embelesa como entonces, pero, no obstante, si alguien pudiera entrar hoy en casa de mis padres, todavía lo encontraría sentado en la esquina, esperando que alguien escuche sus charlas, historias o consejos, o que alguien comparta con él su tiempo libre... ¡Ah!, pero se me olvidaba, no os he dicho su nombre, él se llama televisor...

Funciones básicas de la televisión

De acuerdo con James Lull, uno de los investigadores más reconocidos por los estudios que realizó durante la década de los setenta, ochenta y noventa sobre los efectos que ha tenido la televisión en la dinámica familiar, la televisión puede tener dos funciones básicas y utilizarse de la siguiente manera:

1. Estructural: como un instrumento de compañía y entretenimiento o como un elemento que regula los tiempos y las actividades (la hora de comer o de dormir).

2. Relacional: en el que facilita la comunicación y contribuye a la creación de afiliaciones con otros miembros de la familia, así como puede crear enemistades. Sin embargo, para algunas personas el momento de ver la televisión también significa aislarse de las personas del entorno, anular las relaciones interpersonales. Hay algunas personas que cuando están viendo la televisión conectan con ella de tal forma que son capaces de concentrarse y anular cualquier movimiento, ruido o actividad que está sucediendo en el entorno. Sólo tienen ojos y oídos para la televisión, es un momento de abstracción.

Como facilitador de conversaciones, los programas televisivos pueden dar lugar a comentarios y opiniones sobre algún tema en particular, sea de política, economía, deporte o sociedad. Fomentando un terreno para compartir experiencias o tensiones, ya que también ayuda a reducir las emociones intensas causadas por otros conflictos. Pero para muchas personas también es un medio de distracción que ayuda a tomar distancia de las preocupaciones y los problemas. «Voy a ver la televisión para desconectar, olvidar, no pensar...» Son frases que se escuchan constantemente.

Aunque en la actualidad la televisión compite con la radio y con internet, lo cierto es que una gran mayoría de personas y familias se unen para verla. La televisión es un instrumento o recurso para entretener, obtener información y, en algunos casos, un medio para aprender y estar conectado con el mundo exterior. A través de ella no sólo se transmiten noticias y sucesos, sino también temas educativos. Nuestros hábitos y costumbres asociados a la televisión influyen en las dinámicas familiares, así como en las pautas de comportamiento a nivel individual. Puede propiciar la conversación o puede obstaculizarla. Para muchas familias la televisión forma parte de la rutina familiar que contribuye a modelar los patrones de interacción familiar y a regular el proceso de selección y decisión del grupo. En este proceso se puede identificar las jerarquías, quién tiene el poder de decisión y quién debe adaptarse a lo que otros deciden. Están los que controlan el mando y deciden el programa, y están aquellos que no tienen ni voz ni voto.

La televisión como espejo de la propia familia: veo mi vida reflejada en la televisión

Existen numerosas investigaciones sobre el papel que tiene la televisión en el hogar familiar, estudios sobre el «binomio televisión-familia». Como se anotó previamente, Lull, que se especializó en el estudio de la conducta de los diferentes miembros familiares en el momento de ver algún programa en la televisión, tenía como objetivo identificar los diferentes patrones de comportamiento, reacciones y conversaciones en el entorno familiar dependiendo del momento, la hora y el programa de televisión seleccionado. Encontró información muy interesante asociada a dinámicas de sociabilidad que incluyen: cómo la televisión influye en la creación de alianzas y enemistades, y cómo ésta afecta a la percepción del papel del hombre y de la mujer en el espectador. Por ejemplo, durante los años setenta halló que los adolescentes de la época se mostraban mucho más machistas que los adolescentes de década posteriores. Explica que en los años setenta realizó un estudio, muy interesante, en el que observaba a las familias mientras veían *Los angeles de Charlie*, una serie basada en un equipo de investigación femenino, y que los espectadores, especialmente los adolescentes varones, hacían burlas y comentarios denigrantes hacia las mujeres en general mientras criticaban a las protagonistas de la serie al considerar que realizaban «una labor de hombres». Curiosamente Lull observó que estos comentarios tenían un impacto en los demás miembros de la familia que también estaban viendo el programa, sobre todo en sus hermanas. Algunas reaccionaban ofendidas ante las críticas machistas y debatían sobre temas relacionados con el papel del hombre y la mujer en la sociedad. Pero en otras ocasiones Lull advirtió cómo otras hermanas ignoraban los comentarios o se amedrentaban, sobre todo si éstas eran más jóvenes que sus hermanos, y que algunas permanecían calladas porque se sentían intimidadas y cohibidas. Encontró que existía una relación entre la percepción del personaje del programa de la televisión y la percepción de los principios y valores de la familia. Descubrió que estas jóvenes que se sentían intimidadas y mantenían el silencio ante comentarios machistas, vivían en un entorno en el que el hombre ocupaba un lugar de poder y autoridad en la familia, mientras que las mujeres tenían un papel secundario y más servicial.

Lull también observó que algunas familias identificaban en los contenidos de los programas aspectos de sus propias vidas. Es decir, que el espectador encontraba similitudes entre su vida y sus dinámicas familiares y el programa de televisión. Como resultado, las dinámicas que se presentaban en la serie de televisión o el programa contribuían a reafirmar y confirmar los papeles de la familia en cuestión. Esto se podía observar, y aún se puede ver en la actualidad, sobre todo en los comentarios de los espectadores cuando ven series en las que el escenario principal es el hogar familiar. «Hay series de televisión en las que me veo reflejada y me produce triste-za —me comentaba una mujer sobre el efecto emocional que tenían algunas series de televisión—. Siento tristeza porque por un lado refleja mi vida presente y lo que es probable que me depare el futuro. Me siento identificada con la prota-gonista, que es una mujer que cuando era joven tenía tantos sueños e ilusiones... Pensaba que lograría hacer muchas cosas y tener tantas experiencias, y al final he acabado siendo un ama de casa, madre de cinco hijos, que no hace otra cosa que limpiar pañales, cuidar a otros y sentir frustración. Yo hubie-ra querido terminar mi carrera universitaria, haber tenido más experiencia laboral de la que tengo, haberme dedicado a lo que me gustaba. Pero por motivos de la vida no ha sido así. Poco a poco he ido tomando un camino que me ha apartado de lo que yo realmente quería. Me he alejado de mis sueños a raíz de las decisiones que fui tomando, y ahora me encuentro triste, culpable y deprimida, con la sensación de estar atrapa-da. Quiero a mis hijos y a mi familia, pero no me gusta mi vida, quiero cambiarla para sentirme mejor.» Esta mujer lle-gó a la consulta porque se dio cuenta de que no era feliz y que sentía que le faltaba algo. Aunque estaba satisfecha con su vida familiar, sentía que había una parte de ella que estaba vacía. Lo definía como que «algo dentro de mí está dormido o muerto y quiero despertarlo». Así que habló con su marido y ambos construyeron un plan de acción para que pudiera volver a la universidad, terminar los estudios y poder abrir el negocio que siempre quiso. Con el apoyo de su familia, sobre todo de su marido, encontró la forma de conciliar su vida familiar y profesional. Con mucho esfuerzo por parte de ambos logró graduarse en una de las mejores universidades de Estados Unidos y montó un negocio de arte y decoración muy exitoso. Quizás en un principio se vio reflejada en la protagonista de una serie de televisión, pero también entendió que su vida no estaba siendo dirigida por nadie, sino por ella misma. Y que con el apoyo y la colaboración de las personas de su entorno podía cambiar el rumbo de su vida, tal y como consiguió al final.

Normas familiares para ver la televisión

Cada familia emplea unas reglas determinadas en el momento de ver algún programa de televisión. De acuerdo con Lull, hay básicamente tres tipos de normas:

1. Las habituales, cuando los padres imponen las horas para que los niños puedan ver la televisión, así como el control de los temas permitidos para menores de edad. Igualmente es una norma habitual cuando la regla es que el padre o madre que trabaja tiene el derecho a elegir el programa, ya que se considera una recompensa al ser el proveedor o el que tiene más autoridad y privilegios en el hogar. En estos casos las reglas no son negociadas ni discutidas.

2. Las paramétricas son las normas relacionadas con las conductas permitidas a la hora de ver la televisión, es decir, lo que sí es negociable, como, por ejemplo, qué programa favorito se va a ver o comentar sobre algún tema durante los anuncios publicitarios.

3. Las tácticas son aquellas que un miembro familiar utiliza para mantener la armonía con el resto de las personas. Por ejemplo, cuando alguien renuncia a ver su programa favorito para complacer o mostrar afecto o consideración con otro.

El lugar que se elige para ver la televisión también tiene un efecto en la dinámica familiar. Por ejemplo, hay familias que ven el programa durante la comida, la cena, o por la tarde o noche. Algunas familias siempre la tienen encendida, comentan que les gusta tener el ruido de fondo porque se sienten acompañados. Otras tienen como norma encender la televisión solamente durante un momento específico del día. Sin embargo, cabe señalar que la familia evoluciona y cambia con el tiempo, así que las normas y la dinámica establecida también van cambiando, y esta evolución influye en la selección de los programas favoritos seleccionados y las reglas que se aplican al respecto. No es lo mismo cuando la familia tiene niños de corta edad que cuando todos sus miembros son adultos. Igualmente influye el lugar en el que se coloca el aparato televisivo. En algunos hogares la televisión está puesta en un lugar abierto (salón o cocina) en la que se puede escuchar al resto de los miembros de la familia aunque estén en otra habitación de la casa, pero en otros entornos familiares la televisión tiene un lugar aislado del resto de la familia, tiene su propia sala, la sala de la televisión, por lo tanto las normas giran principalmente alrededor de ella.

¿Quién tiene el poder sobre el mando de la televisión?

De acuerdo con las investigaciones, hasta no hace mucho tiempo en los hogares de familias tradicionales, en donde había sólo una televisión, era el padre el que tenía el control casi total de lo que se veía o no en la televisión y quien imponía las normas. Sin embargo, en la actualidad este hábito ha cambiado. Hoy en día, no sólo se encuentran hogares que tienen más de un televisor, sino que además se ha incorporado el ordenador y se da la posibilidad de poder ver el programa favorito en cualquier momento a través de internet. En muchos hogares no sólo se ha dejado de considerar el ver la televisión como un momento de reunión familiar, sino que cada uno accede a ver su programa sin depender de los demás. Por lo tanto, las nuevas tecnologías también han influido enormemente en la forma de relacionarse de los miembros de una familia y en la manera en la que gestiona sus tiempos y espacios. Exploremos este tema a continuación.

LAS NUEVAS TECNOLOGÍAS Y SUS EFECTOS EN LAS RELACIONES FAMILIARES

Vivimos en la era de las nuevas tecnologías y todos dependemos en mayor o menor grado de ellas. La gran mayoría de las personas tienen en la actualidad acceso a internet, email, forman parte de alguna red social y poseen un teléfono móvil que les facilita el estar conectados con los demás. Hoy día, el concepto de la distancia es relativo, ya que gracias a estos sistemas tecnológicos tan avanzados podemos hablar en tiempo real con amigos y familiares que están a miles de kilómetros, algo que no era posible hace sólo un poco más de dos décadas.

Las nuevas tecnologías han tenido un enorme impacto no sólo en los sistemas de comunicación y de información, sino también en la manera de trabajar y de vivir. Por ejemplo, la mayoría de las transacciones y operaciones económicas a nivel global, como el mercado de la bolsa, se realizan informáticamente. Asimismo determinadas cirugías médicas se llevan a cabo con sistemas robóticos, y muchas familias pueden hablar o incluso localizar a alguno de sus miembros a través de internet o del sistema de posicionamiento global (GPS).

Los avances científicos y tecnológicos son cada vez mayores, más rápidos y más complejos y afectan nuestro día a día lo queramos o no. Como resultado de la presión y de los cambios que ejercen sobre nuestra vida, esos avances suscitan diferentes opiniones y posiciones al respecto. Por un lado se encuentran los «tecnófilos», y por el otro, los «tecnófobos». Los tecnófilos se caracterizan por considerar los avances tecnológicos como un medio muy útil y positivo para la humanidad. Piensan que aportan sobre todo ventajas más que inconvenientes, y no se imaginan el mundo sin ellos. Por el contrario, los tecnófobos se caracterizan por expresar y manifestar rechazo hacia los avances y sistemas tecnológicos. Consideran que a raíz de ello la humanidad está sufriendo consecuencias negativas que impiden u obstaculizan el desarrollo del individuo y la sociedad. Cuando uno analiza ambas posturas se puede entender en mayor o menor grado ambos conceptos y estar de acuerdo o en desacuerdo con algunos aspectos que defienden. Pero la realidad es que las nuevas tecnologías forman parte de nuestra vida, dependemos de ellas cada día, por lo tanto quizás la clave sea encontrar el término medio y aprender a utilizarlas de una forma constructiva y moderada para evitar caer en las adicciones o en el «tecnocentrismo».

Dado el impacto tan drástico que han tenido los avances tecnológicos en la cultura y la sociedad en general, se han realizado numerosas investigaciones sobre el efecto que han tenido en la dinámica familiar. Éstas apuntan a que a raíz de la integración de las nuevas tecnologías en el hogar, han surgido muchos cambios. Algunos incluyen que los miembros de la familia gestionan su tiempo en casa de forma diferente, tienden a pasar más tiempo en contacto con personas en internet que con los miembros de la familia que están presentes. La forma de comunicarse y de relacionarse entre ellos ha cambiado también y en la actualidad muchas utilizan los mensajes escritos para comunicarse entre ellos o incluso para dar indicaciones. Por ejemplo, muchos padres hablan con sus hijos a través de los mensajes escritos instantáneos cuando están en la escuela o con los amigos. Hoy día tienen más acceso a sus hijos cuando están fuera del hogar familiar.

Mientras que los más jóvenes han crecido con los sistemas informáticos bajo el brazo, los padres y los abuelos también lo han aprendido e integrado como lo hicieron los antepasados cuando se inventó el sistema telefónico o cuando se incorporó la televisión al hogar familiar. Hoy día las familias aún están adaptándose a la integración de los sistemas tecnológicos a la dinámica familia. Poco a poco se están creando normas de conducta respecto a la utilización de estos aparatos electrónicos tan accesibles. «Desde que tenemos internet y ordenador en casa, así como teléfonos móviles, tengo la sensación de que pasamos menos tiempo juntos en familia —me comentaba un padre sobre los efectos que habían tenido las nuevas tecnologías en su vida familiar—. Mis hijos se pasan el rato que tenemos para estar juntos cada uno conectado a internet desde sus teléfonos o tabletas. Llego a casa y el silencio es casi sepulcral, mientras que hace relativamente poco tiempo llegaba a casa y estaban todos reunidos en la cocina hablando con su madre y preparando la cena. Podían estar discutiendo o charlando, pero estaban hablando entre ellos y comentándose el día. En cambio ahora, cuando nos sentamos a la mesa, cada uno tiene su teléfono y lo mira de vez en cuando. Como me parecía incorrecto decidí poner la norma de que no se podía utilizar los teléfonos bajo ningún concepto mientras estuviéramos comiendo o cenando juntos. Al principio todos se quejaron y se enfadaron, pero ya se han acostumbrado y ahora hemos conseguido sentarnos juntos sin distracciones tecnológicas innecesarias.»

La víctima de acoso virtual

La gran mayoría de las personas dedicamos una parte de nuestra energía y esfuerzo a intentar controlar, hasta cierto punto, cómo nos ven los demás. Qué queremos que se sepa o no de nosotros es una forma de proteger nuestros intereses, inseguridades, vulnerabilidades o temores, incluso a nuestra familia. Ocultar algo de nosotros o de nuestros familiares que consideramos privado, íntimo o vergonzoso es una conducta normal y en algunos casos incluso sana. Algunos temas son únicamente para compartir con las personas de confianza o para no compartirlas con nadie. No es cuestión de tener secretos, mentir o engañar, sino de saber identificar qué información es personal e íntima y qué información puede hacerse pública.

Como se ha comentado previamente, desde hace aproximadamente dos décadas se ha ido desarrollando a pasos agigantados las nuevas tecnologías y la «cultura internet». Internet ha transformado drásticamente nuestra sociedad y nuestra dinámica familiar, así como la forma que tenemos de comunicarnos y la manera en que utilizamos la información sobre nosotros mismos, nuestra familia y nuestro entorno en general. Ha permitido que podamos interactuar en tiempo real sin que importe la distancia física ni la diferencia horaria. Gracias a las nuevas tecnologías e internet tenemos acceso a información de forma inmediata sobre cualquier aspecto de cualquier parte del mundo. Entre muchas otras cosas, ésta se caracteriza principalmente por facilitar el uso de información a través de buscadores de internet, así como el uso de redes sociales. Por ejemplo, una de las redes sociales más utilizadas y más poderosas a nivel mundial es facebook, creada en 2003 por Mark Zuckerberg, un estudiante de informática de la Universidad de Harvard con el objetivo de facilitar las relaciones entre los estudiantes universitarios. Esta herramienta permitió la confluencia de información personal, así como un medio para comunicarse y manejar datos personales, fuera en forma de documentos, imágenes o archivos. En poco tiempo facebook creció de forma desmedida hasta tener varios millo-

nes de participantes y convertirse en la red social más importante del mundo, permitiendo de forma directa e indirecta
conocer temas de actualidad, así como obtener información
sobre otras personas, incluso las desconocidas.

Internet y las redes sociales han abierto las puertas a personas que tienen dificultades para socializar, que están aisla-
das o les resulta difícil desenvolverse adecuadamente en la
sociedad y utilizan las redes sociales para poder socializar e
incluso construir una comunidad de amigos o grupos con
intereses en común a pesar de estar a miles de kilómetros de
distancia. En la cultura de internet todo el mundo tiene acceso a casi cualquier tipo de información, pero también puede
generarla, sea ésta para un uso constructivo o destructivo, sea
real o inventada. En la actualidad no existe aún un control
real sobre la información que se difunde en la red virtual, por
lo tanto casi no existen límites para producir o reproducir
información. Todo lo que se escribe en internet es perenne,
permanecerá en la red virtual para siempre, preservándose en
el tiempo. Por lo tanto, también pueden existir situaciones de
riesgo y puede ser un instrumento peligroso, ya que puede dar
lugar a conductas perversas, destructivas y violentas. Muchas
familias se han encontrado en situaciones muy delicadas en
las que alguno de sus miembros ha sido víctima de acoso a
través de las redes sociales. Incluso han tenido que afrontar
situaciones extremadamente traumáticas, como el suicidio de
un hijo al ser víctima de ataques, insultos y violencia ciberné-
tica. «Mi hija fue víctima de acoso por sus compañeros de
colegio a través de internet durante un año y medio sin que lo
supiéramos —me comentaban unos padres que tuvieron que
ingresar a su hija después de haber intentado quitarse la vida

a raíz de los brutales insultos y humillaciones diarios de algunos compañeros de clase—. No sabíamos que estaba pasando por esa tortura diaria hasta que llegó el día en que nos la encontramos en el cuarto de baño tirada en el suelo después de sufrir una sobredosis de pastillas. Fue un antes y un después en nuestra vida familiar. Una vez que fuimos consciente de lo que estaba sucediendo, tomamos medidas e investigamos en profundidad lo que estaba ocurriendo. Hablamos con nuestra hija, con la escuela y pusimos una denuncia. Una vez que nuestra hija recibió toda la ayuda psicológica necesaria, decidimos construir una plataforma para concienciar a la población, en especial a los jóvenes de nuestra comunidad, del impacto que puede tener la violencia y el acoso cibernético. Se creó un equipo para ayudar y dar apoyo a personas víctimas de agresiones de cualquier tipo, y también se realizó un documental sobre la importancia que tiene no permanecer ajeno a los abusos que puedan estar sufriendo otras personas, sobre la responsabilidad de actuar y pedir ayuda, aunque sea de forma anónima.»

COMPARTIR ESPACIOS CON LA FAMILIA:
RESPETAR LOS LÍMITES Y EL DERECHO DE ADMISIÓN

El ser humano es un ser territorial. Está en su naturaleza establecer una relación entre un espacio o territorio determinado y su sentimiento de identidad y seguridad. Por lo tanto, su bienestar general depende en parte de tener o no tener un espacio vital para sí mismo. Las personas tienen lo que se denomina un instinto territorial, que les lleva a determinar automáticamente su hábitat y el de los demás. De igual modo, tienen una tendencia natural expansionista, es decir, a ampliar su territorio y a responder agresivamente cuando se sienten amenazados o invadidos. Sin embargo, no hay que olvidar que también es parte intrínseca su capacidad para socializar y unirse a aquellas personas con las que comparten algo en común o se asemejan. De forma que también está en su naturaleza compartir su espacio e intimidad con los demás.

De acuerdo con las investigaciones de Robert Ardrey, especialista en estudios sobre el instinto territorial, todos los seres vivos tienen un impulso natural a conquistar, proteger y defender su propiedad. Tienen una necesidad imperativa y muy profunda de poseer, por muy pequeño que sea, un territorio propio e identificarse con los demás seres de su especie o de su comunidad. Dado que el territorio es donde cada uno tiene sus elementos de supervivencia, lo protegerá con todas sus fuerzas y recursos, ya que es donde desarrolla su vida. Por lo tanto, tener un hogar y un espacio personal se convierte en una necesidad básica para todos. Pero al analizar el concepto de hogar, uno puede identificar dos territorios o espacios básicos: el individual y el colectivo o común. El individual puede variar en cada familia, pero generalmente está asociado a la propiedad privada y exclusiva de una sola persona, mientras que el espacio colectivo o común es el territorio que los miembros del grupo comparten. En el hogar familiar generalmente el espacio común suele ser el salón, la cocina, una habitación determinada de la casa, el jardín o la entrada de la casa, y el espacio individual es el lugar en el que se encuentran los objetos personales.

Marcar el territorio determina los límites del espacio propio y el de los demás. Así como ciertos animales lo marcan con su olor corporal, las personas lo marcan colocando barreras o indicaciones que transmiten el mensaje de «este espacio es mío/nuestro, por lo que se debe pedir permiso para coger, tomar o entrar en él», es decir, se reservan el «derecho de admisión». Tener una delimitación clara de dónde empieza el propio territorio y el del resto de las personas es fundamental para que exista un orden y una estabilidad relacional y favorece la coexistencia. Coexistir no es fácil, ya que a menudo surgen luchas de poder o territoriales. Como se comentaba al principio de este apartado, las personas tienen un instinto natural expansionista, por lo tanto intentarán en mayor o menor grado obtener más territorio para sí mismos o su grupo. En consecuencia, no es de extrañar que en el hogar familiar haya conflictos respecto al espacio y las posesiones cuando no se respetan o se invaden. A continuación se puede ver este hecho reflejado en la explicación de una joven respecto a sus sentimientos de ser invadida por sus hermanos: «Estoy harta de que mis hermanos no respeten mis espacios. Por un lado mi hermano entra en mi habitación sin llamar ni pedir permiso, y por el otro mi hermana coge de mi armario ropa que para mí es especial sin siquiera preguntarme. Siento que no paran de invadir mi espacio y que no me respetan. Les he pedido de muchas formas que por favor me pregunten antes de tomarse la libertad de coger algo sin comentármelo, pero no ha servido de nada. Lo hacen y punto. En mi casa nunca se han respetado los espacios y los objetos personales, y estoy deseando marcharme para tener mi propia casa, aunque sea un pequeño apartamento, para tener mi sitio y que nadie invada mi espacio personal».

La clave de compartir está en el respeto

Compartir espacio, tiempo, intereses, materiales o cualquier objeto, de valor o no, requiere un esfuerzo por parte del que ofrece lo compartible y el que lo recibe. Compartir es una danza delicada que requiere capacidad observadora y sensibilidad para saber identificar los límites propios y los de la persona con la que se pretende compartir. La clave está en el respeto y en la capacidad de valorar el acto de compartir.

Cuando compartimos algo con alguien necesitamos sentir que aquel que recibe una parte de nosotros lo valora, lo cuida y lo respeta, así como el otro necesita sentir lo mismo por nuestra parte. Cuando sentimos que somos respetados, bajamos nuestras defensas y disfrutamos de la persona que hemos invitado a entrar en nuestra vida de una u otra forma. Cuando sentimos que las personas con las que convivimos respetan nuestras cosas, nuestros espacios y nuestros sentimientos, se fortalecen los vínculos con ellas, mientras que las personas que no nos respetan despiertan sentimientos de frustración y nos ponemos a la defensiva o tomamos distancia. Por lo tanto, el respeto es un valor esencial y básico para la convivencia familiar, independientemente del espacio y el tiempo que se esté compartiendo. Algunas familias viven en pequeños espacios, por lo tanto deberán estar más atentos para aplicar el respeto con más asiduidad y delicadeza, es decir, deben estar más pendientes y ser más conscientes de los espacios y límites territoriales personales y privados para evitar enfrentamientos. Sin embargo, igualmente es importante aplicar esta misma atención y respeto en espacios comunes, por muy amplios que sean. Como señalábamos previamente, el ser humano es expansionista y su tendencia es incorporar más territorio a su espacio vital para sí mismo y su grupo, por lo tanto independientemente de lo grande y lo mucho que tenga, no hay que olvidar que su naturaleza es seguir adquiriendo territorio y expandir sus horizontes.

7

Los pilares de las relaciones familiares positivas y saludables

La teoría del bienestar es plural en cuanto al método y a la sustancia: la emoción positiva es una variable subjetiva, definida por lo que uno piensa y siente. La entrega, el sentido, las relaciones y los logros poseen elementos tanto subjetivos como objetivos, puesto que uno puede pensar que practica la entrega, que goza de sentido, buenas relaciones y logros elevados y equivocarse, e incluso engañarse. Como consecuencia, el bienestar no puede existir sólo en la cabeza de uno; el bienestar es una combinación entre sentirse bien, así como de tener realmente un sentido, gozar de buenas relaciones y conseguir logros. El camino que tomemos en la vida irá destinado a maximizar estos cinco elementos.

MARTIN SELIGMAN,
La vida que florece

Claves para construir y mantener buenas relaciones familiares

A lo largo de la historia de la humanidad los cambios han tenido un papel esencial en los estilos de vida y en la evolución de las familias. Independientemente del país y de la cultura, la familia como unidad intergeneracional organizada y constituida por personas que interactúan y dependen entre sí, pero que a su vez son seres independientes e individuales con sus propias necesidades y forma de ser, está continuamente bajo una gran presión y con constantes exigencias del mundo que le rodea para que se adapte a los cambios. Dependiendo de nuestra cultura, nuestros valores y la sociedad en la que vivimos, nuestra familia tendrá diferentes dinámicas y formas de hacer las cosas, de afrontar las dificultades y de disfrutar los logros. No obstante, hay estereotipos y mitos que se asocian a las diferentes culturas del mundo en las que es importante no caer. Por ejemplo, a menudo se ha transmitido que la sociedad y la cultura norteamericana siempre prioriza la individualidad a la familia y la comunidad, mientras que en otras culturas, como la europea o la latinoamericana, se considera que es al revés. Quizás sea cierto que en la cultura anglosajona el mensaje mediático sociopolítico resalta a menudo los derechos y la responsabilidad del individuo, sin embargo este hecho no significa que se anulen automáticamente los derechos y responsabilidades de la comunidad. Por lo tanto, es importante evitar estereotipar y generalizar cuando se habla de una familia e intentar centrarse en las características específicas de cada una. Aun así, cabe señalar que cuando uno profundiza en los numerosos estudios que se han realizado sobre el efecto que han tenido en la familia los avances médicos, científicos y tecnológicos y los cambios sociopolíticos y económicos, entre otros, se encuentra que aparte de los distintos enfoques y teorías, así como del modelo de familia, ideología y las variaciones culturales, existen ciertos elementos comunes que son fundamentales para el buen funcionamiento de las familias, aquellos que favorecen la convivencia y las buenas relaciones familiares.

Como hemos visto a lo largo de la lectura de este libro, el ser humano es un ser sociable que necesita de los demás para poder sobrevivir. Por lo tanto, necesita saber convivir con las personas del entorno, sea con la familia, con los amigos o en el ámbito laboral o con sus vecinos. Nos resulte más o menos fácil o agradable relacionarnos con otras personas, convivir no es fácil y para que sea una experiencia lo más positiva posible necesitamos tener presente y prestar atención a las claves más importantes: el respeto; la inteligencia emocional; las habilidades sociales; saber identificar a las personas que nos aportan cosas positivas y las que nos perjudican; desarrollar buenas capacidades comunicativas y capacidades para resolver conflictos. A continuación haré un breve repaso de cada una de las claves más importantes.

Ser cariñoso

Expresar cariño es una forma muy efectiva para que los miembros de una familia se sientan bien, seguros y unidos a los demás. Cuando uno se siente apreciado y querido surgen sentimientos positivos hacia aquel que los expresa y en el que los recibe favoreciendo la relación entre ellos. En cambio, cuando no se expresa ningún tipo de aprecio o cariño a menudo se crea un muro que divide y distancia a las personas. Y sólo es cuestión de tiempo para que aparezcan ciertos sentimientos de rechazo, resentimiento o incluso rencor hacia el otro.

Mostrar cariño y aprecio es muy beneficioso para las relaciones personales, especialmente en el entorno familiar. Como hemos visto en capítulos anteriores, no dar por hecho los actos generosos de los demás y saber dar las gracias por recibir apoyo o ayuda es una forma de reconocer el esfuerzo, la amabilidad y la generosidad del otro. Una demostración de cariño puede ser desde dar un beso, un abrazo, hacer una caricia o dar una palmadita en la espalda con una sonrisa. Cuando sentimos que otro reconoce nuestra labor, es muy probable que estemos más dispuestos a repetir nuestras acciones para volver a sentirnos bien con nosotros mismos y con la otra persona.

Comprometerse

El compromiso es otro pilar fundamental para desarrollar buenas relaciones familiares. Sentir que uno puede confiar en que puede contar con los demás miembros de la familia favorece la unión y cohesión del grupo. El compromiso no sólo debe centrarse en las responsabilidades y obligaciones, sino también en los aspectos personales y en el cariño. Recibir y dar apoyo y acompañamiento emocional de forma constructiva fomenta el compromiso. El compromiso no sólo debe apoyarse en el «debo hacer», sino también en el «quiero hacer», por lo tanto, para ayudar a algún miembro de la familia es conveniente que en la acción haya no sólo un cierto sentimiento de deber, sino también un cierto deseo de querer ayudar. Si el compromiso está cargado de deberes y exigencias puede que con el tiempo surjan sentimientos de rechazo y rencor, mientras que si al sentimiento de compromiso también le acompañan sentimientos de cariño, reconocimiento y deseo de ayudar la acción se realizará con una mejor actitud y se pondrá más interés y esfuerzo, favoreciendo las relaciones interpersonales.

Comunicarse constructivamente

Tener una buena comunicación entre los miembros de la familia es uno de los pilares esenciales para una buena relación familiar. Esto no quiere decir estar de acuerdo en todo, pero sí significa saber transmitir las opiniones y necesidades con respeto y claridad, libre de manipulaciones emocionales. Es fundamental que uno tenga claro el mensaje que quiere transmitir, es decir, pensar antes de hablar y saber escuchar al interlocutor de una manera activa y positiva. Como hemos visto previamente, criticar de forma destructiva, hacer chantaje emocional y culpabilizar son enemigos de la buena comunicación. Como señala DeFrain: «El amor y la amistad ocurren entre miembros de la familia cuando se toman el tiempo para hablar el uno con el otro y cuando les hacen sentirse seguros e importantes mientras expresan sus sentimientos». Y finalmente, en toda buena comunicación es importante tener un buen sentido del humor. El humor ayuda a relativizar, y en muchos casos a aliviar, situaciones de estrés y conflicto; disminuye la tensión entre las personas. Por lo tanto, tener un poco de sentido del humor y saber utilizarlo en el momento adecuado también favorecerá las relaciones personales.

Saber manejar el estrés y los conflictos en el entorno familiar favorecerá la capacidad para resolver y ser constructivos en los momentos de crisis y de tensiones familiares. Que cada miembro de la familia sienta que puede contribuir a mejorar las situaciones de conflicto favorece la comunicación y la posibilidad de encontrar soluciones y alternativas a los problemas. Todos los miembros de una familia pueden hacer algo por aportar y mejorar una situación determinada de manera constructiva y positiva. Aunque sentir estrés forma parte de la vida y el hecho de estar vivo. La clave es aprender a afrontarlo y manejarlo de manera conveniente, encontrar la forma en la que uno lo regule y controle saludablemente, y no lo contrario.

Ser fiel a uno mismo y evitar caer en las garras del qué dirán

Conocerse, saber identificar las propias necesidades y ser fiel a uno mismo es esencial para tener buenas relaciones familiares, así como con uno mismo. Es importante intentar no caer en la trampa de evitar o negar los problemas al preocuparse demasiado del qué dirán. De igual modo es fundamental evitar ser desleal con uno mismo por miedo a no cubrir las expectativas de los demás. Aunque saber guardar las apariencias es una herramienta importante y necesaria para mantener los límites entre uno, su familia y los demás, ya que representa la capacidad de saber controlar las propias reacciones emocionales a nivel social. Sin embargo, cuando esto pasa a ser una prioridad y una forma de ocultar o de no afrontar un problema grave, puede convertirse en un obstáculo para solucionar el mismo. A veces las personas, con el fin de gestionar las apariencias, adoptan una postura y una actitud de indiferencia por miedo a lo que otros puedan pensar o por temor a no cubrir las expectativas ajenas. Como resultado se genera mucho estrés, ansiedad y angustia, tanto a nivel individual como familiar.

Cuando se priorizan las necesidades o expectativas de otros por delante de las propias por miedo a que surja un enfrentamiento o a ser criticado, puede resultar en un profundo sentimiento de frustración y malestar. Las personas que se sienten atrapadas por el qué dirán o toman las decisiones en base a los deseos ajenos, a menudo se convierten en esclavos de sí mismos, no son seres libres ni dueños de sus vidas ni decisiones, están a merced de los demás. Independientemente de que ninguna persona tiene una sensación de libertad y autonomía en su totalidad, existe una gran diferencia entre sentirse relativamente libre para ser lo que uno quiere ser y sentir que debe ser lo que los demás esperan que uno sea. Tener la libertad para poder elegir nuestro camino también nos hace ser responsables de los resultados positivos y negativos. Como señaló la pianista y escritora Hephzibah Menuhin: «La libertad significa escoger tu carga».

La asertividad: el respeto a uno mismo

Para desenvolverse en la vida es esencial ser asertivo. Aprendemos a ser asertivos en el entorno familiar, y los primeros pasos los damos cuando expresamos a una corta edad nuestros primeros «no quiero», «no me gusta» o un simple «no». Una persona asertiva es aquella que se siente cómoda expresando sus opiniones, deseos y necesidades de una forma directa. Es un hombre o una mujer que sabe negociar y comunicarse con los demás desde un sentimiento de confianza y serenidad sin provocar conflictos o sin dejarse avasallar. A continuación presento un cuadro que muestra la diferencia entre los diversos estilos de comportamiento asociados a la asertividad:

Inhibido	Asertivo	Agresivo
• No le respetan sus derechos • Se aprovechan de él • No consigue sus objetivos • Se siente frustrado, desgraciado, herido y ansioso • Deja a otros elegir por él	• Respeta los derechos del otro y es respetado por los demás • Tiene confianza en sí mismo • Puede conseguir sus objetivos • Se siente bien consigo mismo • Elige por sí mismo y toma sus propias decisiones	• No respeta los derechos de los otros • Se aprovecha de los demás • Puede conseguir sus objetivos, pero a expensas de los demás • Está a la defensiva, humilla y denigra a otros

Álava, M. J., *La inutilidad del sufrimiento*, La esfera de los libros, 2003, p. 264.

La persona asertiva se caracteriza por ser alguien que siente que tiene un cierto control de su vida y autonomía para tomar sus propias decisiones, confía en sí mismo y se responsabiliza de sus actos y comportamiento, así como de sus logros y sus fracasos. Es una persona a la que no le da miedo cometer errores, le gusta aprender y corre riesgos como una forma de crecer y avanzar. La asertividad favorece las fortalezas del individuo y es una herramienta muy útil en las relaciones personales, sean familiares o no, sobre todo a la hora de compartir espacio y tareas, y cuando surgen momentos de estrés y conflictos.

Compartir el tiempo con calidad

Saber pasarlo bien y divertirse en familia siempre ayudará a fomentar las relaciones familiares positivas. Crear un ambiente tranquilo, sin tensiones, donde cada uno puede comunicarse libremente, favorecerá la dinámica familiar. Saber divertirse juntos es esencial, sea a través del juego o de rituales, como puede ser reunirse un día determinado para compartir un rato juntos, y fomentará el acercamiento familiar al ir compartiendo experiencias y recuerdos. Esto provoca sentimientos de unidad e incluso deseos de volver a verse de nuevo. Por ejemplo, algunas familias fomentan compartir algún momento del día, como puede ser las comidas o el momento de ver la televisión al final de la jornada. Igualmente, otros quedan para hacer actividades los fines de semana o se van de viaje juntos a algún lugar. Independientemente del tiempo o las veces que uno se reúne con la familia, lo importante no es la cantidad, sino la calidad. Cuando el tiempo que se comparte junto a nuestros familiares es agradable y sentimos que hay una buena cohesión y comunicación, se considera que ha sido de buena calidad. Es la calidad lo que más importa y lo que determina si queremos estar con las personas o no. A mayor calidad, mayor felicidad.

Un modelo ejemplar a seguir: el Modelo Internacional de las Fortalezas de la Familia

Las fortalezas familiares comprenden las competencias y habilidades de los familiares a nivel individual y de grupo que se utilizan ante situaciones de estrés y adversidades, así como para identificar las necesidades y encontrar soluciones a los problemas. Conocer qué herramientas contribuyen al buen funcionamiento de las relaciones familiares es esencial para mantener la armonía y la cohesión familiar. Uno de los estudios más importantes es el Modelo Internacional de las Fortalezas de la Familia de Stinnet y DeFrain. De acuerdo con los investigadores, cada familia es única, pero todas comparten similitudes respecto a los recursos y fortalezas a la hora de afrontar los problemas y crisis familiares. De acuerdo con este modelo, existen seis cualidades básicas. Explorémoslas a continuación:

1. Compromiso con la familia: los esfuerzos de los miembros de la familia se centran en el bienestar mutuo, dejando en un segundo plano otras actividades que puedan entorpecer la interacción en familia.
2. Aprecio y afecto: se invierte tiempo en muestras abiertas de cariño a los miembros de la familia. Dependiendo de la cultura, ésta resulta ser una cuestión aceptada y practicada en mayor o menor medida.
3. Comunicación positiva: se aprecia la capacidad de desarrollar una comunicación adecuada, identificar problemas y buscar soluciones equilibradas para todos los miembros de la familia.
4. Tiempo compartido: se trata de apreciar los momentos que se viven en familia, no solamente los que implican planificación (como vacaciones o viajes especiales), sino también los diarios.
5. Bienestar espiritual: no necesariamente se refiere a compartir una forma de religión organizada, sino como un sentimiento que promueve el compartir, el amor y la compasión, y que ayuda a trascender más allá de los obstáculos y dedicarse a lo que se considere sagrado.
6. Manejo exitoso del estrés y la crisis: las familias son capaces de manejar de forma creativa y efectiva factores estresantes o crisis.

Rivadeneira, J. y Silvestre, N., *El funcionamiento familiar, los estilos parentales y el estímulo al desarrollo de la teoría de la mente,* Universitat Autònoma de Barcelona, 2013, p. 60.

El modelo de fortalezas familiares centra sus investigaciones en aquellos aspectos positivos que contribuyen al buen funcionamiento y cohesión familiar en vez de en aquellos negativos o problemáticos. Este modelo pretende abordar los retos a los que se enfrentan las familias desde una perspectiva optimista utilizando las habilidades creativas y las fortalezas a nivel individual y grupal. De acuerdo con los autores de este modelo, cada una de las fortalezas de la familia está enlazada con otras, están vinculadas por un sentido de conexión emocional positiva y son inseparables. No obstante, existen unos principios básicos que deben tenerse en cuenta a la hora de evaluar y analizar las familias ajenas o las propias. Son los siguientes:

PRINCIPIOS BÁSICOS
1. No todas las familias son igual de fuertes, pero todas las familias tienen fortalezas. Existen períodos de vulnerabilidad y crisis como respuesta a los cambios, como por ejemplo la llegada de un hijo, la muerte de un ser querido o la aparición de una enfermedad.
2. La importancia de la familia radica en sus funciones y no en su estructura. Cómo los miembros de la familia demuestran cariño, afecto y preocupación por los otros es más importante que quiénes forman parte de la familia o qué tipo de familia representa.
3. Dado que las fortalezas familiares tienen un fuerte componente de la teoría de sistemas, todo lo que le ocurra a un miembro de la familia afectará al resto de la familia.
4. Las parejas fuertes probablemente sean el centro de muchas familias con fortalezas, ya que se benefician de las potencialidades de cada uno.
5. Si un niño se ha desarrollado en una familia con fortalezas, es muy probable que le resulte más fácil formar parte, una vez adulto, de una familia con sus propias fortalezas.
6. La relación entre ingresos económicos y las fortalezas de la familia es baja. Si bien las familias más vulnerables desde el punto de vista económico pueden verse expuestas a mayores dificultades, también es cierto que las fortalezas y la cohesión facilita hacer frente a estas dificultades.
7. Las fortalezas se desarrollan con el tiempo, por lo que muchas familias pueden aprender de las vivencias y desplegar sus recursos a medida que las experiencias les ayudan a ganar confianza.
8. Las fortalezas a menudo se desarrollan frente a la adversidad. Es posible que ante una crisis la familia se vea forzada a hacer frente a las dificultades y se vean fortalecidas las relaciones entre los miembros.

DeFrain, Asay y Geggie, *Family Strenghts; An International Perspective*, 2010. En Rivadeneira, J., *El funcionamiento familiar, los estilos parentales y el estímulo al desarrollo de la teoría de la mente*, tesis doctoral, 2013.

En conclusión, las fortalezas familiares influyen no sólo al individuo que forma parte de la familia, sino al grupo en general. Y dependiendo de las fortalezas de cada familia, en su conjunto éstas tendrán un impacto en su comunidad y la sociedad. Por lo que uno puede deducir que una comunidad con fortalezas influirá positivamente en las familias. Por lo tanto, es importante que las políticas sociales y los sistemas educativos de cada país apoyen e inviertan en el desarrollo de las fortalezas familiares, ya que como resultado ésta, como grupo y sociedad, sabrá utilizar sus habilidades y fortalezas a la hora de afrontar la adversidad.

EL TRUCO DEL ALMENDRUCO: DESARROLLAR BUENAS HABILIDADES SOCIALES

Las habilidades sociales son los pilares de la competencia social. Se entiende por competencia social un conjunto de habilidades y comportamientos adecuados que favorecen las relaciones interpersonales positivamente. Desde la infancia empezamos a interactuar con el entorno y es a través del mismo que se afianza el proceso de socialización. Tener la oportunidad para aprender y desarrollar nuestras destrezas y habilidades no sólo nos ayudará a ajustarnos mejor a los cambios y a afrontar los avatares que se nos presenten, sino también a generar buenas relaciones sociales y a sentirnos más satisfechos con la vida en general. Numerosos estudios han demostrado una y otra vez que tener buenas habilidades sociales está directamente relacionado con tener una buena salud mental y una mejor calidad de vida.

Las personas que tienen dificultades para relacionarse con los demás tienen más posibilidades de ser discriminados socialmente y más problemas para llevarse bien con sus familiares, encontrar un trabajo o para hacer amigos. Existen numerosos estudios que abordan el tema sobre las competencias sociales que ayudan u obstaculizan las relaciones sociales. Uno de los más relevantes son los estudios de Herbert. En sus trabajos señala cinco elementos fundamentales de las competencias sociales que influyen en el éxito de las personas:

1. Las personas altamente aceptadas se caracterizan por ser generosos, afectivos y receptivos en sus interacciones con los demás. Prestan atención y a menudo ofrecen ayuda, así como dan muestras de amistad y aprobación positiva y constructiva.

2. Las personas que no son muy apreciados pero tampoco rechazados suelen tener una actitud pasiva ante los demás, y tienden a evitar el contacto social, a ser temerosos y a aislarse socialmente.

3. Las personas altamente rechazadas a menudo se caracterizan por ser agresivas verbal o físicamente. Han aprendido que para conseguir sus objetivos deben ser violentas, provocando un sentimiento de rechazo intenso en los demás hasta evitarle.

4. Las personas aceptadas tienden a ser empáticas y a esforzarse por entender al otro, mientras que los rechazados no.

5. Las personas competentes socialmente tienen una aguda percepción social y son sensibles al lenguaje corporal.

Como comentaba anteriormente, aprendemos a desarrollar nuestras habilidades sociales en la infancia. Cuando somos niños, nuestros padres y cuidadores nos transmiten diversos mensajes sobre los demás, si debemos o no confiar en las personas de alrededor. A menudo nos dicen que no debemos hablar con personas desconocidas, pero a la vez nos sugieren que hagamos amigos e invirtamos tiempo y energía en crear redes sociales. Por lo tanto, uno podría deducir que en el proceso de aprender a socializar debemos también aprender a diferenciar los posibles peligros. Las personas que tienen dificultades para socializar sienten una profunda ansiedad, ya que no saben interpretar las señales que reciben de las personas del entorno, si son posibles amigos o no, afectando esto a su proceso de desarrollo de competencias sociales. Aunque la mayoría de las personas se encuentran en una zona intermedia, algunas de las que presentan problemas sociales se caracterizan por formar parte de uno de los grupos. Por un lado, se encuentran los tímidos e inhibidos, y por otro, los impulsivos, agresivos y asociales.

Tímidos e inhibidos	Impulsivos, agresivos y asociales
• Excesivamente sobrecontrolados (conducta y expresión de sentimientos) • Interaccionan poco con otros • No defienden sus derechos • Pasivos • Lentos en reacciones y discurso • Reaccionan negativamente cuando otros se les acercan • Suelen ser ignorados por otros iguales	• Poco cooperativos • Desobedientes y agresivos • Destructivos • Buscan llamar la atención • Activos, disruptivos e impacientes • Son intensamente rechazados por otros • Poco autocontrol • Problemas de rendimiento • Dificultad de aprendizaje

Arón, A. M. y Milicic, N., *Vivir con otros. Programa de desarrollo de habilidades sociales*, Santiago de Chile, Editorial Universitaria, 1992.

Aprender a hacer amigos y construir buenas redes sociales favorece no sólo las fortalezas individuales, sino también las familiares. Por redes sociales se entiende a las personas que rodean al individuo, como los amigos, familiares, compañeros de trabajo o incluso las instituciones que representan ayuda, apoyo y seguridad. Las redes sociales son los contactos significativos que aportan y afectan a las personas. Tienen un papel muy importante a la hora de afrontar las dificultades, ya que pueden facilitar ayudas y la resolución de problemas. Las redes sociales pueden ser de dos tipos, las formales y las informales. Las formales comprenden a los profesionales, instituciones, asociaciones u organizaciones que ofrecen un apoyo o ayuda específica, mientras que las informales están compuestas por personas cercanas con las que se puede tener un cierto vínculo afectivo, como por ejemplo los amigos, vecinos y familiares. Lo cierto es que existen claves esenciales sobre los tipos de habilidades sociales que favorecen o interfieren en el proceso de hacer amigos y crear redes sociales. Pero los más básicos e importantes son: por un lado, es importante que uno sienta y piense que tener amigos es una fuente de bienestar; por otro lado, uno debe sentir que dar y recibir afecto produce satisfacción y placer, por lo tanto la búsqueda de posibles interacciones con otros refuerza las conductas adecuadas para crear amistades.

MÁS CONFIANZA, MENOS BARRERAS

La confianza es el acto de estimar y sentir seguridad hacia una persona y su capacidad de actuar de una manera ante una situación determinada. Cuando confiamos tenemos un sentimiento favorable hacia otros. Así como los animales confían de manera instintiva, el ser humano lo hace conscientemente y de forma voluntaria; por lo tanto, cuando confiamos generalmente es porque decidimos hacerlo. Confiar en una persona se puede reforzar o debilitar a partir de las acciones del otro. Por ejemplo, cuando tenemos un problema y le confiamos nuestros sentimientos a un amigo o a un familiar, sentimos que éste nos responderá con estima, sinceridad y que mantendrá la información que hemos compartido confidencial; nos protegerá. Si esa persona cumple con su palabra confiaremos de nuevo otra vez, pero si rompe nuestra confianza nos sentiremos traicionados y perderemos la confianza. La confiabilidad nos asegura que algo o alguien estará a la altura de las circunstancias y actuará y responderá como esperamos.

A partir de la idea de que confiar es un acto voluntario, hay personas que confían con más facilidad que otras. Algunas comparten sus intimidades y secretos sin pensárselo dos veces, mientras que otras necesitan numerosas pruebas de confianza antes de compartir información íntima. Sentir y tener confianza en otros produce una sensación de bienestar en general y favorece la cohesión y las relaciones personales. Sin embargo, confiar lleva tiempo, trato, intercambio y un acto de fe en el otro. Sentir que podemos confiar en alguien es bueno, porque nos sentimos conectados y afines. Con todo, tampoco es beneficioso confiar siempre en todos y sin evaluar previamente si es acertado o no. Es importante saber identificar determinadas señales en la conducta de otros que puedan indicarnos si alguien es o no de confianza. Estas señales se pueden percibir como comentarios o actos, como puede ser desvelar confidencias de otras personas. «No volveré a confiar nunca en mi hermana —me comentaba una joven que decía haber compartido un secreto y que fue desvelado al resto de la familia después de una disputa entre ambas—. Me ha hecho mucho daño y me ha traicionado. Como habíamos discutido unos instantes antes, mi hermana aprovechó el momento en que estaba toda la familia para hacerme daño y comentó a todos mi secreto. Y lo peor es que pude ver en sus ojos cómo disfrutaba de ese momento mientras lo contaba y dejaba a todos perplejos. Nunca se me olvidará esa mirada. A partir de entonces mi percepción de ella cambió y se rompió nuestro vínculo de confianza para siempre.» A veces uno puede empezar o tener una relación confiando en alguien para después decepcionarse o sentirse traicionado, y como resultado se pierde la confianza. Cuando esto ocurre generalmente se debe a un desgaste emocional causado por algún hecho en el que la persona en la que se ha confiado no ha cumplido con lo prometido, ha desvelado una confidencia o sencillamente no ha podido cubrir las expectativas. Pero también se puede construir o reconstruir la confianza después de evaluar si queremos y podemos perdonar. Cuando se perdona, se recupera la confianza y la idea de que uno quiere mantener una relación con otra persona. Por otro lado, la confianza en uno mismo es uno de los pilares más importantes de la autoestima, de la seguridad y de la capacidad para saber identificar las propias fortalezas y aplicarlas cuando son necesarias. Las personas que confían en sí mismas construyen y saben mantener sus relaciones familiares y de amistades sanas, saben poner y aceptar los límites y son personas que viven libres de relaciones excesivamente dependientes.

LAS VIRTUDES HUMANAS COMO PILAR DE LOS VALORES FAMILIARES Y SOCIALES

Cada familia necesita definir los valores por los que se van a guiar para una buena convivencia familiar. Tener claros los principios ayudará no sólo a las relaciones en sí, sino también a la hora de relacionarse con el mundo y de determinar las raíces emotivas e históricas. Los valores familiares favorecen las bases de una familia para que la confianza, las relaciones, el desarrollo y el crecimiento personal sean fuertes y consistentes, independientemente de las diferencias de cada miembro familiar. Como señala el profesor David Isaacs, autor de *La educación de las virtudes humanas y su evaluación*: «Una persona que no tiene estabilidad en sus relaciones con los demás termina siendo inestable en otros aspectos de su vida. Para crecer, la persona necesita raíces, raíces emotivas, raíces históricas, de pertenencia... La familia, con la confianza, permite este arraigo básico que todos necesitamos... La familia es, por tanto, la primera escuela de las virtudes humanas sociales que todas las sociedades necesitan».

Nuestros valores se apoyan en las virtudes humanas aprendidas en nuestra infancia y su desarrollo nos facilitará conocernos a nosotros mismos y saber construir relaciones positivas con las personas de nuestro entorno. Las virtudes se desarrollan en base a dos factores esenciales: la intensidad con la que se experimentan y el compromiso que se tiene respecto a ellas. Como indica Isaacs, las virtudes se pueden desarrollar motivadas por el amor y por la generosidad o por lo contrario, el egoísmo y el desprecio. Por lo tanto, la forma en la que aprendemos las virtudes y los valores influirá no sólo a nivel individual, sino que también afectarán al bienestar a nivel social y cultural. Como se puede apreciar a continuación de acuerdo con los estudios del autor, existen veinticuatro virtudes humanas:

1. AMISTAD: se llega a tener con algunas personas a las que ya se conoce. Se puede compartir intereses profesionales o personales. Se siente simpatía y afecto así como interés por el bienestar del amigo.

2. AUDACIA: emprende y realiza distintas acciones que parecen poco prudentes, convencido, a partir de la consideración serena de la realidad con sus posibilidades y con sus riesgos, de que puede alcanzar un auténtico bien.

3. COMPRENSIÓN: reconoce los distintos factores que influyen en los sentimientos o en el comportamiento de una persona, profundiza en el significado de cada factor y en su interrelación y adecúa su actuación a esa realidad.

4. FLEXIBILIDAD: adapta su comportamiento con agilidad a las circunstancias de cada persona o situación, sin abandonar por ello los criterios de actuación personal.

5. FORTALEZA: en situaciones ambientales perjudiciales a una mejora personal, resiste las influencias nocivas, soporta las molestias y se entrega con valentía en caso de poder influir positivamente para vencer las dificultades y para acometer empresas grandes.

6. GENEROSIDAD: actúa a favor de otras personas desinteresadamente y con alegría, teniendo en cuenta la utilidad y la necesidad de la aportación para esas personas, aunque le cueste un esfuerzo.

7. HUMILDAD: reconoce sus propias insuficiencias, sus cualidades y capacidades y las aprovecha para obrar el bien sin llamar la atención ni requerir el aplauso ajeno.

8. JUSTICIA: se esfuerza continuamente para dar a los demás lo que les es debido, de acuerdo con el cumplimiento de sus deberes y de acuerdo con sus derechos como personas (a la vida, a los bienes culturales y morales, a los bienes materiales), como padres, como ciudadanos, como profesionales, como gobernantes, etc.

9. LABORIOSIDAD: cumple diligentemente las actividades necesarias para alcanzar progresivamente su propia madurez natural en el trabajo y en el cumplimiento de los demás deberes.

10. LEALTAD: acepta los vínculos implícitos en su adhesión a otros: amigos, jefes, familiares, patria, instituciones, etc., de tal modo que refuerza y protege, a lo largo del tiempo, el conjunto de valores que representan.

11. OBEDIENCIA: acepta, asumiendo como decisiones propias, las de quien tiene y ejerce la autoridad, con tal de que no se opongan a la justicia, y realiza con prontitud lo decidido,

actuando con empeño para interpretar fielmente la voluntad
del que manda.

12. OPTIMISMO: confía, razonablemente, en sus propias posibilidades
    y en la ayuda que le pueden prestar los demás y confía en
    las posibilidades de los demás, de tal modo que en cualquier
    situación, distingue en primer lugar lo que es positivo en sí
    y las posibilidades de mejora que existen y, a continuación,
    las dificultades que se oponen a esa mejora y los obstáculos,
    aprovechando lo que se puede y afrontando lo demás con
    deportividad y alegría.

13. ORDEN: se comporta de acuerdo con unas normas lógicas,
    necesarias para el logro de algún objetivo deseado y previsto,
    en la organización de las cosas, en la distribución del tiempo
    y en la realización de las actividades, con iniciativa propia sin
    que sea necesario recordárselo.

14. PACIENCIA: una vez conocida o presentida una dificultad a superar
    o algún bien deseado que tarda en llegar, soporta las molestias
    presentes con serenidad.

15. PATRIOTISMO: reconoce lo que la patria le ha dado y le da. Le
    tributa el honor y servicio debidos, reforzando y defendiendo el
    conjunto de valores que representa, teniendo, a su vez, por suyos
    los afanes nobles de todos los países.

16. PERSEVERANCIA: una vez tomada una decisión, lleva a cabo las
    actividades necesarias para alcanzar lo decidido, aunque surjan
    dificultades internas o externas o pese a que disminuya la
    motivación personal a través del tiempo transcurrido.

17. PRUDENCIA: en su trabajo y en las relaciones con los demás,
    recoge una información que enjuicia de acuerdo con criterios
    rectos y verdaderos, pondera las consecuencias favorables y
    desfavorables para él y para los demás antes de tomar una decisión
    y luego actúa o deja de actuar de acuerdo con lo decidido.

18. PUDOR: reconoce el valor de su intimidad y respeta la de los demás.
    Mantiene su intimidad a salvo de extraños, rechazando lo que
    puede dañarla y la descubre únicamente en circunstancias que
    sirvan para la mejora propia o ajena.

19. RESPETO: actúa o deja de actuar, procurando no perjudicar ni dejar de beneficiarse a sí mismo ni a los demás, de acuerdo con sus derechos, con su condición y con sus circunstancias.

20. RESPONSABILIDAD: asume las consecuencias de sus actos intencionados, resultado de las decisiones que tome o acepte; y también de sus actos intencionados, de tal modo que los demás queden beneficiados lo más posible, o por lo menos, no perjudicados, preocupándose a la vez de que las otras personas en quienes puede influir hagan lo mismo.

21. SENCILLEZ: cuida de que su comportamiento habitual en el hablar, en el vestir, en el actuar, esté en concordancia con sus intenciones íntimas de tal modo que los demás puedan conocerle claramente, tal y como es.

22. SINCERIDAD: manifiesta, si es conveniente, a la persona idónea y en el momento adecuado, lo que ha hecho, visto, piensa y siente, etc., con claridad, respeto a su situación personal o a la de los demás.

23. SOBRIEDAD: distingue entre lo que es razonable y lo que es inmoderado y utiliza razonablemente sus sentidos, su dinero, sus esfuerzos, etc., de acuerdo con criterios rectos y verdaderos.

24. SOCIABILIDAD: aprovecha y crea los cauces adecuados para relacionarse con distintas personas y grupos, consiguiendo comunicar con ellas a partir del interés y preocupación que muestra por lo que son, por lo que dicen, por lo que hacen, por lo que piensan y sienten.

Isaacs, D., *La educación de las virtudes humanas y su evaluación*, EUNSA, 2010.

Como he comentado antes, los valores se apoyan en las virtudes, y éstas se aprenden y se practican por primera vez en el entorno familiar. Una familia que le da importancia a desarrollar las virtudes desde el afecto y el respeto contribuirá a que la persona crezca y madure desde la confianza y una buena autoestima, y desarrollará sus habilidades y fortalezas desde el optimismo. Por lo tanto, a la hora de enseñar los valores y las virtudes es esencial que se transmitan con claridad, coherencia y desde la amabilidad y la paciencia, ofreciendo la posibilidad de aprender de los errores, de practicarlos para perfeccionarlos y con la posibilidad de integrar aquellos valores nuevos que van surgiendo con la evolución social.

Un valor superficial: el materialismo

Con el tiempo aumenta más el apetito por las posesiones materiales y somos más consumistas. Este sentimiento de necesidad tan intenso de acumular dinero y materiales así como de consumir por consumir, está influyendo dramáticamente en los valores sociales, familiares y en los niveles de estrés, ansiedad y sentimientos de insatisfacción de las personas.

En la actualidad ha surgido un profundo sentimiento de dependencia y deseo de poseer lo último del mercado, sea en las nuevas tecnologías o en otro tipo de objetos, sin parar a pensar si es realmente una necesidad o un capricho. Ha surgido un sentimiento de derecho general a nivel social en el que los argumentos que lo defienden son cada vez más extremistas. Se confunden las necesidades con el deseo de posesión. Lo cierto es que se podría decir que vivimos en una cultura de consumo y de fácil desecho. A menudo me encuentro con familias que sienten una insatisfacción crónica, tanto los padres como los hijos no están contentos o satisfechos con lo que tienen o lo que son. Se comparan con otros constantemente y sienten que siempre acaban perdiendo la competición. Incluso a veces les invade la envidia alimentando en los hijos conductas y pensamientos envidiosos. En muchas familias se prioriza el tener posesiones y un nivel económico; su lema es: «Si tienes más eres mejor».

Hoy día es fácil cruzarse con personas que tienen una gran necesidad de comprar y acumular bienes. Son consumistas empedernidos que asocian la felicidad con adquirir ropa, joyas, coches o casas. «Necesito comprar cosas porque no sé qué hacer con mi tiempo, por eso salgo de compras —me comentaba una mujer con un trastorno compulsivo—. Cuando veo algo que me gusta, necesito obtenerlo, lo quiero sí o sí. En más de una ocasión he tenido problemas con mi marido, que a pesar de ser un hombre generoso y de no tener problemas económicos, me ha dicho que si sigo comprando de esta forma, acabaremos en la bancarrota. Poseer aquello que quiero se vuelve mi objetivo y no puedo dejar de pensar en ello hasta tenerlo. Me vuelvo obsesiva», me comentaba con voz de desesperación. Sin embargo, es importante señalar que hay personas que padecen trastornos mentales que les lleva a acumular objetos sin utilidad por compulsión. Es el denominado «síndrome de Diógenes». No son necesariamente consumistas, pero sí viven una obsesión permanente de acumular objetos. El síndrome de Diógenes es un fenómeno considerado una enfermedad mental que se asocia generalmente a personas ancianas, alcohólicas, con trastornos afectivos y de la personalidad. Se caracteriza por la acumulación de objetos inservibles y basura, así como por el abandono del autocuidado, la higiene y el aislamiento social. Los expertos apuntan que hay dos tipos de síndrome de Diógenes dependiendo del comportamiento con respecto a la acumulación de objetos. Por un lado está el tipo activo, también conocido como el «síndrome de Acumulación», donde el individuo recolecta, en principio de forma ordenada, en su propio domicilio, por ejemplo periódicos viejos, al pensar que puede que lo necesite en un futuro. Sin embargo, no acumulan basura ni heces. Por otro lado está el pasivo, que se caracteriza por dejarse invadir por la propia basura, desechos, envases de alimentos e incluso heces.

Muchas personas tienden a acumular materiales o lo que denominan «recuerdos», y no pocas veces se sorprenden con la cantidad de objetos guardados a través de los años, llevándoles a tener que hacer una limpieza general. La decisión de limpiar y de deshacerse de objetos que no tienen sentido a menudo las lleva a recordar momentos del pasado, experiencias positivas o negativas, a reflexionar sobre el paso del tiempo, los logros y fracasos. Otras evitan acumular cualquier objeto que no tenga utilidad, optan por vivir con un estilo minimalista y práctico. «Para recordar ya tengo la memoria», me comentaba en una ocasión un hombre que tenía una tendencia a tirarlo todo a la basura, incluso sin revisar, lo que le llevó a tener problemas con su mujer al deshacerse de cosas que no eran sólo suyas, sino también de ella. Todos tenemos más o menos una tendencia a acumular, unos coleccionan, otros intentan ser precavidos; como los estudiantes universitarios que guardan sus apuntes de año en año para luego no volver a tocarlos o mirarlos. «Los guardo por si acaso los necesito», comentan a menudo. No obstante; independientemente de nuestra predisposición a acumular objetos, comida o dinero, de lo que no cabe duda es de que vivimos en una sociedad de consumo en la que los productos y servicios ofrecidos a menudo se venden como básicos y necesarios sin realmente ser así. Producir, usar y tirar se ha convertido en un valor de nuestra sociedad consumista, dado que se ha asociado a sensaciones y experiencias nuevas. Es decir, para experimentar algo nuevo necesitamos comprar algo nuevo. Sin embargo, muchas personas se han convertido en seres insaciables. Cuanto más tienen, más quieren. Nunca es suficiente. Consideran necesario tener el último modelo de teléfono móvil (aunque el suyo funcione correctamente), de coche (por correr más o porque nadie lo tiene), de juego o aparato electrónico (para sentir que están a la última o ser aceptados o admirados por los demás). Si bien las nuevas tecnologías aportan muchísimos beneficios y son necesarias, los sociólogos también señalan que hay una filosofía de consumo excesivo en nuestra cultura occidental, que está afectando los valores familiares. De forma que cada uno debemos preguntarnos: ¿es este un valor que queremos transmitir a los niños y a los jóvenes? ¿Cómo podemos asegurarnos de que las futuras generaciones no pierdan determinados valores que pueden ser positivos para ellos? ¿Nos estamos adaptando adecuadamente a los cambios de valores sociales, tecnológicos, científicos y económicos? Cada uno debemos encontrar nuestra propia respuesta.

LOS AMIGOS: LA FAMILIA ELEGIDA

«Quien tiene un amigo tiene un tesoro», dice un refrán popular. Tener o no tener amigos influye profundamente en nuestra visión del mundo que nos rodea y en la forma en la que nos relacionamos con él. El que tiene amigos y una red social de personas con las que intercambia intereses, lleva a cabo actividades, y comparte sentimientos y pensamientos tiene la posibilidad de ser más feliz que el que no los tiene. Independientemente de la cantidad de amigos que uno tenga, la clave está sobre todo en la calidad de la amistad. No hace falta tener muchos, con uno es suficiente. Se dice que los amigos de verdad se pueden contar con los dedos de una mano. Lo cierto es que hay muchos niveles de amistad. Cada uno tenemos nuestros propios criterios a la hora de elegirlos, e igualmente le damos un significado diferente a lo que consideramos ser un buen amigo. Sin embargo, a pesar de algunas diferencias, la mayoría de las personas consideran que un amigo es alguien con quien se tiene una relación de igual a igual, con quien se comparte, en quien se confía, al que se quiere y se valora.

Tener un buen amigo es algo mágico y maravilloso. Te llena de vida, ilusión y energía positiva. Te apoya en los momentos duros de la vida, te ayuda cuando lo necesitas y te acompaña en los sentimientos de alegría y tristeza. Un buen amigo es alguien que quiere lo mejor para ti y que seas feliz. Disfruta y celebra contigo tus logros y te anima y te devuelve la esperanza en tus fracasos. Y cuando estás desanimado, perdido o te fustigas por no haber cumplido tus expectativas o por haber cometido un error, te defiende aunque sea de ti mismo. Con un amigo se puede hablar sin miedo, como dijo Cicerón: «¿Hay algo más dulce que tener a alguien con quien poder hablar de todas tus cosas, como si contigo mismo fuera?». Un buen amigo es capaz de relativizar y de darte perspectiva, de escuchar y de ponerse en tu lugar aunque no haya tenido la misma experiencia. Es una persona que hace el esfuerzo incondicional de intentar ver y sentir tu mundo a través de tus ojos. Un buen amigo te perdona cuando te equivocas, te da el beneficio de la duda y tiene una predisposición para perdonarte.

Los amigos íntimos son la familia elegida. Son aquellas personas a las que les otorgamos de forma consciente y voluntaria un lugar especial en nuestra vida. Son aquellas con las que tenemos una proximidad afectiva y un vínculo de confianza muy estrecho. Con las que construimos una relación de compromiso y permanencia. Quizás por ello no es fácil para todo el mundo conseguir ni mantener un buen amigo, ya que requiere un importante grado de energía, inversión de tiempo, empatía e interés. Y no todo el mundo está dispuesto a invertir en ello. Sin embargo, está demostrado que el cariño y el apoyo de un amigo es una de las mejores inversiones afectivas que uno pueda llegar a hacer. Y aunque es posible que en ocasiones uno se equivoque o que lo que parecía ser un buen amigo no lo era, dar a otro y darse uno mismo la oportunidad de descubrirlo es siempre beneficioso. Puede suceder que después de pasar un tiempo compartiendo vivencias la amistad no se consolide del todo, puede que las circunstancias influyan en el proceso de desarrollo de la amistad y se convierta en una amistad temporal. Sin embargo, independientemente del tiempo que se haya compartido, este período ofrece la oportunidad de experimentar algunas de las mejores sensaciones que se puedan tener: cariño, confianza y complicidad. Lo que sin lugar a dudas influirá de forma muy positiva en la creación de vínculos de amistades futuras. No obstante, sea cual sea la relación de amistad, como dijo Aristóteles, «es lo más necesario de la vida». Y la mayoría de los que tenemos la suerte y la gran fortuna de tenerlos en nuestra vida, probablemente estemos de acuerdo con la idea de que con un buen amigo se puede contar de una forma o de otra, para lo bueno y para lo malo, en la cercanía y en la distancia, y en los pensamientos y en los sentimientos, ya que, como a nuestra familia, siempre les tenemos presentes.

Bibliografía

Ainsworth, M., *Patterns of Attachment: A Psychological Study of the Strange Situation*, Hillsdale Erlbaum, 2001.

Álava, M. J., *La inutilidad del sufrimiento*, Madrid, La esfera de los libros, 2003.

Albrecht, K., *Social Intelligence. The New Science of Success*, Jossey-Bass, 2006.

Alcázar, J. A. y Corominas, F., *Virtudes humanas*, Madrid, Ediciones palabras, 2009.

American Psychiatric Association, *Manual diagnóstico y estadístico de los trastornos mentales (DSM-IV-TR)*, Barcelona, Masson, 2000.

André, C. y Lelord, F., *La fuerza de las emociones*, Barcelona, Kairós, 2001, p. 47.

Ararteko y Fundación de Deusto, «La transmisión de valores a menores. Informe extraordinario de la institución del Ararteko al Parlamento Vasco», 2009.

Arón, A. M. y Milicic, N., *Vivir con otros. Programa de desarrollo de habilidades sociales*, colección El Sembrador, Santiago de Chile, Editorial Universitaria, 1992.

Barrutia, A., *Inteligencia emocional en la familia*, Ediciones El Toro Mítico, 2012.

Bernstein, A., *Vampiros emocionales. Cómo reconocer y tratar con esas personas que manipulan nuestros sentimientos*, Edaf, 2000.

Booth, S., «A Slew of Suspects», *Psychology Today*, noviembre de 2011.

Bowen, M., *La terapia familiar en la práctica clínica*, vols. 1 y 2, Bilbao, Descleé de Brouwer, 1989.

—, *De la familia al individuo. La diferenciación de sí mismo en el sistema familiar*, Barcelona, Paidós, 1998.

Bowlby, J., *Attachment and Loss* (vol. 1). *Attachment*, Nueva York, Basic Books, 1969.

—, *Vínculos afectivos. Formación, desarrollo y pérdida*, Madrid, Morata, 1986 .

Breton, P., *Argumentar en situaciones difíciles: qué hacer ante un público hostil, las afirmaciones racistas, el acoso, la manipulación y las agresiones en todas sus formas*, Paidós, 2005.

Burns, D., *Feeling Good: The New Mood Therapy*, Nueva York, Harper Collins, 1999.

Castells, P., *Psicología de la familia: Conocernos más para convivir mejor*, Barcelona, Ceac, 2008.

Cruz Ruiz, J., *Contra la sinceridad. Un libro para descubrir por qué no se debe ser del todo sincero*, Madrid, Planeta, 2012.

DeFrain, J., *Family Treasures: Creating Strong Families*, The Board of Regents of the University of Nebraska-Lincoln, 2006.

DeFrain, J. y Asay, S., *Strong Families Around the World: the Family Strengths Perspective,* Nueva York, Haworth, 2006.

DeFrain, J., Asay, S. y Geggie, J., *Family Strenghts; An International Perspective*, 2010.

DeFrain, J. y Olson, D., *Desafíos y fortalezas de la familia y la pareja en los Estados Unidos de América*, 2006.

Defrain, J. y Stinnett, N., «Family Strengths», en Ponzetti J. J., et al. (eds.), *International encyclopedia of marriage and family* (2.ª ed.), Nueva York, Macmillan Reference Group, 2002.

Echeburúa, E. y Fernández-Montalvo, J., *Los celos en la pareja: una emoción destructiva. Un enfoque clínico*, Barcelona, Ariel, 2002.

Eguiluz, L., *Dinámica de la familia: un enfoque psicológico sistémico*, México, Pax, 2007.

Fauré, C., *Vivir el duelo: la pérdida de un ser querido*, Barcelona, Kairós, 2004.

Frankl, V., *El hombre en busca de sentido*, Barcelona, Herder, 2010.

Freire, E., Los *malos del cuento. Cómo sobrevivir entre las personas tóxicas*, Barcelona, Ariel, 2013.

Guadarrama Rico, L. A., «Dinámica familiar y televisión: un estudio sistémico», *Cuadernos de Investigación*, Universidad Autónoma del Estado de México, Cuarta Época 1, 1998.

Herbert, M. y Arón, A. M., *Vivir con otros*, 1984. pp. 18-19.

Hirigoyen, M., *El acoso moral. El maltrato psicológico en la vida cotidiana*, Barcelona, Círculo de Lectores, 2001.

Hughes, D., «An Attachment-Based Treatment of Maltreated Children and Young», *Attachment and Human Development*, 2004, 6 (3), pp. 263-278.

Isaacs, D., *La educación de las virtudes humanas y su evaluación*, Pamplona, EUNSA (Ediciones Universidad de Navarra, S.A.), 2010.

Jiménez, F., Águila, R., Luque, E., Sangrador, J. L. y Vallespín, *Psicología de las relaciones de autoridad y de poder*, Barcelona, UOC, 2006.

Kabat-Zinn, J., *Vivir con plenitud las crisis*, Barcelona, Kairós, 2006.

Lloyd, J., «From Differentiation to Individuation: A Look at Encounter Process», *The British Journal of Sociology*, 1990, 38 (3), pp. 251-272.

Martínez Selva, J. M., *La psicología de la mentira*, Paidós, 2005.

Mc Goldrick, M. y Carter, E. A., «The Family Life Cycle», Walsh, F. (ed). *Normal Family Processes*, Nueva York, Guilford Press, 1982.

Mellody, P., Wells Miller, A. y Miller, K., *La codependencia: qué es, de dónde procede, cómo sabotea nuestras vidas*, Barcelona, Paidós, 1994.

Milicic, N., *Educando a los hijos con inteligencia emocional*, Chile, Aguilar, 2010.

—, *Vivir con otros. Programa de desarrollo de habilidades sociales*, colección El Sembrador, Santiago de Chile, Editorial Universitaria, 1992.

Millon, T., *Trastornos de la personalidad en la vida moderna*, Barcelona, Elsevier, 2006.

Navarro, R., *Cómo resolver tus problemas emocionales sin acudir a un terapeuta*, México, Pax, 2007.

Neimeyer, R., *Aprender de la pérdida*, Barcelona, Paidós, 2007.

Poliano-Lorente, A. y Martínez, P., *Evaluación psicológica y psicopatológica de la familia. Instituto de ciencias para la familia*, Universidad de Navarra. Rialp, 1998.

Ríos, J. A., *Los ciclos vitales de la familia y la pareja*, Madrid, CCS, 2005.

Rivadeneira, J. y Silvestre, N., *El funcionamiento familiar, los estilos parentales y el estímulo al desarrollo de la teoría de la mente*, tesis doctoral. Universitat Autònoma de Barcelona, 2013, p. 60.

Rojas-Marcos, Laura, *Hablar y aprender*, Madrid, Ed. Aguilar, 2007.

—, *El sentimiento de culpa*, Madrid, Aguilar, Santillana, 2009.

—, *Somos cambio*, Madrid, Temas de Hoy, Planeta, 2012.

Rojas-Marcos, Luis, *Convivir: el laberinto de las relaciones de pareja, familiares y laborales*, Madrid, Aguilar, 2008.

Rydell, R., McConnell, A. y Bringle, R., «Jealousy and Commitment: Perceived Threat and the Effort of Relationship Alternatives», *Personal Relationships*, 2004, 11, pp. 451-468.

Seligman, M., *Learned optimism*, Nueva York, Knopf, 1991.

—, *What You Can Change, and What You Can't*, Nueva York, Fawcett Columbine, 1993.

—, *Authentic Happiness: Using the New Positive Psychology to*

Realize Your Potential for Lasting Fulfillment, Nueva York, Free Press/Simon and Schuster, 2000.

—, *La vida que florece*, Barcelona, Ediciones B, 2001.

Seligman, M. y Csikszentmihalyi, M., «Positive Psychology: An Introduction», *American Psychologist*, 2000. 55 (1), pp. 5-14.

Sheedy, M., *Kids, Parents and Power Struggles*, Nueva York, Harper Collins, 2001.

Shinoda Bolen, J., *El anillo del poder. El hijo abandonado, el padre autoritario y el desautorizado poder femenino*, Barcelona, Kairós, 2012.

Silberman, M. y Hansberg, F., *People Smart. Developing Your Interpersonal Intelligence*, San Francisco, Berrett-Koehler Publishers, 2000.

Stamateas, B., *Autoboicot*, Barcelona, Zenith, 2011.

—, *Gente tóxica: las personas que nos complican la vida y cómo evitar que sigan haciéndolo*, Barcelona, Ediciones B, 2011.

Stinnet, N. y DeFrain, J., «The Healthy Family: Is It Possible?», M. J. Fine (ed.), *The Second Handbook on Parent Education. Contemporary Perspectives*, San Diego, Academy Press, 1989, pp. 53-76.

Wilson Schaef, A., *Meditations for Women Who Do Too Much*, Nueva York, Harper Collins, 2004.

WEBGRAFÍA

Briançon Messinger, M., «Por favor y gracias», Los Tiempos.com <http://www.lostiempos.com/diario/opiniones/columnistas/20110215/por-favor-y-gracias_113085_223509.html>.

Larraburu, I., <http://www.isabel-larraburu.com/articulos/psicologia-general/203-piensa-mal-que-no-acertaras-la-susceptibilidad.html?lang=>.

Skogrand, L., Arrington, R. y Higginbotham, B., «Desarrollando fortalezas en la familia ensamblada. Recursos familiares», Utah State University Cooperative Extension, 2007, <http://extension.usu.edu/stepfamily/files/uploads/Stepfamily%20Strengths%20_Spanish_df3-20.pdf>.

Agradecimientos

Este libro no hubiera sido posible sin el apoyo, la confianza y la generosidad de mis padres, familiares, amigos, compañeros de profesión, pacientes y lectores que han compartido conmigo sus conocimientos y enriquecedoras experiencias.

En especial quiero dar las gracias a mis padres, Leonor y Luis, por su constante apoyo, confianza, generosidad y aprendizajes a lo largo de los años. Y a mi buena amiga, confidente y familia elegida, Ruth Gavilán, por su tiempo, energía, esfuerzo y dedicación durante la elaboración de este proyecto.

De igual modo ofrezco mi más sincero agradecimiento a Laura Álvarez y Carlos Martínez de Penguin Random House Grupo Editorial por su impulso, sus ánimos y su confianza.